互动取向的质性研究设计
——原理、示例和练习 （原书第3版）

QUALITATIVE RESEARCH DESIGN :
AN INTERACTIVE APPROACH（3ed）

［美］约瑟夫·A.马克斯威尔（Joseph A.Maxwell） 著

朱光明 译

重庆大学出版社

关于作者

约瑟夫·A.马克斯威尔是乔治梅森大学教育学院的教授，他教授关于研究方法与设计及论文计划书的写作等方面的内容。他已经出版的著作还涉及质性研究与评价、混合研究方法、社会文化理论、印第安人社会结构及医学教育等方面。他广泛地参与实践研究，举办过关于教育质性研究方法及在各种应用领域运用质性研究方法的讨论会与研讨班，而且还被美国、波多黎各、欧洲多国及中国的许多会议与大学邀请发言和举办讲座。马克斯威尔教授在芝加哥大学获得人类学博士学位。读者可以通过他的电子邮箱和他联系：jmaxwell@gmu.edu。

前　言

　　出版本书新版本的主要动力是希望借此机会对它进行一定程度的拓展,从而超越"应用社会科学研究方法系列"的字数限制,本书最初就是为该系列而写。然而,先前版本的很多读者都说,他们非常喜欢本书的简洁,因此,我并不想丢掉这一优点。这一版本的很多新材料依然来自我的学生们的作业和研究,包括第二个博士论文研究计划书样例(附录 B)。

　　还有一个动力是由于质性研究当前的发展[1],因为新的方法层出不穷,包括基于艺术的取向,及其如何实施和呈现。我并没有试图要全面地阐明这些方法,那样的话,本书就会非常臃肿,对此我也觉得不合适,而且我也不想只是停留在介绍的层面。如果想进一步研究这些发展,你可以阅读《SAGE 质性研究大百科》(*SAGE Encyclopedia of Qualitative Research*,Given,2008)、《SAGE 质性研究手册》(*SAGE Handbook of Qualitative Research*,4ed,Denzin & Lincoln,2011)*,以及《质性研究》(*Qualitative Inquiry*)杂志。在本书的第 1 章和第 3 章中,我将试着说明,我为何认为我的设计取向与有些发展是相互兼容的,特别是与后现代的很多方面以及与那些被称

---

[1] 有些质性研究者喜欢"探究(inquiry)"这个概念,而不喜欢"研究(research)"这个概念,认为后者与量化研究或实证研究有着非常紧密的联系。我理解他们的担心(Maxwell,2004a,2004b),而且我知道有些质性研究更加具有人文性而不是科学性,但我倾向于给"研究"一个更加宽泛的定义,包括一定范围的质性研究取向。

* 即《质性研究手册》,中文版分为 4 册,已由重庆大学出版社出版。——编者注

为修补术（bricolage）的取向，我对第 2 章进行了重写并拓宽了对研究范式的讨论。

然而，对有些发展，我还有一些怀疑，尤其是对那些采取了激进建构主义和相对主义立场的观点，他们否认了任何实在的存在，而这正是我们的研究试图要去理解的，他们还反对任何效度（或相关）的概念，而这其实表达了我们的研究结论和我们所研究的现象之间的关系。虽然我们具有后现代主义的观点，相信所有的理论和结论都是我们自己建构的，并不能声称其为客观的或是绝对真理，而且我在第 2 章也指出了，没有哪个理论能够涵盖我们所研究对象的全部复杂性，但是我不愿意放弃这样的目标：更好地理解我们生活于其中的自然、社会和文化世界，或者尽可能对这些现象作出值得信赖的解释。

我第三次修订该书的真正动力是：我越来越意识到，我对质性研究的视角是基于我对所研究事物的哲学实在论立场而形成的。在《一个实在论者的质性研究取向》（*A Realist Approach for Qualitative Research*，Maxwell，2011b）一书中，我的这种视角已定型了。我认为我已经形成的这种批判实在论者的立场和大多数质性研究者的研究实践不仅没有矛盾，而且对帮助这些研究者克服他们所面临的一些理论的、方法论的及政治的难题都非常有价值。但是我将此看作所有视角中的一种有用的视角，而不是唯一正确的质性研究范式。就像写作教师彼得·埃尔伯（Peter Elbow，1973，2006）所说的，我们需要将我们遇到的任何理论都放置到"信任游戏（believing game）"和"怀疑游戏（doubting game）"中，从而看到其优势与不足或盲点。因此，我希望本书对就这些问题持有不同立场的研究者们和学生们有所帮助。我在这里提出的质性研究设计模式适用于很多哲学立场，而且我相信，它对大多数质性研究都适用。

批判实在论者的立场对我更大的启发在于，我意识到需要修改或扩展本书的其他部分——尤其是第 3 章中对理论的讨论；第 4 章中提出（并修改)的研究问题;第 5 章中的研究关系与伦理、提出访谈问题及资料分析;第 6 章中的效度概念;以及第 7 章研究计划书中文献综述的内容及其恰当的功能。我还必须继续对本书的语言进行润色,尽可能让自己说得更加清楚。如果读者能够给予反馈,让本书对你更加适用,我会非常感谢。

最后,我意识到,在修订本书的过程中,我几乎还没有明确地谈及我是如何界定质性研究的——我将这个问题看作质性研究方法中最根本的问题。在第 2 章中,我对此谈了很多。不过,一个简单的界定是,质性研究就是要帮助人们更好地理解以下问题:

①你所研究的人们的观点及意义——从他们的立场看这个世界,而不是简单地从你自己的立场;

②这些观点是如何由他们的自然、社会和文化情境所形成,以及这些自然、社会和文化情境是如何形成的;

③那些涉及维持或改变这些现象和关系的具体过程。

质性研究的这三个方面,尤其是最后一个,和大多数量化研究形成了对比,后者从变量——事物会发生变化的特征,以及因此而能够被测量和进行比较的特征——这些方面来看待被研究的现象。(我在第 2 章、第 3 章和第 4 章讨论这些变化和过程思维之间的关系。)在大多数情况下,我将质性研究这些明显不同的方面——它归纳性的、结尾开放性的取向;依赖于文本或视觉资料而不是数据;以及主要目的是具体理解而不是向人群和环境推广——看作属于质性研究的三个主要特征。(想要阅读有关这方面更加详细的讨论,请参阅 Maxwell,2011b。)

我要指出并感谢所有对本书作出贡献的人,特别是我的乔治梅森大学(George Mason University)的学生,尤其是将他们的作业授权给我作为示例的学生;SAGE 出版社的编辑人员,他们对本书付出了巨大的努力,尤其是我的编辑,维姬·奈特(Vicki Knight),以及凯莉·科西拉克(Kalie Koscielak)、科迪·鲍曼(Codi Bowman)、利比·拉尔森(Libby Larson)、尼科尔·埃利奥特（Nicole Elliot）和阿曼达·辛普森（Amanda Simpson）；还有本书的评审专家，他们的反馈让我找到了具体改进提高本书的方法，而之前我却疏忽了，他们包括：

北卡罗来纳大学（The University of North Carolina at Greensboro）的 David Carlone；

德州农工大学（Texas A&M University）的 Sharon L. Caudle；

波士顿麻省大学（University of Massachusetts, Boston）的 Joseph W. Check；

瓦尔登大学（Walden University）的 Paula Dawidowicz；

卡佩拉大学（Capella University）的 Mary S. Enright；

马里兰大学（University of Maryland, Baltimore）的 Deborah Gioia；

俄克拉荷马大学（University of Oklahoma）的 Gaetane Jean-Marie；

爱达荷州立大学（Idaho State University）的 David M. Kleist；

密西西比大学（University of Mississippi）的 William B. Kline；

东北大学（Northeastern University）的教育学博士（EdD）Elizabeth Bussman Mahler；

艾薇拉大学（Avila University of Arizona）的 Eliane Rubinstein；

乔治梅森大学（George Mason University）的 Anastasia P. Samaras；

中佛罗里达大学（University of Central Florida）的 Ning Jackie Zhang。

目　录

示例目录

练习目录

1
一种质性研究设计模式

　　1625 年,瑞典国王古斯塔夫二世下令建造四艘战舰,以期实现他的帝国理想。其中反映其野心的最大的一艘叫**瓦萨**(Vasa),是当时最大的战舰。它的两层炮台上排列着 64 架大炮。1628 年 8 月 10 日,绚丽夺目、光彩照人的瓦萨在众人的欢呼声和盛大的庆典声中驶进了斯德哥尔摩港。然而,欢呼声却是短暂的,因为舰船还没有驶出港口就遇到了一阵大风,它突然倾斜倒在水中,随后就沉入了水底。

　　事件很快就调查清楚,很明显是押物仓不够大,承受不了国王要求的两层炮台。因为只有 121 吨位的押物仓,所以舰船缺乏稳定性。但如果只是简单地给战舰增加押物仓,则底层炮台就会有进水的危险,而战舰由于缺少浮力又不能容纳更多的重量。

　　用一个更一般的概念来说,瓦萨的**设计**(战舰各个部分的设计与相互之间关系的建造方式)有着致命的缺陷。轮船建造得非常仔细,符合当时坚固制造工艺所有的标准,但是各个部分的关键特征(尤其是炮台与押物仓的重量及货仓的大小)却不协调,这些特征的相互作用导致了战舰的覆没。那时的造舰者缺乏一般的轮船设计理论,他们主要通过传统的及试错的方式建造轮船,没有办法计算稳定性。很明显,瓦萨最初是被作为一艘小一点的战舰来设计的,后来在国王的坚持下,规模加大了,增加到两层炮台,而留给货仓的空间却很小(Kvarning,1993)。

我这里用瓦萨的故事说明设计的一般概念："在产品或艺术作品中负责运行、形成或展开"以及"各个要素或细节安排的主要框架"（Design，1984：343）。这是设计这一概念的普通、日常的意义，我们可以通过引用一段服装领域的介绍来说明：

> 开始设计……我们仔细地考虑每一个细节，包括布料的裁剪，什么样的缝纫与面料搭配最好，以及哪种锁边方式最好——总之，任何有利于舒适的问题都要考虑。（L.L. Ben，1988）

一个好的设计，其中各个要素会协调一致，共同发挥作用，它会提高效率并促进结果的成功；而一个有缺陷的设计，其结果是实施困难，甚至会失败。

然而，大多数与研究设计有关的著作都使用设计的另外一种概念：一项执行或完成某事的计划或蓝图（尤其是科学试验）（Design，1984：343）。他们要么把"设计"当作标准的菜单，需要的时候就从中挑选（典型的实验研究），要么将其看作计划或实施研究时给定的一系列任务或步骤。虽然这种形式的设计观具有循环性和回归性的特点（Marshall & Rossman，1999：26-27），但是从根本上说它们是线性的。它们从形成问题到结论或理论，都是在单一方向维度上按照顺序来实施的，尽管这种顺序可以重复。这种模式通常有一个给定的起点和目标，以及完成其中各项任务的具体次序。

这种设计无论是模式还是顺序，都不适合质性研究，因为它们都试图提前确立研究的基本步骤或特征（要想进一步了解对这些取向的详细批评，请阅读 Maxwell & Loomis，2002）。在质性研究过程中，当有些要素有了新的发展或变化时，作为回应，设计的其他要素可能都需要重新考虑或进行修改。在这个过程中，质性研究更像是古生物学而不是实验心理学。古生物学家尼尔·舒宾（Neil Shubin 2008：4）这样描述他的田野工作：

> 计划和可能性之间的矛盾关系可以用艾森豪威尔（Eisenhower）

将军对战争的著名评论来描述:"在准备打仗的过程中,我发现计划(Planning)非常重要,但规划(plans)却毫无价值。"这句话准确地抓住了古生物学田野研究的特征。我们为到达希望研究的田野现场制订了各种各样的规划。一旦我们到达那儿,所有的田野研究规划可能都要被扔到一边。现场的事实改变了我们完美的规划。

该描述也适用于质性研究,设计是灵活的,而不是固定的(Robson,2011),是归纳性的,而不是循着一个严格的顺序或根据最初的决定来做。在质性研究中,"在研究的每个阶段,研究设计都应该是一个反思性的操作过程"(Hammersley & Atkinson,1995:24)。像收集与分析资料,提出并修改理论,阐明或聚焦研究问题,以及寻找并说明效度威胁等活动,通常几乎都是同时进行的,每一个活动都影响着其他活动。这个过程如果通过一个事先给定的菜单来选择是不合适的,也不能通过一个线性模式来呈现,即使允许多次循环也不行,因为在质性研究中,要想用一种不变的顺序来安排不同的任务或要素是不行的,而且设计的各个要素之间也并不是一种线性的关系。

研究设计的类型取向或线性取向为做研究提供了一种"处方式"的指导——把研究的计划或实施步骤都安排好,并把这种安排看成是最好的顺序。与其不同的是,本书中的这种模式不仅仅是**为了研究**,其本身就**是**一种研究模式。它旨在帮助你理解**真正的**研究设计,以及如何计划并实施你的研究(Maxwell,2011b)。你的研究设计,就像**瓦萨**的设计一样,是真实的且将会产生真实的结果。借用坎普兰(Kaplan,1964:8)把研究区分为"应用中的逻辑(logic-in-use)"的与"重构的逻辑(reconstructed logic)"的,这种设计模式可以用来代表研究的"应用中的设计(design-in-use)"模式,它呈现了研究中各个要素之间的真正关系,以及心仪的(或重构的)设计。正如殷(Yin,1994:19)所说:"任何类型的实证研究,即使不是很明确,也都隐含着一个研究设计。"设计总是存在的,关键是**使它明晰,让它公开**,这样我们就可以清楚地理解它的优势、不足及它所产生的后果。

研究设计引导研究,其本身就是一种研究模式,这样的理念可以在一项医学院学生的经典质性研究中得到印证(Becker et al.,1961:17),该文作者在他们的"研究设计"一章的开头就说道:

> 在某种意义上,我们的研究并没有设计。也就是说,我们并没有精心地设计出一套需要检验的假设,没有有意设计出资料收集的工具来保证获得与这些假设相关的资料,也没有一套预先操作化的分析程序。就"设计"这个概念所包含的"预先详细计划"这一特征来说,我们的研究什么也没有。
>
> 如果在一个更加宽泛与松散的意义上来讨论设计的概念,通过它来寻找我们程序所显示出来的那些次序、体系及一致性等要素,那么我们的研究是有设计的。可以说,我们的设计就是描述我们最初对问题的观点、我们的理论与方法论承诺,以及研究过程中影响我们研究的方法和受方法影响的研究过程。

因此,要设计一项研究,特别是一项质性研究,你不能只是事先提出(或借用)一套逻辑性策略,然后按部就班地去实施。在很大程度上,你需要去**建构**并**重构**你的研究设计,这是我的设计模式的一个重要的理论基础。与量化研究相比,质性研究在更大程度上是一个"自己动手(do-it-yourself)"的过程而不是"套用现成品(off-the-shelf)",需要在设计的各个要素之间不断来回"权衡(tacking)",对它们相互之间的影响进行评估。[1]

---

[1] 这种来回权衡某种意义上类似于文本理解的"解释学循环"(Geertz,1974)。但我倡导的是互动研究设计模式而不是顺序设计模式,主要是因为我把设计看作研究各个要素之间的真正关系,而不是因为我采取一种"解释性"或"人文的"研究观点来反对一种"科学的"研究观点。我这里提供的互动模式很大程度上源于自然科学实践,特别是生物学,所以它除了可以应用于质性研究也同样可以应用于量化研究(Maxwell & Loomis,2002)。比较而言,詹尼希(Janesich,1994)把质性研究设计看成类似于舞蹈一样的艺术,不过她却说"质性研究开始于问题"(p.210),还把研究设计看作研究者需要在研究的每一个研究阶段作出的一系列决策的过程。

质性研究设计不是从一个预先决定的起点开始,也不是按照一个固定步骤依次进行的过程,它涉及各个设计要素之间的相互联系与相互影响。

另外,就像建筑师弗兰克·劳埃德·赖特(Frank Lloyd Wright)所强调的,某东西的设计不仅要同它的作用相一致,而且还要与它的环境相协调。在研究过程中,你需要不断地评估,你的设计将会如何真正发挥作用,你的设计将会如何影响环境并受到环境的影响,而且你还要作出判断并作出修改,从而使你的研究能够实现你想要达到的目的。

我把这种研究设计模式称作"互动的"模式(也可以称其为"系统的"模式),它有一个确定的结构,是一个相互联系且有弹性的结构。在本书中,我介绍了研究设计中的一些核心要素,并为在这些要素之间建立一贯的、可操作的关系提供了一种方法策略。我还提供了(第7章)一个清楚明白的从研究设计过渡到研究计划书的方案。

我在这里提供的设计模式有五个要素,其中每一个要素都表明对一些特定问题的关注。

(1)**目的**。为什么你的研究值得做? 你想要澄清什么问题? 你的研究希望影响什么样的实践与政策? 你为什么想做这项研究? 我们为什么要关注你的研究结果?

(2)**概念框架**。对于你计划要研究的问题、现场或人们,你有什么了解? 有哪些理论、信念及先前的研究发现可以指导或丰富你的研究? 你要利用哪些文献、已有研究及个人经验来理解你的研究对象或问题?

(3)**研究问题**。具体来说,你想通过这项研究知道什么? 对想要了解的现象,你还有哪些不知道的? 你的研究要回答什么样的问题? 这些问题之间又是什么关系?

(4)**方法**。在实施这项研究中,你到底需要做些什么? 你要用什么方法、技术来收集和分析资料? 方法要素包括四个部分:①你在研究中同参与者之间建立关系;②选择现场、参与者、资料收集的时间与地点,以及文献等其他资料来源(这就是通常所谓的"抽样",不过,对于质性研究来说,这个术语可能会误导研究者,这将在第5章讨论);③你用来收集资料的方法;④你的资料分析策略与技术。

(5)**效度**。你的结果与结论会出现什么样的差错? 对这些结果和结论有什么其他可能的解释以及存在什么样的效度威胁? 你将如何处理这些问题? 你所拥有的资料,或你能够收集到的资料,如何支持或挑战你对事情的观点? 我们为什么要相信你的结果?

这些要素与很多其他人对研究设计的讨论并没有根本性的不同(例如:LeCompte & Preissle,1993;Miles & Huberman,1994;Robson,2011;Rudestam & Newton,2007:5),新颖的地方在于这些要素之间的关系是通过概念化的方式建立起来的。在这种模式中,设计的各个要素形成一个综合、互动的整体,其中每一个要素都与其他几个要素密切相连,并且不是以线性或环形顺序连接在一起的。图1.1展示了五个要素间的关系。

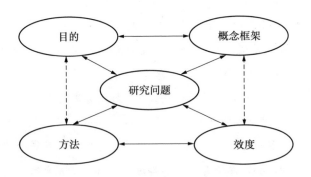

图1.1　一种互动的研究设计模式

在该模式中,与其他一些研究视角比较起来,研究问题并不是设计的起点或控件(controlling piece of the design),不是要让其他要素都顺应它。相反,研究问题位于设计的中心,是该模式的心脏或枢纽,是最直接与其他要素建立联系的要素。它不仅对其他要素具有直接的影响，而且是直接受到其他要素影响的要素；它应该能够丰富其他要素，并且应该保持对其他要素的敏感。这将会在第 4 章进行更为详细的讨论，你的研究问题不是在研究的一开始就固定了，它们可能会由于你的研究目的或概念框架的改变而改变，还可能随着你个人学习的深入而发生重大修改或拓展。

该模式上半部分的三角形更加概念化，且通常也是你首先形成的一半，应该是一个严密的整体。你的研究问题与研究目的之间的关系应该清晰，而且研究问题应该建基于你对所研究事物的已有认识，对那些可以应用到这些事物的理论概念和模式的已有认识。另外，你还应该用当前的理论与知识来丰富你的研究目的，不过选择什么样的相关理论和知识取决于你的研究目的与研究问题。

类似地，该模式下半部分的三角形，即设计中更加具有操作性的那一半，也应该是一个严密的整体。你使用的方法一定要能够回答你的研究问题，同时要能够处理好这些回答可能存在的效度威胁。反过来，你的研究问题要很好地设计，既要考虑方法的可行性，又要考虑具体效度威胁的严重性。然而效度威胁的可能性与相关性以及处理这些问题的能力，都取决于你所选择的研究问题和研究方法（以及你的概念框架）。你的研究问题构成了该模式上下两个部分之间的主要连接点。

该模式中不同要素之间的关联并没有严格的规定或固定的说明，它们在设计中允许一定程度的"创造（give）"和弹性。我发现，把它们比喻成橡皮筋是非常有用的。因为它们可以在一定程度上进行延伸和弯曲，可以给设计的各个部分施加一定的张力，但若超过特定的界点，它们就会断裂。"橡皮筋"的比喻把质性研究设计描述为相当富有弹性的事情，但是其中各个不同部分彼此之间又互相制约。若违背这些限制条件，该设计就会失效。

我将研究设计的这种相互联系与一致性看作一种实用兼容性（pragmatic compatibility），而不是逻辑统一性或者是来自上位的原则或前提。这样的话，我觉得我这里介绍的互动模式就与后现代主义的一些解释相一致,都反对普遍性的思想、宏大的元叙事,认为事物只有一种正确的理解(Bernstein,1992;Kvale,1995;Olsson,2008;Rosenau,1992)。这种模式还与当前比较流行的一种被称作为 "修补术(bricolage)" * 的质性研究取向相一致(Hammersley,2008;Kincheloe & Berry,2004;Kincheloe,McLaren,& Steinberg,2011;Maxwell,2011a),这种取向反对遵循一个预先确定的方案或一套方法,赞成一种更加自然地即兴使用手头上资源的方法。本书将在第 3 章中更加详细地讨论这种修补术。

　　除了这五个要素,还有很多其他因素会影响你的研究设计。这些因素包括你的资源、研究技巧、构想的问题、伦理准则、研究现场和你收集的资料,以及你研究过程中从资料得出的结果。我认为,这些因素不是研究设计的组成部分,它们要么属于研究与设计所赖以存在的环境,要么就是研究的产品。在设计研究时,需要考虑这些因素,就像轮船的设计需要考虑它要遇到的风浪和运载的货物一样。图 1.2 呈现了在这样的环境中可能影响设计与实施的一些因素,而且展示了这些因素与研究设计要素的主要关联。我们将在后面的章节中讨论这些因素和关联。

---

* 这个词李幼蒸先生译作 "修补术",张宁先生译作 "打零活",鲁迅先生译作 "修修补补" 或 "零碎敲打"。对这个词的理解,可以从列维 - 斯特劳斯那里理解。在《野性的思维》(李幼蒸先生译,商务印书馆出版)中,列维 - 斯特劳斯将 "bricolage" 看作与科学思维相对照的 "神话思维方式",人必须依靠自己手边的神话元素来理解世界,神话元素是有限的,而世界可以被无限地理解。在人与世界相遇的过程中,人需要不断回顾自己手头的神话元素来理解世界,为了更好地理解,神话元素甚至需要被不断替换。这样的思维方式叫作 "修补术" 或 "打零活"。这样的人被叫作 "修补匠" 或 "打零活者"。与修补匠相对立的运用科学思维方式的人是 "工程师",他不考虑手边的工具,他只是先列自己的规划。这就是列维 - 斯特劳斯对 "bricolage" 的主要描述。

　　在《游戏》一文中,德里达发挥了列维 - 斯特劳斯的 "bricolage" 概念,他说 "工程师" 根本子虚乌有,是 "打零活者" 创造出来的一个神话。语言实际上也是有限的。如果人们不得不借用语言来理解世界的话,那么每个人都是 "打零活者",他不得不反复审视 "文字",替换 "文字"。在这个意义上,鲁迅先生的 "修修补补" 这一概念恰好反映了文化的状态,每个人对待文化的方式。也许,所有文化都不过是 "修修补补" 的文化,因为我们不得不用 "修修补补" 的方式来对待它们。——译者注

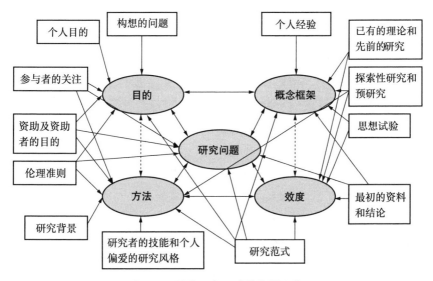

图 1.2　影响研究设计的背景因素

在此,我特别想讨论有关伦理的问题,因为我没有把伦理问题作为研究设计的独立组成部分。这并不是因为我认为质性研究设计中伦理问题不重要。恰恰相反,在质性研究中,伦理问题越来越被看成是最根本的问题,不只是从伦理的角度考虑,而是将其看作研究的整体(Cannella & Lincoln,2011;Christians,2011;Fine, Weis, Weseen, & Wong,2000)。我认为,设计的**每一方面**都应该关注伦理问题。我还特意说明了伦理问题与方法的关系,但这些问题与你的研究目的、研究问题的选择、效度问题及你对概念框架的评判也有关。

就像本书的标题所指明的,我的设计取向是一种互动的取向。它有三个方面意义的互动。首先,设计模式本身是互动的,每个要素都与其他要素相互联系,要素之间不只是线性的、单维度的关系;其次,质性研究设计应该能够随着研究实施的情境而变化,而不只是研究实施中的一个固定不变的要素(例 1.1 通过一项研究设计的演变说明了以上两个互动过程);最后,体现在本书中的学习过程也是互动的,书中大量的练习让你能够对自己的研究进行设计。本书并不只是提供抽象的研究设计原理,而是要你能够记住这些原理并可以在研究中应用。你要学习的是具有一定普遍性的原理,但最好是自己去设计一个具体的质性研究项目,这样你才能更好地学会这些东西。

例1.1　一项研究设计的演变

玛丽亚·布罗德里克(Maria Broderick)的论文刚开始研究的是一家医院的癌症患者支持小组。她具有成人心理发展的理论背景以及这方面的研究设计经验。她希望通过研究发现病人对支持小组及群体内互动的认知与他们的发展水平之间的关系。玛丽亚计划用观察、访谈和发展性测试来研究这个问题,目的是改进和提高患者支持的临床实践水平。但是在计划书通过之后,她却无法进入原先设计要研究的群体,并且又找不到另一个合适的癌症项目替代。最终,经过协商,她被允许参加一个在医院环境中为病人减轻压力的研究项目,但却不允许去听课。另外,这个项目团体坚持要一个半实验的研究设计。这迫使她不但要拓宽理论框架,学习一般行为医学研究项目,以超越原先癌症患者支持项目的设计,而且还要改变原先的方法,变成主要依赖前后访谈以及发展性测试。

当玛丽亚开始这项研究后,自己却被诊断患有与压力相关的疾病。这对她的研究设计产生了深远的影响:首先,她作为一个病人被获准进入该项目,她发现该项目并不像一个真正的支持项目在运作,而是以传统的班级教学形式进行的。这些大多与她以前广泛检索的有关支持群体的文献毫不相干。其次,她发现自己的生病经历以及自己对付压力的方式几乎与文献中报告的完全不同。这两个方面的变化深深地影响了她的概念框架与研究问题,使她的理论关注从自我发展转向了认知发展、成人学习及教育理论。另外,她还发现对病人的前测实际上是不可能的,所以她排除了对病人变化的半实验评估的可能性,而把方法与效度检验转向最初的设计。

在分析资料的过程中,玛丽亚又逐渐提出了一种理解病人(与她自己)经验的理论,这又促使她查阅新的文献并寻找新的理论方法。她渐渐开始关注病人通过该项目到底**学到**了什么,这促使她把冥想与认知重构看成是重新形成个人压力观的工具。这种关注使她把压力看作一种广泛的文化现象。于是,这又重新激发了她一直以来对成人非传统教育的兴趣。最终,这些变化影响了她的职业生涯,即从临床实践转到学术研究。而且她研究的目的也开始强调把成人发展理论与赋权课程结合起来,强调改进非传统环境中的成人教育。

　　一种有效利用这里所提供的设计模式的方法,就是把它作为一种工具或样板,真正来设计一项研究的概念图。这既可以作为设计过程的一个部分,又可以用来分析已经完成的研究设计。它可以通过给模式中五个要素填空的方式来做,填上你研究设计的具体要素。我把这种方法叫作"画设计图"(这就是我们通常称作"绘制概念图"的一种运用,将在第3章讨论)。本章我列举了两个真实研究的设计图案例。图1.3是玛丽亚·布罗德里克博士论文研究的最终结构设计图。要想阅读更多这样的图,请参阅文献(Maxwell & Loomis,2002)。

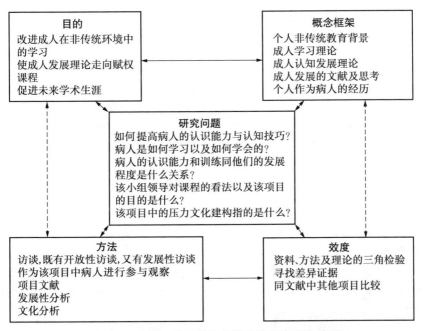

图 1.3　玛丽亚·布罗德里克博士论文研究设计图

　　要展示你研究设计的主要组成部分,这样的一张设计图是非常有用的方法。然而,任何这样的图都必然只是一种框架式的、高度压缩的描述,它无法代替对这些组成部分和它们彼此之间的联系进行更加详细的解释说明。因此,设计图应该配有对其进行解释说明的备忘录文字。图 1.4 是卡伦·科哈诺维奇(Karen Kohanowich)在设计她自己的博士论文研究的过程中绘制的,她的博士论文研究是关于载人和非载人海底研究的相对优势与不足;例 1.2 描述了她形成这张图的过程(我对卡伦的评论放在括号里面)。

例 1.2　形成设计图的备忘录

　　我知道,有很多个人因素促使我研究海底技术,因此,在形成设计图(图 1.4)之前,我撰写了这里的《研究者身份备忘录》,既是为了帮助自己思考,又是为了克服可能的偏见。备忘录的作用无法估量。我发现,只是在心里承认可能存在个人偏见几乎没用,必须将它写出来。通过对研究目的和研究问题进行头脑风暴,并将它们纳入个人的、实践的或知识的分类中,这样我就能够提取出个人的方面,尊重它的本来面目,然后将其放到"留待与朋友和家人讨论"的类别中。这能够帮助我寻找实践的目的。这些原先看似私人的目的,现在作为一个类别被确认,而且从聚焦的研究问题中区别出来。随着这些目的都被放到了合适的位置,我就能够更加清晰地聚焦于研究问题的知识方面,然后选择一个可以用学术概念进行检验的方法。在这个设计图中,马克斯威尔和路米斯(Maxwell & Loomis,2002)以及马克斯威尔(Maxwell,2005)都认为,左上部分的研究目的应该包括全部三个要素。我确实发现,用目的要素呈现我的实践目的非常有用;将个人的目的放在旁边,如我前面所介绍的,然后将知识的目的和研究问题整合到一起。

　　随后的设计图发展成为一个更加结构化的过程,拥有一个相对稳定的目的 / 框架和一个更加富有弹性的操作系统,这出乎我的意料之外。这与马克斯威尔(Maxwell,2005:5)介绍的上位或下位整合的三角形很相似,但是对反馈机制作了一些修改。前面的练习告诉我,实践的目的确实是研究的核心,即"为什么"。概念框架随着这组假设而浮现出来,它们都是我在研究中对该题目的假设以及影响概念框架的因素。我对其思考得越多,它就显得越重要,这些组成要素在研究进展中也就更有弹性,为研究提供一种更加一致的环境。剩下的三个要素是设计用来共同对该研究框架作出回应的,而且提供了研究反馈。我将下面的这个三角形的三个要素"研究问题""方法"和"效度",看作操作要素的次级群组(subgroup)。这里,随着研究的实施和进展,我承认并且赞同要素之间关系的灵活性。我还承认,在研究过程中,可能会出现需要重新修改框架的情况,但是我觉得,基于个人研究过程中偶然的洞见频繁变换框架可能会事与愿违,而且会威胁到研究的基础。我在想:"什么样的信息能够保证对框架的重新评估?"我意识到,当然是结果。因此,我增加了一个新的要素——结果——它代表的是在研究设计互动中出现的结果。(图 1.2 中包括这一要素,作为影响设计的因素之一。)

在这张图中,实心箭头代表设计图中一个要素对另一个要素的可能影响,而虚线箭头代表调整后可能出现的结果。我之所以增加这个独立的结果要素有两个原因。首先,我考虑的是,这三个操作要素之间的双向箭头代表了随着研究的进展而出现的内部研究考虑,通常是研究过程中发现新现象的结果,但并不是研究结果本身的缘故。我还想要强调将结果作为首要因素对基本框架和研究目的进行考虑。设计过程中的洞见可能会让我们禁不住重新阐述研究的基础,你应该抵制这样的想法(但不应该忽视!它们可能非常重要,从而无法抵制),从而让这个过程发挥作用。注意,我并没有将结果对这三个设计要素的影响放在这里。但将设计作为系统整体来考虑值得重视。

因为我要继续设计我的研究,所以我打算重温马克斯威尔和路米斯(Maxwell & Loomis,2002,Table 9.1)介绍的质性研究设计要素和量化研究设计要素,从而更好地描述每个要素的内容。我希望看到,这整个过程如何随着我的研究的进展而呈现出来。

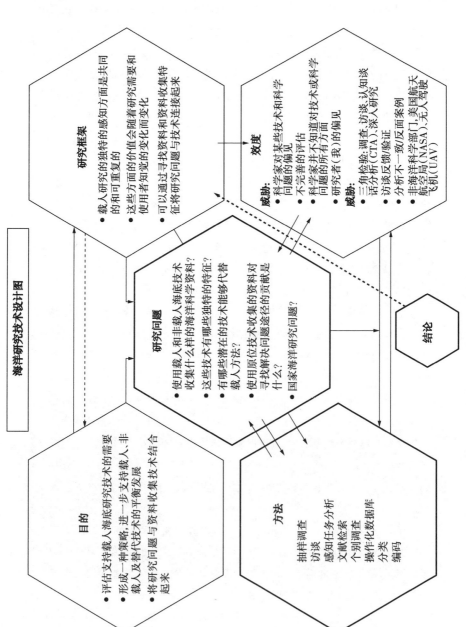

海洋研究技术设计图

研究框架
- 载人研究的独特的感知方面是共同的和可重复的
- 这些方面的价值会随着研究需要和使用者知觉的变化而变化
- 可以通过寻找资料和资料收集特征将研究问题与技术连接起来

效度
威胁：
- 科学家对某些技术和科学问题的偏见
- 不完善的评估
- 科学家并不知道对技术或科学问题的所有方面
- 研究者（我）的偏见
威胁：
- 三角检验：调查、访谈、认知访谈、话分析（CTA）、深入研究
- 访谈反馈/验证
- 分析不一致/反面案例
- 非海洋科学部门，美国国家航空局（NASA）、无人驾驶飞机（UAV）

研究问题
- 使用载人和非载人海底技术收集什么样的海洋科学资料？
- 这些技术有哪些独特的特征？
- 有哪些潜在的技术能够替代载人方法？
- 使用原位技术收集的资料对寻找解决问题途径的贡献是什么？
- 国家海洋研究问题？

结论

目的
- 评估支持载人海底研究技术的需要
- 形成一种策略，进一步支持载人、非载人及替代技术的平衡发展
- 将研究问题与资料收集技术结合起来

方法
抽样调查
访谈
感知任务分析
文献检索
个别调查
操作化数据库
分类
编码

图1.4 一张载人和非载人海底研究的设计图

卡伦的图和备忘录在很多方面都修改了我的设计模式,但这些对她似乎很有帮助,这就非常好。我认为并没有一个唯一正确的研究设计模式,或者在研究设计中并没有一个唯一正确的做法。实际上,我认为任何事情都没有一个唯一正确的模式(参见 Maxwell,2011a,2011b)。不过,我认为这里呈现的模式是一种**非常有用的**模式,主要有两个原因:

(1)该模式明确地把主要的问题,比如必须决策的问题以及必须在计划书中说明的问题等作为设计的**要素**。因为这些都是不能被忽视或误解的要素,它们只能以细致且系统的方式处理。

(2)该模式强调质性研究设计中的**互动**性质以及设计要素之间的多方面联系。学位论文或申请资助的计划书被否决的一个共同原因往往就是研究者没有阐明设计要素之间的逻辑联系——各个要素彼此之间决策的相关性(我将在第7章对此进行更为详细的讨论)。我这里提供设计模式是为了让读者更容易理解并展示这些联系。

矩阵作为形成你的研究设计的一种方法策略

矩阵是形成以及展示研究设计的另外一种方法策略。在做研究设计的过程中,设计图和设计矩阵两者都非常有用,但是它们又有差异,能够互补。设计图呈现的是研究设计的一个框架图,保留了设计的互动结构。比较而言,矩阵给出的是设计要素的一个更加线性的排列,但在这么做的时候,矩阵让你能够发展并展示各个要素**特定**部分之间的联系,如每个研究问题是如何与具体的目的、理论、方法及效度议题建立联系的(表1.1)。迈尔斯和休伯曼(Miles & Huberman,1994)是第一个系统地提出并发展

本书的结构

本书是通过设计质性研究的过程来为你提供指导。书中突出了研究设计中必须要作出选择的一些问题,而且提供了一些有助于这些选择的思考。本书的每个章节讨论设计的一个要素,因此,这些章节就形成一个逻辑顺序。但这种组织形式只是一种思考与呈现的方式,而不是要你在真正的研究设计中按部就班遵循的一个流程。你应该根据自己对所有要素的思考来对每一个要素作出选择,而且需要根据新的资料或思想的变化对前面的设计选择(包括你的研究目的)进行修改。

本书将从研究目的(第 2 章)开始,采用一个 Z 字形路径(图 1.5)表述该模式中的这些要素。研究目的不但重要,而且在各个要素中居于首位。如果做这项研究的原因还不清楚,就很难对研究设计的其他部分作出**任何**决定。随后一章将讨论概念框架(第 3 章),因为概念框架和研究目的密切相连,而且研究目的与框架共同对研究问题的形成造成重要影响。因此,按照逻辑,下一个问题就是你的研究问题(第 4 章)。这三个要素应该形成一个统一的整体。

下一个要讨论的要素是方法(第 5 章):为了回答你的研究问题,你该如何收集和分析资料。但资料收集方法与分析方法必须与效度问题(第 6 章)结合起来:你会犯什么错误? 是什么(而不是其他)使你的回答更加值得信赖? 研究问题、方法及效度也应该形成一个统一整体,其中获得问题答案的方法,以及在面临可能的效度风险时保证答案可以信赖的手段,都需要界定清楚,而且要同研究问题联系起来。另外,你的研究目的和概念框架可能对你的研究方法和效度问题有直接的影响,反之亦然。

最后,第 7 章讨论了这种设计模式与撰写研究计划书的启发意义,而且就如何将研究设计变成计划书提供了示意图和具体说明。

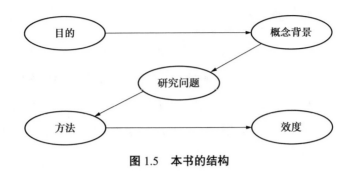

图 1.5　**本书的结构**

本书中的练习

社会学家 C. 赖特·米尔斯（C Wright Mills, 1959：197）写道：

> 社会学家遇到的最糟糕的事情之一是：只有当他们需要钱来做一项具体的研究或"项目"时，他们才觉得需要写出他们的"计划"。似乎是为了获得资金支持才拟订计划，或认真地写作计划。无论这种写作有什么样的标准，我都认为是非常糟糕的，在某种程度上这是一种交易关系。而且，一般来说，这种行为很可能会造成夸夸其谈，令人痛心。虽然有可能"提出"研究项目，但是这项研究早在该项目"提出"之前就以某种方式开始了。这种项目的"提出"通常只是一个幌子而已。因为，无论多么有价值，除了为项目提出而提出之外，其背后的目的就是得到金钱。一位真正的社会学家应该定期地回顾"我的研究问题与计划的进展"。

米尔斯继续富有洞见地指出，每一个研究者有计划地、系统地写下自己的研究，"只是为了自己，或许为了与朋友讨论"（Mills, 1959：198），他／她需要保留这些文档，质性研究者通常称其为"备忘录"。

本书中所有的练习都是某种形式的备忘录，所以我想在这里简单地讨论一下备忘录的性质以及该如何有效地使用备忘录。备忘录（Groenewald,2008;有时候称其为"分析备忘录"）是一种非常有用的工具,可以用于各种不同的目的。这里的备忘录是指,除了真正的田野笔记、转录或编码之外,研究者撰写的任何有关研究的材料。

备忘录的范围很广,从访谈手稿页边的简短评论或记录在田野笔记中的理论思想,到丰满的分析性文章,都可以是备忘录。所有这些记录的共同特征是,它们是将思想落实到纸上(电脑上)的方法,以及运用写作来促进反思与提高分析能力的方法。当你的思想记录到备忘录中后,你就可以像对待田野笔记与访谈记录那样对它们进行编码和归档,然后可以回到这些记录提出进一步的思想。不写备忘录就像得了老年性痴呆症,有些重要的思想在你需要的时候不一定能够想起来。彼得斯(1992:123)就备忘录的作用引用了刘易斯·卡罗尔(Lewis Carroll)[1]的《爱丽丝镜中奇遇记》(*Through the Looking Glass*) 中的话:

> "那个恐怖的时刻,"国王继续说道,"我应该永远、永远不要忘记。""但你会忘记的,"王后回答说,"除非你把它记录下来。"

本书中很多例子都是备忘录,或是在备忘录的基础上加工而成的。[2]

备忘录是用来形成你自己研究思想的最重要的方法。因此,你应该把写备忘录当作帮助**理解**自己的研究题目、场地或研究的一种方式,而不仅仅看作记录或呈现你已经理解的东西。写作就是在纸上思考(Howard &

---

[1] 刘易斯·卡罗尔 (Lewis Carroll, 1832—1898),英国数学家、儿童读物作家,《爱丽丝镜中奇遇记》是其著名童话著作,与《爱丽丝漫游仙境》称作姐妹篇。——译者注

[2] 想要更多了解有关备忘录的讨论以及事例,请参阅波格丹和比克伦(Bogdan & Biklen, 2003:114-116,151-157),迈尔斯和休伯曼(Miles & Huberman,1994:72-75)及米尔斯 (Mills,1959)的著作。更详细的信息可以在斯特劳斯(Strauss,1987,第1章、第5章和第6章)及斯特劳斯和科宾(Strauss & Corbin,2007)的著作中找到。

Barton, 1988）。备忘录应该包括对阅读的思考和对田野工作的反思。另外,方法论问题、伦理问题、个人反应或任何其他问题都可以写到备忘录中。在写作本书及修订过程中,我写了大量研究设计备忘录。要把写备忘录当作一种方法来理解研究中所遇到的问题,理解你的题目、场地或资料。当你有一个想法,想进一步思考,或只想记下这个想法以备日后思考时,请先写备忘录。在你的研究过程中,要写**大量**的备忘录。要记住的是,在质性研究中,设计是在整个研究过程中不断进行的事情,而不仅仅是一开始的事情。要把备忘录看作一种去中心化的田野日记。如果你喜欢,还可以用日记的方式去写备忘录。

这些备忘录无论采取什么样的形式写,它们的价值取决于两件事:第一是你需要认真地反思和自我批判,而不是仅仅机械地记下事件与想法;第二是你应该以系统的、可检索的形式**组织**你的备忘录,这样,当你需要进一步审视的时候,就可以很方便地找到这些观察与洞见。我主要通过两种形式写备忘录:一是在 3 英寸 ×5 英寸的卡片上写,我总是随身带着这样的卡片,以便迅速记下想法,并记上日期与主题作为索引;二是在电脑里对特定的研究进行归档,这主要是用于较长的备忘录。我在加拿大北部的一个因纽特社区做论文期间,也坚持写田野日记,这对我理解研究现场具有无法估量的价值。备忘录在与同事分享以及获得同学的反馈意见方面也非常有用。[1]

虽然备忘录主要是一种思考的工具,但也可以看作材料的最初草稿,后期可以放到(通常需要大量的修改)计划书、报告或出版的文章、书籍中。所以本书中,我设计了大量的备忘录练习,希望能起到这样的作用。但是,若把备忘录当作与他人沟通的一种主要手段,必然就会妨碍

---

[1] 要想在研究项目和职业生涯中获得更多有关使用备忘录的建议,请参阅米尔斯(Mills, 1959)的著作。

反思性写作,而你需要这样的反思性写作来使备忘录为你发挥最大的作用。特别要警惕贝克尔(Becker, 1986)所说的"漂亮的写作(classy writing)"——虚夸、冗长的语言,目的是用来表现而不是澄清你的思想。记住写作指导中有一句俗语,"当你写作时,不要给自己的大脑穿上紧身衣"(Metzger, 1993)。

2

目　的

你为什么要做这项研究?

我们不但在评价民族志研究时需要考虑研究的相关性及其效度,在设计时也必须要考虑。

哈默斯利(Hammersley,1992:85)

任何人都可以找到一个没有人研究过的,且经验上可以研究的问题,但是结果却不见得有**意义**。正如梭罗(Thoreau)所说,寻遍全世界去数桑尼巴尔(Zanibar)的猫是不值得的。另外,研究者很容易被他人所提供的故事迷惑,或陷入研究现场所发生的事情中,而看不清研究这些特定现象的**原因**。克罗斯克里(Brendan Croskery,1995:348)在他的学位论文研究中,通过反思对纽芬兰的四位校长的研究后承认:

> 困扰研究的是,我们有着太多美好的想法但却很少集中去思考……我痛苦地发现,很多的资料(虽然有趣)与核心分类(core category)没有什么关系。

对自己的研究目的有一个清醒的认识可防止迷失方向,不然就会费时费力地做对研究毫无用处的事情。

因此,研究目的是研究设计的一个重要组成部分。(我是在一个比较宽泛的意义上使用**目的**这个词,包括动机、欲望和目标——任何促使你去研究或者你希望通过研究来实现的事情。[1])这些目的对你的研究将起到两个重要的作用:第一,它们能够引导你在设计中进行其他的选择,以保证你的研究是**值得做**的,确保你从研究中获得有价值的东西;第二,在**论证**你的研究的合理性,解释你的结果和结论重要性方面,目的是必不可少的——这也是任何一项资助申请或学位论文研究计划书的主要任务。另外,如哈默斯利(Hammersley,1992:28)指出的,你研究中所提供的描述、解释及理论必然由你的目的所形塑。因此,目的就不仅是重要的**资源**,你可以在设计、实施及论证研究中利用它们,目的也会造成潜在的**效度威胁**,或成为研究结果偏差的原因,而这些都是你必须要设法解决的问题(见第 6 章)。

个人的目的、实践的目的与知识的目的

我认为,做研究的时候将三种不同的目的区别开是非常有益的:个人的目的、实践的目的与知识(或学术)的目的。个人的目的是指那些激发**你**去做这项研究,但对其他人却未必重要的东西。个人的目的可以包括希望改变或改进某些实践或自己所处的环境,对一个具体问题或事件的好奇,喜欢一项特定的研究,或仅仅是职业发展的需要。这些个人的目的常常同实践的目的或知识的目的相交叠,但这些实践的目的或知识的目的也可能包含在深层的个人欲望与需求之中,而这些个人欲望和需求却与做这项研

---

[1] 我把这些叫作"目的(goals)"而不是"目标(purposes)",希望能够更清楚地把它们与研究方法著作中的"目标(purposes)"——研究的具体目标(objective)——的通常意义区别开来,如"这项研究的目标(purpose)是研究(理解、探索)＿＿＿"(Creswell,1994:59)。我认为"目标"的这种意义与研究问题的联系更加紧密,尽管它们是有区别的。

究的"正式"理由几乎没有关系(见例 2.1)。

研究者常常将他们的研究与生活断然分开。这种做法对做好研究是有害的,主要表现在两个方面。第一,它造成了一种幻觉,认为研究发生在一种"客观的"、与世隔绝的环境中,只服从于理性和非个人化的动机和选择。这样就模糊了研究者的真实动机、假设和安排,而且使得研究者忽视这些因素对他们的研究过程和结论的影响。还会导致研究者在研究结果不能达到期望的时候,隐藏真实动机和实际做法,觉得如此才能达到科学中立和客观的目的。第二,在做研究的时候,这种分开断绝了研究者洞察力、研究问题和指导研究进行的一个主要来源(我将在第 3 章中详细讨论这个问题)。如果还想更多了解这些问题,可参阅米尔斯(Mills,1959)的《社会学的想象力》(*The Sociological Imagination*)的附录《论治学之道》("On Intellectual Craftsmanship")。

研究者的个人目的常常会深刻地影响两个重要的选择。一是影响研究题目、议题或问题的选择。传统上学生在选择这些问题时,要么是听从老师的建议,要么是基于文献的阅读。但个人目的与经验在许多研究中却起着非常重要的作用。斯特劳斯与科宾(Strauss & Corbin,1990:35-36)认为:

> 通过专业或个人经验的途径选择一个研究问题似乎比通过(老师)建议或文献的途径更加危险。但这种担心未必正确。以个人经验指导你的研究有可能会更成功。

将研究问题建立在自己个人经验的基础上,其中一个非常重要的优势是研究的**动力**。缺乏动力可能会导致学生不能完成他们的学位论文,而对题目具有强烈的个人兴趣且特别渴望探究问题的答案时,学生就必然会克服来自工作、家庭等方面的困难,而且也不会拖延。例 2.1 介绍了一个学生如何因个人生活经历以及由此所引发的目的与兴趣,从而改变了学位论文的题目。

例2.1　利用个人经历选择学位论文题目

卡罗尔·卡芬伯格(Carol Kaffenberger)是一名博士生。在一项咨询研究中,她精心地设计,准备把研究青少年解决冲突能力的发展作为自己论文研究的主题,并打算开始写作论文计划书。但是,她却发现自己很难保持对这个题目的兴趣。在她开始博士论文研究的三年前,她的小女儿,那时只有12岁,被诊断患有一种致命的白血病(血癌),在医院住了6个月后进行了一次骨髓移植,病情稍微缓解但是不久复发了。在三年后没等恢复就又需要第二次骨髓移植。孩子的疾病引发了家庭危机,使得一家人的角色与责任都发生了重大的变化。卡罗尔辞了工作,搬到医院和女儿待在一起。丈夫继续工作,维持家庭并照顾他们的儿子。儿子在女儿诊断为白血病(血癌)那年只有15岁。大女儿离开家住在大学里,骨髓就是她捐献的。

刚开始,卡罗尔觉得一家人生活得很好,但随着危机的出现,她对大女儿与儿子所表现出来的抱怨与沮丧而感到惊讶和恼火。虽然她有过做咨询的经验,但她还是无法理解。看着全家历经磨难"恢复正常"之后,她意识到他们永远也不会像以前那样了。她还发现自己原先对孩子们体验的假设是不正确的,所以很想研究这种体验。

在一次博士生的会议中,一个知道她女儿患癌症的学生问到她的论文计划。卡罗尔回答说打算研究青少年解决冲突能力的发展,而且简单地介绍了自己的研究计划。这个学生的回答是"多么难得的一次机会啊"。他的话说明她考虑研究青少年患癌症对家庭的影响将是一个极好的题目。经过思考之后,卡罗尔去见了导师,说了这个学生的看法,并问导师:"这样的研究是否明智?"导师回答:"我一直期待你做这项研究。"

卡罗尔检索了相关的文献,发现有关儿童患有癌症对家庭的意义以及影响的文献寥寥无几,尤其缺少对其兄弟姐妹的意义及影响的文献。她还发现,随着幸存者的增加,学校里这样的学生也越来越多,他们有着长时间受癌症影响的体验。他们有的是癌症幸存者,有的是患者的兄弟姐妹,但是学校却没有处理这方面问题的经验。由于这方面兴趣的激发,再加上这方面资料的缺乏,以及这个问题变得越来越重要,她改变了原先的计划,开始研究青少年患癌对幸存者及他们的兄弟姐妹的长期影响与意义,以及患病对兄弟姐妹之间关系的影响。她 1997 年秋季上了我的论文计划书写作课程,并在 1998 年春天提交了计划书,一年后进行了论文答辩。她说她"爱她论文的每一个细节"。甚至在她快完成资料分析,去百慕大度假时也带上她的资料(Kaffenberger,1999,个人交流)。

个人目的与经验影响的第二个方面是对质性研究方法的选择。洛克、斯波多索和斯尔弗曼(Locke, Spirduso, & Silverman,1993:107)说过:"任何打算用质性方法设计研究的学生都应该面对这样一个问题:'我为什么要选择做一项质性研究?'然后要诚实地回答这个问题。"他们强调,质性研究并不比量化研究更容易,选择质性研究取决于个人兴趣以及研究技巧,这与想要回避统计分析没有关系(Locke et al.,1993:107-110)。关键的问题是"选择质性研究方法"的原因要同研究中的其他目的、研究问题以及实施质性研究所需的要求相一致。艾伦·皮士肯(Alan Peshkin)(例 2.2)选择质性研究的动因完全合乎情理——因为他喜欢田野研究,而且他具有这方面的能力。**假如**你也因这个原因而选择自己的研究问题,那就是一种非常合适的方法。

传统的研究方法著作一般明确或间接地认为,个人目的应该建立在客观、中立的科学主义理想基础之上,而且强调研究取向和方法的选择应该由你想要研究的问题来决定。但是,从科学家的传记中可以明显地看到(转引自 Heinrich,1984),研究方法的选择通常更多是由个人决定的,而且大量的历史、社会及哲学研究都说明了科学中主观动机和目的的重要性。

传统真理观认为,研究者个人的(通常是未经审视的)动机对于研究结论的效度有重大的影响。如果你的资料收集与分析都基于个人的一厢情愿，**而没有仔细地评估**它们对研究结论的潜在影响，那么你有可能在设计一项有缺陷的研究。瑞典的古斯塔夫国王希望建立一支强大的战舰队来统治波罗的海，这种欲望产生了一个缺乏考虑的决定——给瓦萨增加一层炮台，从而导致它的覆没，结果是他的目的受到严重挫败。

因此，承认并考虑到个人目的是非常重要的，正是个人目的促进并影响了你的研究。研究设计中想要排除个人目的与关注，既不可能也没有必要。重要的是要意识到这些目的的存在，以及它们可能对你的研究产生什么样的影响，并考虑如何更好地实现你的目的，并处理好它们的负面影响。例如，对某个问题持有一个很强烈的立场可能会严重地妨碍你与那些持有相反立场的人的访谈，或者会扭曲你对这种访谈资料的分析，如果你并没有明确地发现自己的这种立场并考虑如何防止这些事情的发生。另外，认识到个人与你想要实施的研究之间的关系，可以为研究提供重要的思想、理论和资料来源（Marshall & Rossman，1995：22-25；Strauss & Corbin，1990：42-43）。我将在下一章的"经验知识"一节中对这方面进行讨论。例2.2介绍了一位研究者的个人目的与价值观是如何影响一系列质性研究的（以及如何受到这些研究影响的）。

例2.2 个人价值观与身份的重要性

皮士肯的个人目的是由他自己的价值观与身份决定的，并深深地影响了他所做的好几项学校与所在社区的民族志研究（Glesne & Peshkin，1992：93-107；Peshkin，1991：285-295）。他的第一个研究是在一个叫 Mansfield 的村镇上进行的，他喜欢这个社区，而且想要维护这个社区，这影响了他的描述。因此，他认为这个社区非常重要而且需要保护。他的第二个研究是在一个正统派基督教学校（他把它叫作 Bethany Baptist Academy，BBA）及其社区实施的一项民族志研究。作为一个犹太教徒，他感觉自己同这个社区非常疏远，因为这个社区要改变他的宗教信仰：

当开始写作的时候……我知道我对自己在 BBA 的个人
经历非常烦躁(正好与研究相反)。很快我就敏锐地意识到我
的烦躁无处不在,因为我写下的都是愤怒与怨恨。我很不喜欢
Bethany 这个社区,这个社区没有 Mansfield 那么有活力。为什
么没有呢? 因为我在 Bethany 非常烦躁,我的脾气开始发作。后
果是我感觉自己要讲述的故事存在着个人感受方面的(效度)威
胁。因为在 Bethany 18 个月的田野研究中,我不是一个冷静、沉
着的观察者(哪儿有这样的观察者呢?),而是一个犹太教徒,所
以其他人都直接或间接地被扭曲了。

通过事后省思,皮士肯意识到,他如果对 Mansfield 少一些同情心,他
就会以另外一种同样有效的方式讲述这个社区的故事。而且如果他认同
Bethany 并愿意永远支持它,他为我们讲述的将是一个与 Mansfield 非常相
似的故事。

皮士肯的第三个研究是在一个叫 Riverview 的多民族与多种族的市区
学校及其社区中进行的。他下决心在一开始就要努力厘清反映在自己的行
为中的身份方面的特征。他列举了影响这项研究的六个不同的主观的**我**,
并列出每个**我**的目的。其中有**种族维持的我**与**社区维持的我**,这在他的研
究早期就发现了;**多民族融合一体的我**,这个我支持民族、种族融合,而且他
看到这个我依然存在;**寻求正义的我**,这个我试图要纠正 Riverview 周围的
富人对它所持的负面、偏执的印象;**教育改良的我**(Pedagogical-Meliorist I),
这个我为 Riverview 的少数民族学生所受到的低劣的教学而深感不安,并努
力寻找改进的办法;**非研究的人性我**,这个我感激自己与妻子在 Riverview
所受到的热情接待,从而影响了敏锐的判断力。

皮士肯(Peshkin, 1991:293-294)强烈建议所有的研究者都要系统地监
视自己的主观性:

> 我把这种监视看作一项必要的训练,一种锻炼,一种揭示,从而让自己的主观性现形。这是一种排演,它使我的主观性敞开(而且坦诚)。而且这对我也具有警示作用,它使我能够避免把一时冲动所收集的东西当作资料。
>
> 练习2.1是练习这种监视的一种方法。
> 皮士肯的个人目的除了影响他的问题与结论外,还直接影响到他对方法的选择。例如,他说:"我喜欢田野研究,这非常适合我。我的结论是:研究不是通过问题寻找'合适的'收集资料方法,而是用喜欢的资料收集方法来寻找'合适的'问题。"(Glesne & Peshkin, 1992:102)

除了个人的目的,我还要区分并讨论其他两种目的(这对其他人很重要,而不仅仅是对你自己)。它们分别是实践的目的(包括管理的或政策的目的)和知识的目的。实践的目的聚焦于**实现**某些事情——满足某种需求,改变某个环境,或达到某个目标。相反,知识的目的则主要是**理解**某些东西——洞悉事情及其发生的原因,或解决先前研究没有正确说明的问题。

这两种目的都是研究设计的合理组成部分,但需要把它们分开来。虽然知识的目的通常是提出研究问题的起点,但是实践的目的一般很少直接用来形成研究问题。研究问题应该是通过你的研究可以作出回答的,而研究问题可以直接询问如何达到实践的目的,如"该如何修改这项研究以使它更合理? "或"怎样才能提高学生学习科学的动机? "这些问题是不能直接通过研究来回答的。这样的问题具有一种固有的开放性质(一般用"能够"来表述)或价值因素(一般用"应该"来表述),而不是对资料的描述或分析就能够完全说明的。

另一方面,像"这项新政策对计划的公平性有什么影响? "或"学生对新的科学课的反应是什么样子的？"这样的研究问题不仅可以回答，而且对这些问题的回答还有助于促进并实现前面提到的实践目的。因此，你需要更好地提出你的研究问题，从而帮助你达到实践目的，而不应该把这些研究目的隐藏在研究问题中，否则，它们可能会妨碍你研究设计的可行性和一致性。我的学生在提出研究问题时有一个常见的问题，他们总是把这些研究问题直接建立在实践的目的基础之上。结果留下的隐患是，不仅他们的研究无法回答这些问题，而且这些问题也不能很好地指导研究。我将在第4章更详细地讨论这个问题。这里，我只是强调这两种目的之间的差异。

这里并不是要你在研究设计中不考虑实践的目的。除了前面的原因之外，实践的或政策的目标在证明你的研究的合理性方面特别重要。不是要忽视这些目的，而是要理解这些目的的根源何在，它们与你的研究有什么联系，以及它们可以怎样建设性地用到你的研究设计中并为你的研究进行辩护。

质性研究可以帮你实现什么样的目的？

质性研究方法与量化研究方法并不能简单地视为做同样事情的两种不同方式。相反，它们有着各自不同的优势和逻辑，而且分别可以用于不同的研究问题和研究目的（Maxwell,2004a; Maxwell & Loomis,2002）。不幸的是，很多关于研究方法的教科书都是(或明或暗)基于量化研究的"心智模式"（Greene,2007：11-13），它们给予量化方法取向优先地位，并贬低或忽视质性方法的主要优势。在我看来，就解释来说，这两种方法的主要区别是"变量理论（variance theory）"和"过程理论（process theory）"之间的区别（Mohr,1982）。量化研究者往往从变量关系来看待这个世界；他们将解释看作一种证明，证明不同变量之间有一种统计学的关系。相反，过程理论往往将世界理解为人、情境、实践及将这些要素连接在一起的过程,他们的解释建立在这样的分析基础之上:某些情境和事件如何影响其他的情境和事件(Maxwell,2004a,2008,2011b;我将在第3章讨论这种区别)。

质性研究的优势主要在于它采取过程取向和归纳的方法,关注特定的情境或情境中的人物,强调语言的作用而不是强调数据。这里我将介绍五种具体的**知识**目的,这些目的都特别适合通过质性研究来实现。

1. 理解事件、情境、经历及行动对研究参与者的**意义**。这里我是在宽泛的意义上使用"意义"这个词,它包括认知、情感、意向以及其他通常被质性研究者称作"参与者视角"的那些东西。我认为,这些视角是你打算要去理解的实在的一部分(Maxwell,1996;Menzel,1978)。

很多质性研究者反对这一立场,认为人们的信念、价值等都是他们的**构念**(constructions),而不是任何实在的组成部分;他们要么将这些构念看作完全独立于"真实"世界的存在,要么认为在我们的构念之外没有任何真实的世界(Schwandt,1997:134)。我认为这种激进建构主义在哲学上是站不住脚的,而且也不能准确地代表大多数质性研究者在他们真正的研究中所使用的"运用中的理论(theory in use)"。深入地谈论这个问题超越了本书的范围(想要进一步延伸这种讨论,见Maxwell,2011b);我的观点很简单,就是无论你对这个问题的立场是什么,你都要认识到,你的研究的参与者的意义、信念等都是你要理解的重要组成部分。在质性研究中,你不仅对发生的具体事件和行为感兴趣,而且还要对研究参与者如何理解这些事件和行为以及他们的理解如何影响他们的行为等方面感兴趣。对意义的关注就是所谓的社会科学的"解释性"取向（Bhattacharya, 2008; Bredo & Feinberg, 1982; Geertz, 1974; Rabinow & Sullivan, 1979），是大多数质性研究的基本方面，也是质性研究与量化研究的一个主要区别。

2. 理解参与者行动所处的具体**情境**，以及该情境对他们行动的影响。质性研究者一般研究少数个人或情境，并在研究分析中保留它们的个性特征，而不是从大样本中收集数据，然后不顾个体与情境进行统计计算。因此，他们能够理解事件、行动以及意义是如何在它们所发生的独特环境中形成的（Maxwell, 2004a）。

3. 理解事件和行动发生的过程。迈瑞姆（Merriam, 1988: xii）认为，"(质性研究的)旨趣在于过程而不是结果"。但这并不意味着质性研究不关心结果，它只是强调质性研究的一个主要优势在于理解导致这些结果的过程，而实验研究和调查研究却很难发现这样的过程（Britan, 1978; Maxwell, 2004a, 2004c; Patton, 1990: 94）。

4. 寻找意料之外的现象与影响，并就这种影响提出新的"扎根"理论（Glaser & Strauss, 1967）。质性研究有着内在的开放性与灵活性，它允许在研究中修改你的设计和研究问题，从而寻求新的发现和关系。这种灵活性主要是因为它专注于对特定情境和事件的理解，而不是进行比较和推广；灵活性的另外一个原因是它不受统计假设检验规则的限制 [1]，统计检验规则要求在资料收集开始后就不能对研究设计进行大的改变。

---

[1] 虽然假设的统计检验是量化研究的组成部分，仅是一种处理变量之间联系的可能性的方法，但常见的"零假设显著性检验"或者 NHST，已经被极大地误解且误用，甚至在教科书中都常常被错误地呈现，因此很多著名的统计学家都认为，应该将其完全放弃（Cohen, 1994, Harlow, Mulaik & Steiger, 1997; Huck, 2009），特别是现在有了更好的替代 NHST 的方法（Cumming, 2011）。质性研究者很少使用这样的检验，不过，如果你打算做这样的检验，你必须要知道 NHST 的局限，知道这种检验真正能够告诉你什么。

5. 形成因果解释。传统的观点认为,只有量化研究才能得出可靠的因果结论。这种观点一直受到一些质性研究者的批判(如 Britan,1978;Denzin,1970;Erickson,1986)。迈尔斯与休伯曼(Miles & Huberman,1984:132)指出:

> 我们希望在此强调,最近很多研究支持这一观点:在解释我们所谓的**本地因果关系**(local causality)中——导致特定结果的真实事件和过程,田野研究比只用一种量化研究方法要**好得多**。

虽然有些研究者,既有质性研究者也有量化研究者,已经抛弃这种传统的观点(见 Maxwell,2004a,2004c,出版中),但它仍然是主导(Denzin & Lincoln,2000; Shavelson & Towne,2002)。

人们之所以对此持不同意见,部分原因是他们没能认识到,量化研究者和质性研究者往往是提出不同的因果问题。正如前面所介绍的,量化研究者感兴趣的往往是:是否或在什么程度上 X 的变化会引起 Y 的变化。而质性研究者往往会问在引起 Y 变化的过程中 X 扮演什么样的角色, 是什么样的**过程**将 X 和 Y 连接起来的。威伊斯(Weiss,1994:179)为这种区别提供了一个具体说明:

> 在质性访谈研究中,因果关系的展示主要是通过对事件生动、有序的描述来实现,每个事件环环相扣……而量化研究是通过显示先前事件和随后事件的关联来证明因果假设。例如,对大规模样本调查所获得的数据进行分析,也许会显示出妻子的教育水平和美满婚姻之间的关联。但在质性研究中,我们会探究一个过程,通过这个过程,妻子所受的教育或与受教育相关的因素在婚姻的互动中揭示事情本身。

这并不是说在质性研究中很容易或直接就能够得出因果解释（Maxwell,2004c）。在这方面,质性研究与量化研究没有什么区别。对于所给出的因果解释,两者都需要寻找并处理可能存在的效度威胁问题。我将在第6章进一步讨论这个问题。

这些知识的目的,以及它们所要求的归纳的、开放性的方法,赋予质性研究在另外三个**实践的目的**方面一定的优势。

1. 提出可以理解且在经验上可信的结果和理论,这不仅对于被研究的人而且对其他人都一样重要。巴顿（Patton,1990:19-24）提供了一个例子,显示在评价教师的责任心体系中,与标准化问卷的定量分析相比,学校管理人员更加相信教师对问卷中开放式问题的回应,而且影响更大。博斯特（Bolster,1983）提出了一个更为普遍的观点,他认为教育研究对教育实践缺乏影响的一个原因是大部分研究是量化研究,这与教师的日常教学实际经验没有关系。他提倡质性研究,因为质性研究强调教师的视角及对具体情境的理解,这为教育实践者提供了更多的可能性。

2. 实施旨在改进现有的实践、项目或政策的研究,也就是通常所谓的"形成性评价"（Scriven,1967,1991;Patton,2001）,而不仅仅是评估它们的影响或价值。在这样的研究中,更重要的是理解事情发生的过程和特定的情境,以及参与者对它们的理解,而不是将该情境与其他情境进行严格的比较,也不是要表明由于实践变化的结果所招致的结论的变化（Maxwell,2004a;Pawson & Tilley,1997）。我将在第4章讨论理解诸如意义、情境和过程这类知识的目的与诸如改进实践或政策研究这类实践的目的之间的差异对你的研究问题的意义和启发。

3. 和研究的参与者一起进行行动研究、参与研究、合作研究或基于共同体的研究。质性研究的表面信度(face credibility)，以及它对特定情境以及这些情境对参与者的意义的关注，使它特别适合同这些参与者一起进行合作研究(Brydon-Miller, Kral, Maguire, Noffke, & Sabhlok, 2011；Finley, 2008；Jordan, 2008；Pushor, 2008；Somekh, 2008；Tolman & Brydon-Miller, 2001)。

区分并评估你带到研究中的各种个人的、实践的及知识的目的，可能是一项颇为艰巨的任务。另外，就像在例 2.2 中所说明的一样，这也不是你在一开始设计时考虑好，然后就可以抛开的事情。有些目的只有你深入到研究中才会清楚，而且它们还会随着研究的深入而发生变化。例 2.3 就讲述了一位博士研究生如何在选择自己论文题目时，厘清研究目的。在这一章的最后，练习 2.1，我把它叫作 "研究者身份备忘录"，备忘录要求你写出自己带入到研究中的目的和个人身份，以及可能给研究带来的优势与不足。例 2.4 就是这样一种备忘录，是为我的质性方法课而撰写的。备忘录显示出学生在设计有关玻利维亚语言课程改革的论文研究中，是如何陷入自己身份与目的这样的问题之中并痛苦地挣扎的。本章中的这些例子都旨在说明，对研究目的的反思特别有利于你的研究。另外，这样的备忘录对形成你的概念框架也很有价值，这将在第 3 章中介绍。

例2.3　论文选题

伊莎贝拉·朗多罗(Isabel Londono)是哥伦比亚裔人，在读博士的第一年，她修了一门质性研究方法课。为了研究，她访谈了七位从自己国家来波士顿工作的妇女，想要研究她们平衡工作和家庭的经验。在进行这项研究期间，她还读了一些只有在美国可以看到的有关女执行官、女性心理发展及女性处理工作与家庭方面的女权主义文献。她为文献中的新思想激动,而这些在她自己的国家是无法看到的。于是她打算把研究自己国家中的女执行官的问题作为博士论文。

在第一年结束的时候,伊莎贝拉请假回去工作,做了自己以前大学室友的首席员工。该室友的丈夫刚刚被选为哥伦比亚的总统。她的工作职责之一是收集全国有关妇女就业、教育及地位的信息。其中出现的一个关键问题是,需要对教育决策权从国家向地方转移的效果进行评估。过去,大部分决策是由国家教育部作出的。现在,多数决策下放到地方市政,由市长作出。没有人能够真正确定这种变革是如何实施的以及它的效果如何。

伊莎贝拉感到,研究自己国家中影响众多人生活的问题改变了她的视野,于是她提出了自己论文选题的问题:

> 这成了我对世界的责任。我是想要去发现如何解决女执行官的个人、内心的矛盾呢,还是这里真有一个可以让我发挥作用的问题?而且,作为一个个体,什么对我更有价值——是要解决一个影响我个人的问题呢,还是解决这个世界的问题?

当要选择研究问题时,她还感受到了来自他人的压力,因为问题的选择很明显地与她的职业目标联系在一起,而且预示着她知道自己一生想要做什么。

在确定论文的研究问题时,伊莎贝拉不得不厘清自己个人的与实践的目的,并对它们进行评价。

> 我在思考为什么要做博士研究?我希望在个人、专业、学术上分别有什么收获?我为什么仅仅止于这些?于是,我又开始思考:这个世界上到底什么事情在驾驭着我,有时让我悲哀,有时让我幸福?通过分析发现,这些兴趣是:人民、情感和职位。认

清自己的兴趣与动机中的共同主题对我来说非常重要。它给予我力量,也使我向变化敞开。变化是最惊人的事情,但你必须允许变化。

于是,她决定研究本国六个市的教育决策权下放的问题。当作出这样的决定时,她决定不管别人对自己的看法:

我的决定是**不**,我打算要做的论文研究是**内心驱使我要做**的东西。我不再打算因为我想要学习什么就要研究它。我不想把论文作为工作的敲门砖,这让人感觉像是在卖淫。因此,我认为兴趣应该放在问题本身,而不应该放在诱惑你的地方,或你可以获利的地方。

对这个问题有关文献的阅读也支持了她的决定:

这非常重要,因为我发现,我感兴趣的问题以前很多人也感兴趣,而且在世界很多地方也是这样,并且还正在影响着这些国家的教育。所以我的问题不是孤立的问题。建立这样的联系对我非常重要,因为我不是在编造虚幻的问题。我想这也是你一直担心的问题,因为你认为这样的问题并不重要。我也知道虽然其他人已经研究了这个问题,但**没有人**和我的兴趣一样——在教育行政中实施一项改革给其中涉及的人所带来的各种影响。

写课堂备忘录非常重要,因为必须要把思想写到纸上。我还开始写论文日记,并在其中写自己的备忘录。记下日期、一句话、一个想法或任何我读到的东西。许多我写的东西现在成为论文写作之后打算要做的研究!

最后,我认为真正的兴趣非常重要。如果你没有兴趣就不应该做这项研究。当然，有时候我也会因自己的研究感到疲倦，而且非常讨厌它。一坐在电脑前就烦了，不想写，但是每次开始工作之后，我就忘记了这些，沉浸在工作中。如果什么事情能让你这样去做，那它一定是对的。

伊莎贝拉作出的这些具体选择并非适合所有人。因为这些问题是她个人身份和情境所独有的。但我建议每个人在确定自己的研究计划时，可以学习她作出选择的**方式**——认真、系统地反思自己的目的和动机，以及这些目的和动机对研究的启发意义。

练习

练习2.1　研究者身份备忘录

身份备忘录是用来帮助你审查目的、经验、假设、情感以及与研究有关的价值，它还可以揭示由你的身份和经历所带来的资源与潜在的关注点。你与你打算要研究的问题、人们或现场具有什么样的先在（社会的与知识的）联系？你对这些情况有哪些假设？是有意识的还是无意识的？你想通过研究达到或学到什么？

本练习的目的并不是要你对研究目的、背景与经历作一般的说明，而是要具体地描述那些经历，以及从这些经历中表现出来的信念、目的和期待，它们与你要研究的项目有着最直接的关系，然后反思它们是如何丰富并影响你的研究的。写这样的备忘录可以参考例2.2、2.3及2.4——不是作为**模板**让你去机械地模仿，而是作为这种备忘录所要求的这种思考的**示例**。如果你的研究项目刚刚开始，你不可能像这里的一些研究者那样，结论详细或充满自信，但要尽量弄清楚你的身份与目的如何影响你的研究。

写这个备忘录主要是为**你自己**，而不是为了和其他人交流。**尽量不要用反思和分析代替呈现**。我建议，当你开始写这个备忘录的时候，通过"头脑风暴"的方式思考与你先前的研究现场或问题有关的经验，迅速记下任何进入你意识中的东西,不要进行整理或分析。然后,尽量寻找那些可能成为你的研究重点的问题,思考它们的启发意义,并整理你的反思。

　　下面有两组比较宽泛的问题,它们能帮助你在写备忘录时进行反思。在你回答这些问题时,要尽可能具体。

　　1. 对于研究题目或场景,你有什么先前的经验? 由于这些先前的经验,你对研究问题或场景有什么样的假设? 你从这些假设中形成了什么样的研究目的,或者换一种说法,哪些目的对你的研究非常重要? 这些经验、假设及目的如何形成你对问题的选择,以及进入研究的方式?

　　2. 你认为你所描述的这些目的、信念和经验对你的研究有哪些潜在的好处? 它们会给你的研究带来哪些不利? 你将如何处理这些问题?

例2.4　研究者身份备忘录
玻利维亚的教育改革研究
巴伯拉·内尔(Barbara Noel)

　　在玻利维亚的教育改革问题上,我有着好几个层面的个人兴趣。也许我和玻利维亚人所共有的最主要的个人特征是双语/双文化。也只有长大成人后我才意识到双语文化是如何深深地、有意无意地塑造了我的生命。我的童年是和我的双文化父母(妈妈是秘鲁人,爸爸是真正的加利福尼亚人)一起度过的,虽然我处在西班牙语环境中,然而在学校和家里说的都是英语。在我11岁时,全家搬到了田纳西,我很快就觉得自己长大了,开始对拉丁美洲的一切都持有一种轻蔑的态度。我和家里的其他人不约而同地或不由自主地在随后的几年中迅速地淡忘了拉丁美洲,并成功地步入了美国的主流文化中。14年后,当我再次开始说西班牙语的时候,我才意识到,想要抛弃一种文化而走向另一种文化是徒劳无益的。自那以后，我从一种文化分裂症中解脱出来，开始寻求两种文化的整合，有意识地选择在我看来是两种文化中最好的东西。

在玻利维亚社会中，我见到了同样的斗争，这在很大程度上是我个人斗争体验的一种放大。我看到在这个国家历史很长一段时间中，一种主导文化都在设法消灭其他文化。所以学校用一种不可理解的语言强迫教化一群15岁以上多数是文盲的人就不是偶然的。当地人的思想也被殖民化了。他们为孩子们只说西班牙语而激烈地斗争，因为正如他们自己所说的，这是获得政治权力和经济安全的唯一途径。

他们多数人拼命地同化并消除身上的"乔洛（cholo）" [1] 或印第安人的痕迹。即使他们或他们的孩子懂得土著语言，他们也会表现得好像自己不懂似的。

当我写这些问题的时候，我经常感受到自己的愤怒之情。在某种程度上，正是这种气愤和相应的正义热情驱使我来到跨文化、双语教育的场景中。和我自己及家人面临的斗争一样，我现在发现，我置身于其中的整个民族都在同这些问题进行斗争。我必须小心不要把自己的成长历程投射到对玻利维亚社会的认识上。我需要为认识玻利维亚这种斗争及现有理论寻找外在效度，以免描绘出一幅不准确的图画。我的困惑是因为把自己内在的视角等同于那些与我谈话的人的视角。

在写这个备忘录的时候，我开始认识到自己的个人背景在研究玻利维亚双语／双文化斗争中将会有什么样的独特贡献。我的个人经历将使我能够更加敏感地捕捉到受访者的生动故事。而我的内部视角也会加深受访者对我的信任。我现在需要厘清的是我与他们到底有多少共同的东西可以敞开对话，而且不让我的经验歪曲他们的故事。像"我也去过那儿"这种共同话题也许有助于受访者消除对我的顾虑，不用考量这是一个来自帝国主义国家、长着一头金发的"外国佬"的看法。

---

[1] 该词用来指印第安人与欧洲人的混血儿。——译者注

研究中还有一层需要关注的是,当改革要求教师发生变化的时候,他们的经历是什么。改革要求教师完全改变他们教学的模式,从传递式教学转向建构主义方式的教学,但是却没有任何清晰的指导、模式或范例。这使教师不知所措。虽然改革已有六年,但教师们依然非常困惑。这期间,美国教师也被要求用整体语言来教学,我在类似的环境下获得教职。这就像在一间黑暗的房子里,你不知道该抓住什么以及如何教学,为了防止失去工作,你又好像把所有的一切都掌握在手中。如果那时有人采访我对此的看法,我的回答可能是一切都非常好,这种方法对教学就像魔术弹(magic bullet)似的。因为如果同事知道我说任何极端负面的话,他们会疏远我的。这些经验使我能够理解教师脆弱的方面以及不惜一切掩盖这些的需要。

这个领域的个人优势也是我最大的弱势所在。由于个人经历对情境的投射,所以我无法确定是否能够"把自己放到他们的位置上"并从他们的视角看待事情。我也许会禁不住诱惑从而超出自己研究者的角色而要成为改革者、"魔术弹"的提供者。我曾满腔热血、未取分文地为他们提供了好几次工作坊(workshops),只是因为我满以为他们在实践中迫切需要并渴望学习。我需要衡量一下自己的精力,看看是否真正能够实现我想要做的。要平衡这种关系是非常困难的。我觉得仅仅做一个参与研究者还是很不够的,所以我的"救世"激情需要调整到实践取向上来,从而达到帮助和研究的双重目的。对我来说,改革给社会带来了希望,我可以一点一滴地去做,提升社会内在的多元文化特征,从而使社会摆脱长久以来的历史压迫。

补遗,2000 年 7 月

写这个备忘录到现在已有好几个月了,再次通读之后,我发现自己在阅读中还是学到了好几件事情。在写这个备忘录之前,我知道自己被这个课题强烈地吸引着,但就是不知道原因。我只是感觉到自己那股追求正义的激情,但不知道这股激情的来源,甚至不知道这些追求背后的个人偏见。如果我不能找到在这个领域做研究的动机,我就不会意识到我的个人经历对个人研究的影响有多么深刻。现在我认识到,即使我努力提高意识,我的观念也必然会染上我个人背景的色彩。

考虑到这种附带的情绪自然会使我无法进行这项研究,所以很容易否定自己是一个研究者。然而通过练习,我能够把情况转变过来,并且还看到了自己带着一定的情感立场(empathic stance)所赋予研究的优势。尽管我的情感也许会有助于我对受访者细微的反应及重要的行为动机有所觉察,但它也会导致我在无意中带入情境的动态变化。我还发现我明显地以情感上接受的方式参与研究,所以我失去了自己的研究焦点,而且改变了自己刚开始所坚持的客观角色的出发点。认识到自己的这种行为方式,我就能够像架起了一个摄像机那样监视自己的行动,摄像机闪烁的红灯也许会不时提醒我情感过热了。

这个写作练习让我澄清了目的和做这项研究的真正原因,而且还让我发现了这项研究无论从个人还是专业上,对我都非常重要。所以,这种激情可能会成为一种动力,它会在我收集资料、转录及分析过程中,点燃熄灭的引擎,把我从日常迷雾和歧途中指引出来。我意识到了自己的态度有可能会有损资料的质量。我也知道研究中携带个人情感有些什么样的优势。这种反思有助于让我的大脑机器运转起来,有助于监督我的反应,当我偏移方向时,反思会给予我警告。现在我明白这个备忘录在随后的研究中的地位了,备忘录担当起了澄清、鼓励和审查每个研究者带入现场的独特角色的作用。

3

概念框架

你的依据是什么？

生物学家海因里希（Heinrich, 1984: 141-151）和他的助手们曾经花了一个夏天的时间对蚁狮（ant lion）（一种用它们挖掘出来的小坑捕捉蚂蚁的小型昆虫）进行了详细、系统的研究。在他们秋天回到学校后，海因里希惊奇地发现，他的研究结果同其他研究者发表的结果有很大的差异。为了解释这些差异，第二年夏天海因里希重新做了一次实验，发现他和他的研究人员对蚁狮时间框架的假设没有经过检验，所以他们都被误导了：他们的观察时间还不够长，还没有发现这些昆虫行为的一些重要特征。所以他得出这样的结论："如果关键的背景假设错了，即使再细致的研究，结果都可能是错误的。"

因此，你的研究的概念框架——将支持和丰富你研究的概念、假设、期望、信念和理论体系——是你研究设计的关键部分（Miles & Huberman, 1994; Robson, 2011）。迈尔斯与休伯曼（Miles & Huberman, 1994: 18）把概念框架定义为一种直观的或写下来的产品，它"以图表或叙述的形式，解释有待于研究的主要事物——关键因素、概念或变量，以及它们之间被假设的关系"[1]。这里,我是在比较宽泛的意义上使用这个概念的,它包括你对研究现象持有的真实的思想与信念,无论你是否已经把它们写下来。这也可以称为研究的"理论框架"或"思想背景(idea context)"。对于如何形成概念框架以及在整个研究过程中如何使用概念框架,有一本非常具有指导意义的书,莱维奇和里根(Ravitch & Riggan)的《理性与严谨:概念框架如何指导研究》(*Reason & Rigor: How Conceptual Frameworks Guide Research*,2011)。(莱维奇是我以前的学生,我还为这本书写了序。)

要理解你的概念框架,最重要的是要知道,它就是你打算研究的东西,这些东西背后发生的事情及原因的一个概念或模式即你正在研究的现象的一个尝试性**理论**。这种理论可以丰富你后面的研究——帮助你评估并明确你的研究目的,提出真实的且相关的研究问题,选择合适的研究方法,并寻找对你的研究结论具有潜在威胁效度的问题。概念框架还可以用来**论证**研究的合理性,这将在第 7 章更详细地讨论。本章中,我将讨论这种理论的各种来源,以及如何在你的设计中有效地运用理论。在这一章的后面我将详细地介绍理论的本质,以及如何利用已有的理论。在此,我想强调的是:你的概念框架就是一种理论,但它只是一种尝试性质的不完善的理论。

我们通常说的"研究问题"就是概念框架的一部分。在你设计研究的过程中,提出研究问题通常被看作研究的重要任务。它也是概念框架的一部分(尽管人们经常把它看作研究设计的一个独立要素),因为它要找出生活中**正在发生的一些**事情,或是其本身有问题,或是它的结果有

---

[1] 将研究框架仅仅看作你的主要理论概念的一种直观模式,这种理解在阐明你的真实的概念框架(你对你打算要研究的事物的真正理解)时,通常会产生困难。正如我在对概念图的讨论中所解释的,这种简化的直观展示对呈现你的思想观念非常有用,但它必然会遗漏一个关键的部分:你的概念图中那些概念—箭头之间的联系本质。

问题。研究问题的作用(和研究目的一起)就是要证明研究的合理性,就是要向人们表明你的研究为什么重要。这个问题可能还没有被充分地理解,或者我们不知道如何正确地处理,因此,我们希望获得更多有关这个问题的知识。并非所有的研究都能够对研究问题做出一个明确的回答,但任何有价值的研究设计都包括对某个议题或问题的发现,只是有的明确,有的隐而不显,有的是为了知识,有的是为了实践,但我们确实需要对它有更多的了解。(对"需要的"进行证明就是你的研究目的发挥作用的地方。)

很多著者把在研究设计、计划书或刊出的论文中讨论该项研究的概念框架部分称为"**文献回顾**(literature review)"。这个概念可能是一种危险的误导。因为你在提出概念框架的时候,不应该只是回顾并综述一些实证或理论文献,这是因为:

　　1.文献回顾可能导致狭隘地仅仅关注文献,忽视其他对你的研究同样重要甚至更重要的概念资源。正如洛克、斯波多索及斯尔弗曼(Locke, Spirduso, & Silverman, 1993:48)所指出的,"在任何活跃的研究领域,当前的知识基础在文献中(in the library)——它在一群研究人员看不见的非正式联想中"。这种知识可能是在未出版的学术论文、正在撰写的博士论文和授予资助的申请中,以及在该领域研究者的头脑中。洛克、斯波多索及斯尔弗曼(Locke, Spirduso, & Silverman, 1993:49)强调:"最了解当前研究领域现状的是那些与其密切相关的委员们,他们了解这个领域。"另外,只关注文献会使你忽视自己的经验、想象力(将在下面"思想试验"小节中讨论)以及你所做的预研究和探索性研究。

　　2.文献回顾往往会让人产生"囊括整个领域"的想法,而不是集中关注那些与自己的研究特别**相关**的研究和理论（要想更多地了解这方面，参阅 Maxwell，2006）。看不到这种相关性的文献检索活动经常沦为一系列有关文献的"报告书"，没有明晰的线索和观点。相关的研究也许只是一个有限领域的一小部分，但也许跨越许多不同的学科与方法。[1] 富有成效的概念框架常常是这样的：它们常常是从传统界定的研究区域之外引进思想，或整合不同的方法、研究线索，又或是以前人们不曾想到过的理论。海因里希就是利用亚当·斯密的《国富论》提出了一个大黄蜂收集粮食与能量平衡理论，该理论强调个人的创造性、竞争性及劳动的自发性，而不强调基因决定或中央控制（Heinrich，1979：144-146；1984：79）。

3. 文献回顾会让你觉得你的任务只是描述——报告前人的发现或已经提出了什么样的理论。在建立一个概念框架的时候，你的目的不仅是描述，而且还需要批判。你需要理解（并在你的研究计划书或论文中清楚地传达出）先前的研究与理论有哪些**问题**，你在已有的回顾中发现了哪些矛盾和漏洞，以及你的研究对我们的理解有什么创造性的贡献。你不要把"文献"看作必须服从的**权威**，而应该看作理解有关现象的有用的思想来源，并尝试理解其他人提出问题的方式。有关这种态度的例子请参考例 3.2 和玛莎·芮根-史密斯研究计划书的背景部分（见附录 A）。

还有人认为，研究的概念框架是建构的，不是固有的。虽然它的内容来自方方面面，但是它的结构和整体一致性是你建构的，而不是现成就有

---

[1] 想要获悉对此观点更加详细的解释，请阅读 Locke, Spirduso, and Silverman（2007：68-70）以及 Maxwell（2006）。

的。注意已有的和你打算研究的主题的相关理论及研究非常重要,因为这些已有的理论和研究通常是理解这些现象的主要途径。不过,这些理论和结果通常是褊狭的、误导的或完全是错误的。海因里希(Heinrich,1984)发现文献中很多关于蚁狮的理论是不正确的,所以他的研究使人们对蚁狮的行为有了一个更加全面的理解,并且有很好的理论支持。你需要批判性地审查每种理论或研究发现,看它是否是一个有效而且有用的模式,从而建构一个能够适当地丰富你的研究的理论。

已有的理论与研究可以为你的研究提供"模件(modules)",这个思想最初是贝克尔(Becker,2007:141-146)提出来的。他说:

> 我一直在收集这种预制好了的理论与研究,以便在将来论证中使用。我的很多阅读都是为了寻找这种有用的模件。有时我知道我需要一个特定理论,而且很容易知道在哪儿能够找到它(这通常要感谢我研究生时在理论方面的训练,那时我经常得为自己讨厌的理论说上一句好话)。

在介绍这些模件的来源之前,我想讨论你的概念框架中一个非常重要的部分——哲学范式和方法论范式,你可以利用它们来丰富你的研究。

研究范式的价值(和陷阱)

范式的概念出自托马斯·库恩(1970:175)的《科学革命的结构》(*The Structure of Scientific Revolutions*)这本影响广泛的著作。在该书第二版的后记中,库恩将范式描述为"被一个既定的共同体成员共同享有的全部信念、价值、方法等的集合体"。这个定义比较宽泛,库恩主要专注于这种共同体的实质的理论和方法(substantive theories and methods)的研究。

　　比较而言,社会科学中参与到方法论"范式之争"的学者,他们争论的焦点是不同的方法共同体的哲学信念和假设,而且很大程度上将哲学立场看作研究实践的基础,表明特定的方法策略。在最抽象与一般层面上,这样的范式表现为哲学立场,如实证主义、建构主义、实在论、实用主义及后现代主义,每一种哲学立场体现了对实在(本体论)的不同观念以及我们如何获得对实在的认识(认识论)。更具体的层面,是与质性研究相关的范式,包括解释主义、批判理论、女性主义、酷儿理论及现象学,而且这些思想中还有更为具体的路向。讨论这些范式以及它们能够如何丰富质性研究就大大超出了本书的范围,关于这个问题的讨论可以参阅克雷斯威尔(Creswell,2006)和斯克莱曼(Schram,2003);《SAGE 质性研究方法大百科》(Given,2008)的词条涵盖了前面列出的这些哲学范式,而且还列举了众多其他取向的研究。

　　自从本书出版以来,我对研究讨论中涉及范式的方法越来越感到担心(参阅 Maxwell,2011a)。这种担心有一部分是受到社会学家安德鲁·阿伯特(Andrew Abbott,2001,2004)的影响。在大量社会科学实际例子的基础上,阿伯特指出,是哲学立场,而不是形成特定学者共同体研究实践的那些统一前提在起作用,他们将这些哲学立场作为对话、理论和实践的资源,用来解决理论和研究中的具体问题。他说:"启发的思想就是打开新的话题,去发现新的事物。要做到这一步,有时候我们需要建构主义。……有时候我们需要一点儿实在论的思想。"(Abbott,2004:191;Seale,1999:24-29)威姆萨特(Wimsatt,2007)为这样一种启发式方法提供了一个非常详细的哲学论证,并将这种方法用到更多生物问题的研究上,而且哈金(Hacking,1999)也给我们展示了如何将特定的现象(精神疾病、虐待儿童、核武器、岩石)看作既是真实的又是社会的构念,这非常有用。

作为一种质性研究取向,这种观点与修补术有着很强的一致性,我在第 1 章中提到这种方法。"修补术(bricolage)"这个概念来自法国人类学家列维 - 斯特劳斯(Claude Levi-Strauss, 1968)的著作,他用这个概念将神话与科学思想区分开。[在当前法国的使用中,修补术的意思是 "自己动手",用它来指家得宝(The Home Depot)这样的商店;参阅 "Bricolage," n.d.]列维 - 斯特劳斯将修补术者(bricoleur)描述为使用任何手头工具和材料完成一项工作的人。其主要的思想是,不是提前形成一个逻辑一致的计划,然后系统地运用该计划及共同体标准使用的材料和工具(虽然我觉得可能不正确,但人们广泛地认为科学是这样做的),而是修补术者自发地适应情境,创造性地使用现有的工具和材料,提出独特的解决问题的办法。邓津和林肯(Denzin & Lincoln, 2000)将这个概念用到质性研究方法中,金奇洛和贝里(Kincheloe & Berry, 2004; Kincheloe et al., 2011)拓展其使用范围。它与我在第 1 章介绍的研究设计模式非常相似,并且对将范式看作逻辑一致的思想体系的观点提出了质疑。

正如我在本书前言中所描述的,我的质性研究取向逐渐受到我的哲学立场,即一般所谓的批判实在论的影响。这种立场在哲学界获得广泛承认,它本身可以被看作修补术的一个实例,因为它将两种通常看起来在逻辑上不相兼容的常识观点结合在一起。第一种观点是本体论的实在论:这个世界不符合我们的信念;认为全球变暖并不是一个骗局,这种观点并不能阻止地球变暖。[对于社会如何忽视或错误地认为社会行动的环境结果可能引起厄运,要想阅读一些权威的警告案例,请参阅 Jared Diamond, 2011 出版的书《崩溃》(Collapse)。]

第二种观点是知识论的建构主义:我们对这个世界的理解必然是我们的建构,而不是对实在的纯粹客观感知,而且这种建构没有哪个能够声称是绝对真理。这在科学界(Shadish, Cook, & Campbell, 2002:29)

和我们日常生活中都被广泛地认同；我们认为人们感知到的和相信的东西是由他们的假定和先前的经历以及他们进行互动的实在所形成的。从这种观点看，任何理论、模式或结论（包括这里介绍的质性研究设计模式）必然都是在理解有关复杂实在的某些方面的一个简化的和不完整的尝试。

我发现在质性研究中大范围思考问题时，将这些观点结合在一起非常有用（想要更加详细地了解这种观点及对质性研究的意义，请参阅Maxwell，2011b），但我还将这种观点与其他哲学立场的洞见结合起来，包括实用主义和后现代主义。我已经这么做了，不是要去创造一个整合的超级质性研究理论，而是希望在不同哲学之间的对话中获益，采用格林（Greene，2007；Koro-Ljungberg，2004）所谓的对话的取向，这是将有分歧的智力模式结合在一起，从而扩宽并加深人们的理解，而不是仅局限于证实人们的理解。

鉴于以上原因，这里我要强调在你的研究设计中与使用范式相关的几点内容：

1. 虽然有人提出过"质性研究范式"，但在质性研究内部有很多不同的范式，甚至有些范式在假设与意义上有很大的差异（参见 Denzin & Lincoln，2011；Pitman & Maxwell，1992）。所以，说明你的研究将运用哪种范式，这对你的研究设计（及研究计划书）非常重要，因为一个清晰的哲学和方法论立场能够帮助说明并合理论证你的研究选择。使用一个已经确立的范式可以让你的研究能够被接受并且很容易继续做下去，而不必一切都靠自己去建构（并解释）。

2. 正如前面介绍的，你可以将不同范式与传统的各方面结合起来，不过如果这样做，你需要小心权衡你所借用模式之间的兼容性,还要考虑每一种模式都要对你的研究有意义。斯克莱曼(2003:79)介绍了他在对一位有经验的教师适应新学校与社区的研究中,是如何把民族志与生活史这种两种路向结合起来的,非常有价值。

3. 选择范式并不完全是一件自由的事情。你已经对这个世界、研究题目以及我们如何能够理解它们等问题有了很多的假设,尽管你从来没有有意识地去审查它们。所以,重要的是要知道如何理解我们所研究的事物所持有的基本假设。例如,你相信"原因(cause)"这个概念在质性研究中是有效的吗? 或在一般社会科学中是有效的吗? 如果认为它是有效的,那么你如何理解这个概念? 这在当前的质性研究中是一个有争议的话题(Anderson & Scott, in press; Donmoyer, in press; Howe, 2011; Maxwell, 2004c, 出版中),但对你要从研究中总结出的结论类型却有着重要的启发意义。选择一种范式或路向或是将多种范式或路向相结合,应该权衡什么范式最适合你自己的假设与方法论偏好(Becker, 2007:16-17),以及这些观点可能为你的研究提供什么样的洞见和建设性的方法。在不符合自己真正的信念的范式(或理论)中做研究,就像穿着不合身的衣服做体力活一样——好一点的话,你只是感到不舒服;糟糕的话,你会无法将事情做好。这种不适在一开始也许不明显,也许只有当你提出你的概念框架、研究问题及方法时,问题才会出现。因为这些要素也必须与你的范式立场相容。写备忘录是一种很好的方法,它可以揭示、探究这些假设及其矛盾(参见 Becker, 2007:17-18)。

在建构你的研究的概念框架模式时,有四个主要的资源可以供你使用:①你自己的经验知识;②已有的理论和研究;③预研究和探索性研究;④思想实验。我将首先讨论经验知识,因为它不但是最重要的概念资源,而且在研究设计中也是最容易被忽视的。其次,我将讨论在研究设计中对已有理论和研究的运用,在这个过程中介绍一种工具,叫"概念绘图(concept mapping)",它在提出研究的概念框架中具有很高的价值。最后,我将讨论预研究和思想实验的运用,为你的课题提出初步的或尝试性的理论。

经验知识

传统上,因你自己的背景和身份而被带到研究中的东西被看作是**偏见**,它们是需要依靠设计**消除掉**的东西,而不是设计中有价值的组成部分。在某种程度上,质性研究确实如此,虽然研究者一直认为在质性研究领域研究者就**是**研究的工具。然而与这种传统相反,赖特·米尔斯(Miles,1959:195)在一篇经典的文章中说道:

> 在学者团体中,最令人敬佩的学者……不把他们的生活与工作分开。他们似乎是太认真而不允许这种分离,所以他们希望利用二者来互相丰富。

把你的研究从生活的其他方面分离开就使自己失去了洞察力、想象力及效度检验的主要渠道。皮士肯在自己的研究中曾讨论过主观性的作用,他的结论是:

> 最初我把主观性(subjectivity)当作一种苦恼,因为它无法预测,所以我们需要容忍。但相反的是,主观性可以看作是"优势(virtuous)"。我的主观性是我能够讲述这个故事的基础。这是我的一个强项。说故事使我成为我自己**并且**使我成为一名研

究者,主观性给予我自己的视角与洞察力,形成了一名研究者所
需要的一切:从问题的选择一直到写作中所强调的东西。当主
观性被看成是优势时,它就是可以利用的而不是要消除的东西
(Glesne & Peshkin, 1992:104)。

在讨论说明什么是"经验资料"——研究者的技术知识、研究背景及
个人经验时,安瑟尔谟·斯特劳斯(Anselm Strauss, 1987)强调了同样的
观点。他认为:

> 不应该因为常规标准统治了研究(这种标准认为个人经验与
> 资料只会给研究造成偏见)就忽视这些经验资料,这些常规标准
> 使有价值的经验资料受到压制。而我们却要说,"开发你的经验,
> 那里可能有金子! "

有时候,就学生要研究或打算要研究的东西来说,他们的论文和计
划书似乎完全忽视了自己的经验对这些问题或背景方面知识的作用。
这样可能会严重损害他们对这些问题或背景获得深入理解的能力,从而
也会威胁到计划书的可信度。卡罗尔·卡芬伯格的博士论文题目是关
于儿童癌症对癌症幸存者家庭的影响,我们在第 2 章讨论过,正是她女
儿患癌的家庭经历极大地丰富了她的论文。

皮士肯(Glesne & Peshkin, 1992)与斯特劳斯(Strauss, 1987)都强
调,他们并不是允许毫无批判地把自己的假设与价值放入研究中。瑞森
(Reason, 1988:12)则用"批判主观性"这个概念来表示:

> 它是意识(awareness)的一个特性,我们并不压制我们原初
> 的经验,但也不允许我们自己被它所牵制或统治。我们要把它提
> 升到意识层面并把它作为研究过程的一部分。

很多理论与哲学都明确地支持在研究中吸收个人身份与经历(例如,
Berg & Smith, 1988; Denzin & Lincoln, 2000; Jansen & Peshkin, 1992)。
哲学家希拉里·普特南(Hilary Putnam, 1987, 1990)认为,从根本上说,不
可能有一个上帝的视角,即不可能有一个真正客观的描述视角。**任何视角
都是有着某种角度**,所以它都是由观察者的立场(社会的或理论的)和切入
点所形成的。

　　然而,哲学的论证并不能解决如何在研究设计中富有成效地吸纳个人
经验的问题,也不能解决如何评价个人经验对研究影响的问题。第 2 章
中,我们讨论了皮士肯对自己的一段描述,以说明他是如何意识到那些影
响并丰富他研究的不同的 "我" 之存在;詹森和皮士肯(Jasen & Peshkin,
1992),格拉迪和沃林斯顿(Grady & Wallston, 1988:40-43)为研究者如何
在研究中利用自己的主观性与经验提供了很有价值的事例。不过,目前对
于这个问题还没有完备且明确的解决策略。

　　第 2 章中,我介绍了一种**研究者身份备忘录**的方法,可以用它来反思
你的研究目的以及这些目的与你研究的关系,也可以用这种方法来探究
你的假设与经验知识。写作这种备忘录的做法最初是在我与波格丹的一
次谈话中获得启发的。他说他在对一家医院的新生儿护理部门开始研究
之前,就试着写出他对一般医院,特别是新生儿医院所有的期待、信念和设
想,他用这种方法来识别并思考自己带入研究中的视角。这种练习不仅仅
是在开始的时候有价值,它在研究的任何阶段都非常有用。例 3.1 是我自
己身份备忘录的一部分,是我在做有关多元、团结及共同体的论文研究中
写作的,目的是希望提出一种理论,把接触、互动以及共有的特征作为共同
体的一个基础(这篇论文的一个最新版本见 Maxwell, 2011b 的第 4 章)。
例 3.2 也是一个备忘录,说明研究者如何利用自己的经验重新聚焦于女性
运用乳房自我检查的研究。前面一章的例 2.4 中,也部分地讨论了如何处

理作者先前的经历,这些经历如何影响她对玻利维亚教育改革的理解,以及自己的研究目的等问题。

例3.1　关于多样化身份备忘录

我回忆不起来是什么时候开始对多样化感兴趣的,至少在过去的20年中,这是我主要关注的问题……我想起了那个时刻,那时我开始意识到我的使命就是保证世界多样化的安全。那是20世纪70年代中期的一个晚上,我在芝加哥大学的瑞根斯坦图书馆与另一个学生谈到我们为什么学习人类学时,突然想到了这句话。

但是,我从来没有考虑过要更加深远地追溯这种立场。记得我是一个本科生的时候,有一次参加一个关于政治话题的讨论,当时被两个学生提出的关于特殊群体保留自己文化遗产的问题难住了,这是我从来没有意识到的一个问题。我相信,青年时期不爱学习、滥读科幻小说的经历对自己能够容忍并理解多样化产生了重要的影响。所以在申请上大学时,我写的就是有关高中学校社团中宽容的论文,但当时却没有更多地思考这些思想的来源。

1991年夏天和哲学家阿梅莉·罗蒂(Amelie Rorty)的谈话,才真正激起了我对这些问题的寻根意识。她给我们讲了柏拉图哲学中的道德多样化思想,我把自己关于多样性与团结的论文复印稿给了她一份。几周后我们约定一起吃午饭讨论这些问题,其间,她问我对多样性的关注与我的背景和经历有什么联系。这个问题让我非常吃惊,而且发现自己确实没法回答。而她对这个问题却有很多思考:她说她的父母是从比利时移居到美国的,父母希望成为“真正的美国人”那样的农场主,但自己却没有农耕的背景。他们在西弗吉里亚农村买了土地,同时学习如何在由与自己不同的人所组成的共同体中生存与适应。

她的话促使我开始思考,于是我意识到,在我的记忆当中,我一直觉得自己和其他人是不同的,由于这样的不同,我遇到了很多的困难,而且无法融入到同龄人、亲戚及其他人之中。这又和我的害羞及孤立倾向,以及成长中经常随着家庭搬迁等纠结在一起。

正是这样才使我与多样化研究联系在一起,在我的记忆中,我处理自己与别人差异的主要策略**不是**要更**像**他们(相似性原则),而是尽量**帮助**他们(接触性原则)。这有点简单化,因为我也有点把自己看作一个"社交变色龙",适应我所在的任何环境,但这种适应更多的是一种**互动的**适应,而不是根本上和他人相似。

现在,这似乎不可思议,我竟然从来没有看清这种背景与我的学术研究之间的联系……

[备忘录的其余部分讨论我的经历与我提出的共同体多样化理论之间的具体关系,该理论把相似性(共有特征)与接触性(互动)看作共同体团结的可能渠道(Maxwell, n.d.)。]

例 3.2　一位研究者如何利用她自己的个人经验重新聚焦自己的研究问题

我在图书馆花了大量的时间,阅读有关女性乳房自我检查(breast self-examination, BSE)方面的文献,包括一些研究、主要医药杂志中的评论以及一些文章。这些研究的基础都很薄弱,主要是调查某些女性群体,询问她们是否做乳房自我检查,如果不做,其原因是什么等。这些研究中的群体通常不够大,或者不具代表性。各研究的问题和形式相互间的差异很大,很明显,多数女性没有回答这些问题,研究中这种情况经常出现,但对她们为什么不回答却一点儿也不清楚。我在纸上写了一大堆她们不回答的可能原因。但似乎都可以归入以下三类:①女性不知道如何或者为什么要做乳房自我检查;②女性过于羞涩,不愿意提及自己;③女性担心自己会发现什么。这些原因都有可能,但还是不能让人满意。"女性为什么不做乳房自我检查?"这个问题一直纠缠着我,于是我对自己提出了这个问题,"我为什么不做乳房自我检查?"我知道上述原因没有一个能够解释我的行为。于是我改变了问题的提法:"什么会促使我去做乳房自我检查呢?"我突然想起来,如果有朋友打一个电话给我,问我是否做了自我检查,我就会去做,要么一边接她的电话一边做,要么在电话结束后马上做。把问题变成一个正面的问题完全改变了我对这个问题的思考方式:"什么会**鼓励**女性去做乳房自我检查?"新的问题打开了可能性的空间,它把乳房自我检查放到一个行为调整的情境中,为改变行为提供了很多可以验证的方法(Grady & Wallston,1988:41)。

已有的理论和研究

概念框架模式的第二个主要来源是已有的理论和研究——不仅包括已经出版的研究,还包括所有其他的理论和一般的研究。首先我来讨论理论,因为对于多数人来说,理论是两者中更有疑问且令人困惑的问题。然后讨论已有的研究,它除了作为理论的一个来源之外还有其他目的。

在讨论研究方法的时候,我所用的 "理论" 一词比它通常的意义要宽泛得多(想要了解更加详细的讨论,请参阅 Maxwell & Mittapalli,2008a)。对于 "理论",我的意思是指,它只是一套概念和思想以及它们之间建立的关系,是用来理解或形塑世界上某些事物的一个结构。正如利坎普特与普莱斯尔(LeCompte & Preissle,1993:239)所说:"理论化只是一个发现或处理抽象分类以及这些分类之间关系的认知过程。"我对此唯一的修改就是理论化不仅包括抽象分类,而且还包括具体的、特定的概念。

这样的理解就包括了所有的理论,从行为主义、精神分析理论或理性选择理论等所谓的 "宏大理论",到对日常特定事件或事态的解释等的具体理论,如 "朵拉(Dora)(我的大女儿)今天不想上学,因为她还为老师昨天的批评而生气"。也就是说,我并不是用 "理论" 来表示解释性命题的复杂性、抽象性或普遍性的特定**层次**,而是指所有这些命题。所有的这些解释都有共同的基本特征,就我的目的来说,相似性比差异性更重要。[1]

因此,理论不是一个神秘莫测的实体,不是在某个时候通过训练就能学会如何理解和掌握的东西。借用格劳乔·迈克思(Groucho Marx)在20世纪50年代的电视节目《命运在你自己的手中》(*you bet your life*)中经常说的,"这是一句家喻户晓的话,是你每天都要用的东西。"最简单的理论形式由两个建立关系的概念结合在一起组成。这样的理论同"积极强化导致被强化行为的持续"这样的道理一样普遍,或像"一个星球的撞击导致恐龙的灭绝"的陈述一样具体。重要的是,什么把它**变成了**理论:通过提出一种关系将两个概念连接到一起。

理论的主要作用是为世界**为什么**是其所是提供了一种解释模式或图式(Srauss,1995)。理论只是世界的简化形式,但简化的目的是澄清和说明世界的某些方面是如何运作的。理论是对你想要理解的现象的一种陈述。它不仅仅是一个框架,尽管它可以提供一个框架;理论还是你眼中所发生的事情及其原因的一个**故事**。一个实用的理论就是讲述一个关于某现象的具有启示意义的故事,一个给予你新的洞察力并加深你对该现象的理解的故事。(见第2章因果过程的讨论。)

格拉斯和斯特劳斯(Glaser & Strauss,1967)的"扎根理论"概念对质性研究具有重要的影响,它并不是指任何特定**层次**的理论,而是指在一项研究中(或一系列的研究中)以及在不断地与研究所获得的资料的互动中归纳性地提出的理论。这种理论"扎根"于所收集的真实的资料,不同于那种先提出理论概念,然后用实证资料进行检验的理论。在质性研究中,无论是已有理论还是扎根理论,都有其合法性和价值。

---

[1] 要想更详细地了解研究者如何运用理论形成研究目的、研究问题以及方法,请参阅Dressman(2008)以及LeCompte & Preissle(1993:115-157)。

已有理论的使用

在质性研究中使用已有的理论既有优点又有风险,这在前面已经讨论过。已有理论的优点可以通过许多隐喻来说明:

理论是衣柜。[我从简·马格里斯(Jane Margolis)那里得知这样的隐喻,私下交流时,她曾经把马克思主义描述成一个衣柜:"你可以在里面挂任何东西。"]一个非常有用的上位理论,可以为你提供一个框架,让你理解所看到的事情。一些具体的零碎资料,若从其他方式看也许相互之间或与你的研究问题没有联系或不相关,但若把它们放到理论中就可能有联系。已有理论的概念就是衣柜里的"衣钩(coat hooks)",它们为"悬挂"资料提供了空间,展示了它们与其他资料的关系。但是,没有哪个理论能够把所有的资料都同等完好地容纳进来,所以一个理论,即使能够干净利落地组织一些资料,它也会落下其他一些资料,凌乱地躺在地板上,没有地方可以安置。

理论是探照灯。一个有用的理论照亮你所看到的一切。它吸引你的注意力,让你注意到特定事件或现象,并帮助你建立事物之间的关系,否则这些关系可能就被忽视或误解了。海因里希在讨论他对毛虫喂食习惯的调查研究中,描述了当他看到地上被吃掉的树叶时的反应,很明显这片树叶是被毛虫从树上弄下来的。他(Heinrich,1984:133-134)说:

> 断掉的树叶就像红旗飞舞一样凸显出来,因为它不符合我对事情应该如何的期待或任何理论。我当时只是感到惊奇。但是这种惊奇却是涌入脑中并互相竞争的各种理论的混合物……要是我根本就没有理论,地上那些被吃的树叶根本就不会引起我的注意。

这就是威廉·詹姆斯的意思:(据闻)他说没有理论你就不会在地上捡起石头(Agar,1980:23)。捡起石头(而不是其他东西),你需要一个理论告诉你石头是什么以及它与其他事物有什么不同。

然而,出于同样的道理:一个理论照亮了一个区域,它也会把其他区域留在黑暗中;没有哪个理论可以照亮一切。

例3.3　利用已有理论

埃里奥特·弗瑞德森(Eliot Freidson,1975)在《集体诊断:一项专业社会控制研究》(*Doctoring Together: A Study of Prfessional Social Control*)一书中介绍了他在医药团体实践中的研究,目的是要了解他所研究的医生与管理人员是如何认定与处理违反专业标准的行为。在对这种实践进行理论概括时,他运用了三个宽泛的社会组织与工作控制理论。他分别把这些理论称为:企业的或医生—商人模式,这来自亚当·斯密的著作;官僚的或医生—长官模式,这实际上是源于马克斯·韦伯;以及专业的或医生—工匠模式,这种模式的界定没有前两者清晰,也没有得到认同。他展示了这三种理论是如何为他研究的这群人的日常工作提供理论支持,而且他还看到自己的研究结果对公共政策具有广泛的启示意义。

弗瑞德森还集中(并大胆地)利用已有的理论说明他的研究结论。他认为,他所研究的这些医生所持的社会标准允许医生对手术的技术标准与处理病人的最佳办法这两个方面的意见存有一定的差异。这些标准"限制了对同事工作的批评而且不鼓励批评意见的表达"(Freidson,1975:241)。而且,这些标准还强烈反对外界对医生工作的控制,把医生看作唯一能够判断医疗事务的人。"只要他们的行为表现没有太大或太恶劣的错误以及没有给同事造成不便,专业被看成是一种个人自由,遵循他们自己的判断而不受限制。"(Freidson,1975:241)弗瑞德森(Freidson,1975:243-244)继续说:

> 这是一个非常特殊的共同体,无论在结构上还是在规范上,它和彼茨(Jesse R. Pitts)描述的在20世纪上半叶法国在校儿童

"犯罪团体(delinguent community)"特别相似,在总体上也类似于法国的集体主义……它们的标准与实践是:既要团结所有成员共同对付外面的世界……在内部,又要允许每个人按照自己的意愿自由行动。

他认为自己所研究的医疗实践与彼茨发现的法国贵族群体结构之间有着惊人的相似之处。他还杜撰了"专业犯罪团体(professional delinguent community)"这个词语来描述这种专业群体,并用彼茨的理论阐明这种团体自身发展与维持的过程。

例3.3介绍了一项善用已有理论的研究。

然而,贝克尔(Becker,1986)警告说,已有的文献以及建立在这些文献基础上的假设,会扭曲你做研究的方式,从而导致你忽视提出重要研究概念或研究结果的方法。他认为文献具有"意识形态霸权"的强势,所以就很难发现那些不同于在文献中占主导的现象之外的任何其他现象。把你的思想塞进这个已经建立好的框架中会扭曲你的论证,削弱它的逻辑,让你更加难以看清新的理解现象的可能方式。贝克尔介绍了他自己对大麻使用的研究是如何被已有理论扭曲的:

当我在1951年开始研究大麻使用的时候,当时统治人们意识的问题,唯一值得研究的是"人们为什么要做这种不可思议的事情?"而人们意识中喜欢找一个心理特征或社会归因来回答这个问题,从而把吸大麻的人与不吸大麻的人区分开来……这些文献(被心理学家与犯罪学家所主导)是错误的,而我由于急切要证明他们的错误反而忽视了这个研究真正关注的问题。我误入歧途,并忽略了一个更大更有趣的问题:人们是如何学会看待自己内在经验的? (Becker,2007:147-148)

　　我也有过同样的经历,那时我在加拿大北部因纽特社区做有关亲族关系的论文研究。当时,人类学有关亲族关系的文献主要被两种亲族意义理论的争论主导。一种理论认为,在所有的社会中,亲族关系基本上是一个生物关系;而另一种理论却认为,生物关系只能是亲族关系意义的一种,另外还有社会关系意义。我就用这两种理论设计自己的博士论文(Maxwell,1986),尽管作了重大的调整,但我还是认为我的论据主要是支持后者。几年之后,我才意识到可以用一种更加基本、有趣的方式设计我的研究——传统小社区中的团结与关系的本质是什么? 它们是建立在相似性(这里指生物相似性或共同基因特征)还是社会互动基础上,且可以用相似性或社会互动的概念提出? (见例3.1)如果我在一开始就掌握这种设计研究的理论方法,那我的研究就会更加丰富。

　　贝克尔(Becker,2007)认为,没有人能够判断什么时候主流的方法错了或产生误导,也没人能够保证什么时候你的选择更好。你唯一能做的就是尽量找到已有方法中的意识形态因素,然后思考:当你抛开这些假设的时候会发生什么。他(Becker,2007:149)指出,"一个严肃的学者应该经常审查那些讨论同样主题但却有争议的方法",他还警告说,"要利用文献,但是不能让它利用你"。意识到你所研究的现象的其他思想和理论来源——包括除了"文献"以外的渠道——对于克服已有理论与研究的意识形态霸权是一个重要的平衡方法。

　　发现理论所能提供的洞察力和该理论中的局限、扭曲和盲点,写作教师彼得·埃尔伯(Peter Elbow,1973,2006)对其有着很好的理解,他用"信任游戏(believing game)"和"怀疑游戏(doubting game)"来指称它们。在信任游戏中,你接受该理论并寻找能够加深对你所研究事物的理解的方法;在怀疑游戏中,你质疑该理论,寻找它的不足。学生(和其他研究者)对该理论的使用常常会被所阅读到的文献的权威所扭曲;他们很少会质疑使用的理论,而且常常将他们的结论看作完全是支持这些理论(Dressman,2008:92)的。德斯曼(Dressman,2008)认为,这种非评判性地使用理论的行为不仅威胁到这些研究发现的可靠性,而且使得研究不能对我们的理解作出贡献。

一个非常重要,而且常常被忽视的理论来源是你的研究参与者所持有的理论。在一些早期社会学研究中可以发现(Berger,1981,described by Becker,2007:65-66),人们对参与者的观点持一种批评的态度,而且在量化研究中几乎全部忽视了这样的理论,但其实这些理论非常重要。主要有两个原因:第一,这些理论是真实的现象,它们丰富了参与者的行动,因此,任何试图解释或说明参与者的行动却不考虑他们真正的信念、价值和理论的做法可能都是无果而终的(Blumer,1969;Menzel,1978);第二,参与者对你所研究的事情比你有更多的体验,而且对所发生的事情可能会有重要的洞见,如果不认真对待他们的理论,你可能会错过这些洞见。

这两点被格莱恩 Glesne,2011)描述的一个小事所证明,这是她在墨西哥的一项研究,是关于改进原居民社区与其环境之间关系的。在回答她提出的年轻人对待环境的态度这个问题时,一位参与者回答道,“我们这里实际上不说环境,而是说**和谐**(harmony)”(Glesne,2011:215)。他将这种和谐描述为所有事物之间的联系;每一块田地、每一棵树、每一块石头或每一条河流都有一个守护神(dueno or guardian),人们在砍树或搬动石头之前都供养它们(make offerings)。格莱恩(Glesne,2011:215)说:

> 他的话……粉碎了我假定的分类。尽管我之前听说过人们讨论自然神(nature spirits),甚至我还阅读**和谐**在 Oaxaca 的重要性……我一直将我阅读的和听到的以及体验到的人、动物、环

境、宗教/神灵等放到我的西方分类中。……我知道我还没有完全理解很多在 Oaxaca 的人所理解的**和谐**概念,但是我更加了解了自己对神秘的某些感知。

要成为真正的质性研究,必须要考虑那些被研究者的理论和视角,而不是完全依赖于已经确立的理论观点或研究者的视角。这并不意味着参与者的视角可以不受评判,或者其他人的视角就不合理(Menzel,1978)。这里的**意思是**需要认真对待参与者的理论。

外部的主流理论的应用应该是一个严肃的伦理问题,同时也是一个科学或实践的问题(Lincoln,1990)。它可能会使研究参与者的理论处于边缘或被忽视的地位,导致被研究者群体的声音被掩盖、压迫或剥夺。(有时候,主流理论本身在伦理上也是有问题的,如那些不公正地指责受害者群体的理论。)我将在第 5 章"研究关系"小节对有些问题进行讨论。

因此,在质性研究中,研究者不能很好地使用已有的理论通常主要表现在以下两个方面:一种是不能充分地使用,另一种是不加评判和选择地过分使用。前者是没能够明确地把前人的分析概念或理论框架应用到研究中,因此就错失了已有理论所能够提供的洞见。对于你要研究的现象,无论什么研究设计都需要**某种**理论来指导你进行其他的设计选择,即使它只是一种常识理论。第二种不能利用的原因正好相反:它把理论**强加**给研究,把问题、方法以及资料硬塞进预先设计好的分类中,蒙蔽了研究者,使他看不到理论之外的事件和关系。

理论应用中这两种问题(理论应用不够充分与不加批判地过分应用)之间的张力是研究无法避免的问题,这不是通过某种方法或知识就可以解决的一个问题。处理这个问题的主要策略是将其放到具体的科学方法中,也可以放到像解释学这样的解释性方法中:提出或借用某些理

论,然后不断地对它们进行**检验**,寻找不一致的资料和其他理解资料的
方法(包括研究参与者的方法)。(我将在第6章进一步讨论这个问题,这
是效度中的一个核心问题。)海因里希把这种方法比喻成寻找乌鸦的窝
巢:你要先对着天空透过树寻找一个黑点,然后要尽量从中看到透出的
光线(真正的乌鸦窝巢是透明的):"这有点像科学:首先你要寻找什么东
西,当你觉得你找到了之后,你要努力证明自己是错的。"(Heinrich,1984:
28)

概念图

对于多数学生来说,理论的提出和使用是质性研究中最令人沮丧
的部分。所以,就此我介绍一种提出和澄清理论的工具,叫作**概念绘图**
(concept mapping)。这种方法最初是乔斯福·诺瓦科(Joseph Novak &
Gowin,1984)提出来的,先是一种了解学生是如何学习科学的方法,后
来成为一种教授科学的工具。迈尔斯与休伯曼(Miles & Huberman,
1994:18-22)提出一种类似的方法,叫作**概念框架**(*conceptual frame-
work*)。安瑟尔谟·斯特劳斯(Strauss,1987:170)提出了第三种方式,
叫作**整体图表**(integrative diagram)。这些方法有很多相通之处,所以
我把它们作为一种方法呈现给大家,暂且忽略它们在应用中的一些重要
区别。

理论的概念图就是理论的直观展示。这些图并不描绘研究本身,也
不是研究设计或计划书的具体组成部分。然而,概念图**可以**用来直观地
呈现研究设计或操作——我的研究设计模式(图1.1)就是这样一张图。
不过,概念绘图还可以作为一种工具,为你的设计提出并呈现概念框架。
与理论一样,概念图也包括两个方面:概念和概念之间的关系。这些通
常分别由带有标签的圆圈或方框以及连接它们的箭头或连线来表示。

图 3.1 到 3.6 提供了很多概念图的例子。读者还可以在迈尔斯与休伯曼（Miles & Huberman，1994）、莱维奇和里根（Ravitch & Riggan，2011），以及斯特劳斯（Strauss，1987：170-183）的著作中看到更多其他的例子。绘制概念图的原因很多：

1. 把你隐而不显的理论放到一起，使它们直观可见，或用来澄清一个已有的理论。它让你能够看清该理论的意义、不足以及它与你的研究的关系。

2. **提出**理论。与备忘录一样，概念图也是一种"纸上思考"的方法；它们可以帮你看到研究中意料之外的联系，或在你的理论中寻找漏洞或矛盾，并帮你找到解决的方法。

通常，我们需要对概念图不断地进行修改，从而使它们能够最好地为我们服务。不要指望第一次就绘出最终的概念图。我为质性研究设计模式绘制的概念图（图 1.1）就经过了多次修改，才变成现在的形式。另外，没有哪个概念图能够将你研究的现象的所有重要方面都包括进去。所有的概念图都是复杂实在的一个简化的、不完整的模型。

绘制概念图的一个很好的方法是在黑板或白板上画，因为你可以很容易擦掉不成功的尝试或不合适的部分，而且还可以尝试各种可能的布局与连接。[这种方法的不利之处是它不会自动生成你尝试过程中的绘图轨迹（paper trail），而这种轨迹却有助于理解你的理论是如何变化的，而且可以避免犯同样的错误。]现在还有很多计算机程序可以用来绘制概念图。我就用了一个流行的软件 Inspiration 为本书绘制了很多图表。下面举几个研究概念图的例子。

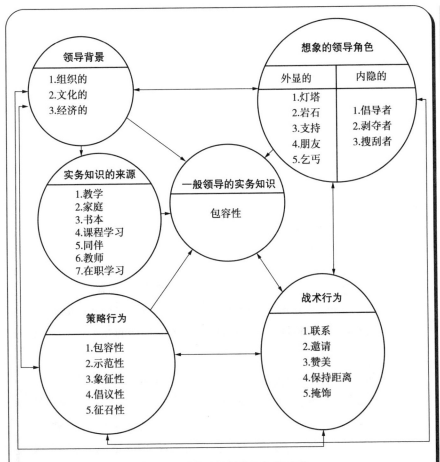

图 3.1　纽芬兰校长实务知识研究

来源：From *Swamp Leadership: The Wisdom of the Craft*, by B.Croskery, 1995, unpublished doctoral dissertation, Harvard Graduate School of Education.

　　下面的因素似乎影响了家庭决定让因残疾而无法独立的家庭成员留守在家中，而不是把他们成年的孩子"安置（placing）"或"组织（institutionaling）"在机构中。

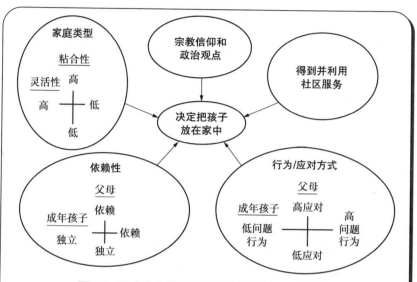

图 3.2　影响决定留守无法独立的成年孩子的因素

来源：Adapted from *The Families of Dependent Handicapped Adults: A Working paper*, by B.Guilbault, 1989, unpublished manuscript.

家庭类型（family typology）是由大卫·坎特（David Kantor）提出，并由莱瑞·康斯坦丁（Larry Constantine）扩展的一个概念，指的是家庭内部成员互动和家庭边界渗透的一种模式。虽然我没有收集家庭类型方面的资料，但是直觉和已有的资料都支持这样的预测：右上象限的家庭(封闭的家庭体系)和右下象限的家庭(同步的家庭体系)更有可能让无法独立的成年孩子留守在家，而左上象限的家庭(开放的家庭)和左下象限的家庭(**随意的**家庭)更加可能安置成年的孩子。

在**依赖性**（dependence）栏目中，最初资料显示左上象限(高度父母依赖，低度孩子依赖)的家庭往往把成年孩子放在家里，而右下象限(父母独立，孩子需要高度照顾)的家庭往往安置成年的孩子。

类似地，在行为／应对方式（behavior/coping）栏目中，左上象限(最小行为问题，高度父母应对)的家庭往往把成年孩子放在家里，而右下象限(严重的行为问题，低度父母应对)的家庭往往安置成年的孩子。

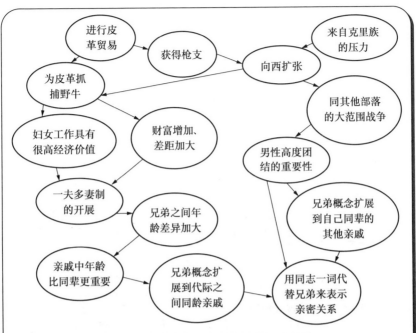

图 3.3　布莱克菲特部落概念变化的原因

来源:Adapted from *The Development of Plains Kinship Systems*, by J.A.Maxwell, 1971, unpublished master's thesis, University of Chicago, and "The Evolution of Plains Indian Kin Terminologies: A Non-Reflectionist Account," by J.A.Maxwell, 1978, *Plains Anthropologist*, 23, 13-29.

图 3.3 显示了 19 世纪最初十年后期布莱克菲特社会(Blackfeet society)中产生广泛应用"兄弟"概念的一些事件和影响因素。布莱克菲特人比其他草原部落更多地参与皮革贸易。结果他们的财富开始增加(包括枪支),妇女在野牛皮革贸易中的工作价值得到提升,财富分配差距加大,那些拥有马匹捕获野牛的人就拥有更大的财富,这就大大地增加了一夫多妻的现象,因为富有的男人可以得到很多的妻子来为他们生产皮革。拥有了枪支和马匹,布莱克菲特人就可以向草原的西部迁移,赶走原先住在那里的部落。战争的增加和捕捉野牛的需要促进了男人之间的团结,所以为了增进团结,同辈男性之间广泛用"兄弟"来称呼对方。然而,一夫多妻制的增加导致同辈男性之

间年龄差异加大，所以兄弟的概念扩展到代际之间和同龄人之间。兄弟概念的乱用最终冲淡了概念中含有的团结价值，从而产生了新的概念"同志（comrade）"，这个概念通常用于关系密切的男性之间。

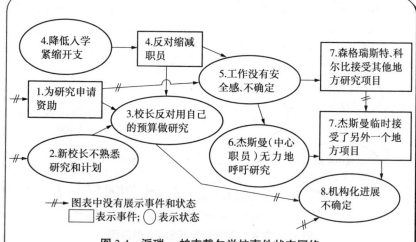

图 3.4　派瑞—帕克戴尔学校事件状态网络

来源：From *Qualitative Data Analysis: An Expanded Sourcebook* (2nd ed.), by M. B. Miles and A. M. Huberman, 1994, Thousand Oaks, CA: Sage.

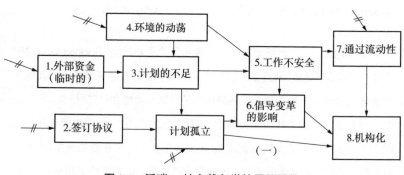

图 3.5　派瑞—帕克戴尔学校原因网络

来源：From *Qualitative Data Analysis: An Expanded Sourcebook* (2nd ed.), by M. B. Miles and A. M. Huberman, 1994, Thousand Oaks, CA: Sage.

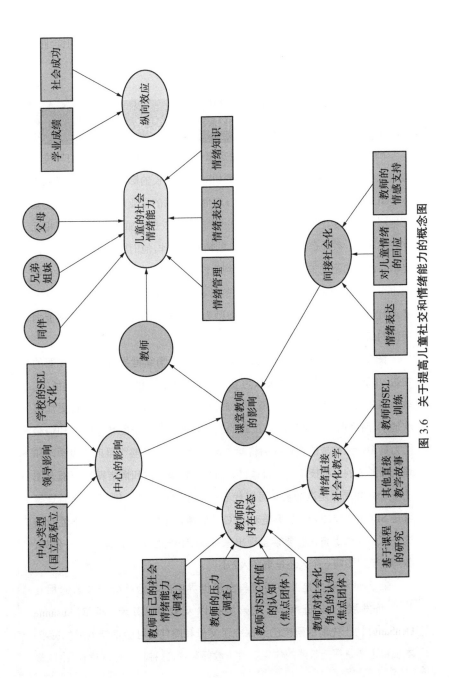

图 3.6 关于提高儿童社交和情绪能力的概念图

图 3.6 是一张更加详细的概念图,是凯特·津瑟(Kate Zinsser)为一个儿童社会情绪能力发展研究项目绘制的,例 3.4 是关于这张概念图的详细备忘录。我对凯特的评论放在括号里。

例 3.4　关于图 3.6 的备忘录

随着三四岁学前儿童数量的稳定增长,我们迫切需要研究他们与校外成年人的互动,探究这种互动如何增加对他们成长的影响。社会情绪能力(social emotional competence, SEC)与他们以后的学业成绩和社会成就紧密地联系在一起,但这种能力的形成过程却不仅仅是参加一些共享的及相互友好的课程。教师是在一个非常复杂的情境中工作,他们与学生的互动,无论是精心设计的还是非正式的,都会受到他们过去的经历、个人信念和技能的影响,同时也会受到中心的要求和文化的影响。TASSEL 项目将会使用各种方法来分析这些影响因素,从而理解教师为帮助孩子们提高社交和情绪能力所做的工作。

图 3.6 描述了我们最近对三四岁儿童社会情绪世界的探索。在图的右边,儿童的社会情绪能力被认为会影响未来学业成绩和社会成功的能力。教师将那些能力更强的儿童看作更加投入的学习者,他们的同伴也更加喜欢他们,而且他们也更加适应正式的班级环境。但孩子的社会能力和情绪能力是由什么构成的呢? 我们将能力定义为通过儿童整个早期阶段学习和建构而形成的三种技能的综合体:情绪管理、情绪知识和情绪表达。(概念图的一个共同局限是这些箭头可以代表很多不同的事物。例如,情绪管理等就是 SEC 的组成部分,而不是对 SEC 的影响,但是从这张图上并不能看清这一点。在图上将这些要素呈现出来可以提出一些有趣的问题——例如,教师主要是影响一个人还是更多人?)

社会情绪能力是儿童通过与自己世界中的其他社会交往者的相互关系而发展的:父母、同伴、兄弟姐妹以及教师。苏珊·邓罕(Susanne Denham)博士先前的研究已经探究了父母和同伴对社会情绪发展的影响;本项目主要是探究教师的作用。对于教师来说,这种社会化的过程(由从教师到 SEC 的粗箭头表示）并不是向儿童展示情绪卡片或教他不要去咬这些卡片。这种有助于儿童社会情绪能力的"教师—儿童"过程可以拆分为两类：直接 / 教学社会化（ direct/instructional socialization ）和间接 / 非正式社会化（ indirect/informal socialization ）。

直接社会化可以包括教师在课堂实施的社会情绪学习（ social emotional learning，SEL ）课程，儿童社会情绪学习的训练，以及利用每天教学时刻来强调的情绪概念，如寻找故事书中的人物的情绪。大多数直接社会化过程，我们可以通过对教师和中心主任的调查研究来了解［我对"大多数"并不确定，尤其是对教师是否在每天的教学时段中总能意识到这个］，或者通过列举教师在描述一个图画故事书中使用的情绪词语的数量来了解。

间接情绪社会化包括教师有目的 / 计划的情绪教学之外的课堂行为。这可以包括她在课堂上表达的情绪（快乐、悲伤、愤怒、沮丧、骄傲等）以及她对孩子们的情绪表现所作出的回应（无视、认可、忽视等）。我们通过一种叫作 FOCAL 的观察编码技术来评估这些行为。间接社会化还可以包括教师在课堂上所提供的总体情绪支持：她为学生提供什么样的互动？她如何知道学生的需要，以及挫折或冲突的可能原因？可以使用一种叫作 CLASS 的教师自然主义行为观察的技术对情绪支持进行编码。

理解直接社会化和间接社会化过程最重要的是理解它们所发生的情境。我们将教师的社会化情境分成两个领域：中心的影响和教师内在状态。中心的影响包括学校环境的各个方面，它们可能会影响到教师如何对孩子们的社会情绪能力进行直接或间接的社会化。这种中心的类型（启智中心、私人幼儿园、蒙台梭利中心等）可能会对教师与学生的互动方式、课堂讲授的课程等施加团体的限制。类似地，领导可能对上课、课程安排和课程选择有一定的控制。我们将运用调查研究、研究项目标准和使用说明对中心和领导层面的影响进行评估。最后，中心本身可能有一种围绕着儿童社会情绪学习的集体文化，这可能会影响教师的内在认知和教学过程。我们将在中心通过焦点团体访谈，研究社会情绪学习文化。

最后,教师的情绪体验可能会影响到她与班级学生的互动。最直接的内部作用可能是教师的社会情绪能力。能力越是不够的教师在课堂上可能越是努力去管理负面情绪(这可以通过 FOCAL 观察到)或者不能将自己的压力和与学生的互动区分开。另外,教师对社会情绪能力价值的认知以及她对谁对儿童情绪教学负责的信念会影响她对学生情绪的反应(通过 FOCAL 观察),也影响到她实施任何要求的课程或良好践行她之前所学的能力。我们将运用焦点团体访谈、一对一跟踪、访谈和调查研究来理解教师的认知和信念。(这两类社会化情境似乎忽视了一个潜在的重要环境影响——教师与学生之间的关系,或者教师与特定学生之间的关系。我并不认为我们可以将此归为“内部状态”,因为这取决于学生,也取决于教师。)

练习 3.1 为你开始绘制研究的概念框架图提供了一些方法。

练习

练习 3.1　为你的研究绘制概念图

你该怎样绘制一幅概念图? 首先,你需要一套要使用的概念。这些概念可以来自已有理论、你自己的经验或你在研究的人。需要记住的是,这时你主要是呈现你**已经形成的**有关研究现象的理论,而不是创造新的理论。

这里有几种方法,你可以用它们来绘制你的概念图。

1. 考虑你在讨论研究题目时所用的关键词,它们可能代表了你理论中的重要概念。你可以直接从自己为研究所写的材料中提取一些概念。

2. 拿出一段你写的材料,尽量把其中不明确或明确的理论绘制成图。(这对于那些喜欢用文字叙述的人来说通常是最好的方法。)

3. 拿出一个主要概念、观念或术语,用头脑风暴的方式思考与它有关的任何东西,然后再看一遍并选择那些可能与你的研究最直接相关的东西。

4. 请别人就这个题目访谈你,看看你对事情的认识以及原因,然后听录音,同时记下你在谈话中所用的主要概念。千万不要忽视自己的经验概念而只相信"文献",这些经验概念也许是你概念框架的核心概念。

斯特劳斯(Strauss,1987:182-183)以及迈尔斯与休伯曼(Miles & Huberman,1994:22)就如何为你的研究绘制概念图还提供了其他一些建议。

一旦你提出了一个可以操作的概念,就要问自己,这些概念之间有什么关系? 它们之间有什么联系? 莉·斯塔(援引 Strauss,1987:179)建议首先用一种分类或一个概念,然后画分支线把它连到其他类别或概念上。你认为你所用的这些概念之间的主要联系是什么? 概念图的关键部分不是圆圈,而是箭头。箭头代表了概念或事件之间建立的关系。问你自己:我为什么要画这个箭头? 它**代表**什么? 用你研究的**具体**例子,而不只是抽象地来思考。不要把自己限制在最初选择的分类上,也不要只限于最初的组合。用头脑风暴的方法以不同的方式把概念放到一起,挪动各种分类看看哪种组合更好。对自己的图提问,并画出可能的联系,然后考虑它们是否有意义。

最后,写一段**文字**或**备忘录**,介绍概念图对你研究的现象说了些什么。尽量用语言捕捉体现在图中的思想。图 3.2 与图 3.3 是提供了相应说明的概念图。迈尔斯与休伯曼(Miles & Huberman,1994:135-136,159-161)以及斯特劳斯(Strauss,1987:203-209)还提供了其他的例子。写说明性文字是练习的一个重要部分,它能够为你提出理论提供建议。例如,在你的概念图中,某些东西对于你真正想要的概念或关系来说,其实往往只是一个象征性的标识,通过这些说明性的文字你就能够把它们辨别出来。贝克尔说这些象征性的标识"它们本身毫无意义,(但是)它们标出了一个位置,说明这里需要一个真实的观念"(Becker,2007:83;他还在 52-53 页提供了一个很好的例子)。

要避免陷入迈尔斯与休伯曼(Miles & Huberman,1994:22)所说的"无风险"绘图("no-risk" map),在这样的图中,所有的概念都周全(global)且抽象,而且每个地方都是双向箭头。这种图在一开始的头脑风暴练习中可能会有作用,它可以为你提供一个事物的概念清单,这对你的研究也许很重要,但在某些方面,你需要使你的理论**聚焦**。将你的图缩小到两个概念和它们之间的关系。这非常有用。你可以把它看作一种练习,聚焦于你的理论最核心的东西。要**致力于**思考对你的理论最重要以及与其最相关的东西。

最初的框架一般最好有很多分类,包括很多你还没有进行筛选的东西。但你应该尽量对这些分类进行区分,澄清分类中各个概念之间的关系。开始可以通过分析把每个分类放到下级分类中,找到**不同种类**的事物,分别进行归类。(图 3.1 就是这么做的,使外围分类联系到核心分类上。)另外一种方法就是对分类进行**维度区分**(dimensionalize,Strauss & Corbin,1990),尽量把它们的不同特征区分开(图 3.2 列出了好几个这样区分的例子)。

如何判断某事物是一种分类还是一种关系呢?回答这个问题并不容易,我通常是通过直觉进行判断。其实,很多事物以这两种方式理解都可以。任何研究的现象都没有一个唯一正确的概念图,不同的概念图表现了对现象的不同理解。你应该尝试为提出的理论绘制**其他形式的**概念图,而不是严格遵循一种形式。由于目的不同,还有很多**不同种类**的概念图。这样的概念图包括以下这些:

  a. 描绘概念间关系的抽象框架图;

  b. 描述事件及思考它们之间关系的流程图;

  c. 变量或影响因素的因果网络图;

  d. 概念意义的树形图表(例如, Miles & Huberman, 1994: 133);

  e. 维恩图,通过叠交的圆圈呈现概念(例如, Miles & Huberman, 1994:249)。

  在一项既定的研究中,你可以绘制多种概念图,前提是它们对你深化理解事情**有用**。迈尔斯与休伯曼(Miles & Huberman, 1994)的很多例子都非常适合社会过程研究,但在对意义以及意义之间关系的研究中,它们未必是最有用的模式。记住:概念图本身不是目的,它只是提出理论并使理论更加清晰的一种**工具**。还要记住:概念绘图不是一劳永逸的,随着对研究现象理解的加深,你要不断回顾并修改你的概念图。小心不要盲目追求概念图过分漂亮,这样的图也许看起来就像贝克尔所说的“时髦的写作(classy writing)”(Becker, 2007:28),漂亮的图展示的是人,而不能发展并传达你真正的观念。

  不同的作者以不同的方式使用概念图。诺威克和戈威(Novak & Gowin, 1984)采用一种非常包容的取向(very inclusive approach)——他们的概念与关系几乎可以是任何事物,而且他们标明所有概念之间的关系,从而使其清楚明白。而迈尔斯与休伯曼(Miles & Huberman, 1994)却更加集中——他们的概念图一般涉及因果关系或因果影响。我的建议是要介于他们之间。刚开始的时候,你可以绘制比较包容的概念图,但应该努力聚焦,使它成为一张真正的**理论**图,能够表达出你要研究的现象。

  你还要区分**变量图**(variance map)和**过程图**(process map)之间的不

同(见第 2 章变量图与过程图之间的区别),但只有在你提出初始概念图之后,你才会去考虑这种区别。区分它们的一种方法是,变量图通常展现的是抽象的、一般的概念,这些概念可以呈现出不同的值(即变量),而且基本上无时间性(timeless)。它表示的是一些因素或事物特征之间的一般因果或相关关系。而过程图讲述的是一个故事,它有开头和结尾,它的概念通常是具体事件或情境,而不是变量。[1] 很多学生在开始绘制概念图时画出的都是变量图,因为他们观念中所谓的理论"应该"就是这个样子的,尽管他们的研究问题迫切需要过程理论这种"如何"的问题。图 3.2 和图 3.5 是变量图,而图 3.3 和 3.4 是过程图。

已有研究的其他作用

回顾先前的相关研究不但让你了解已有理论,还有很多其他作用(参见 Strauss,1987:48-56)。洛克、斯尔弗曼及斯波多索详细而清楚地说明了如何在研究文献中寻找有用的工具和资源,他们把这种方法称为"在研究报告中寻找财富"(Locke et al.,2009)。这些"财富"包括新的术语、用来搜索资料的关键词、其他文献和研究者的资料,以及提出研究问题、描述研究、呈现理论(结果和结论)的方法,寻找效度问题及处理这些问题的方法等。学生在文献回顾中通常忽视这些信息,看不到其对自己研究的价值。你需要学会在阅读中获得所有这些信息,并把它们用到你的研究设计中去。

除了理论方面的作用外,我想要强调前人的研究对你的研究设计的四个具体作用:

---

[1] 迈尔斯与休伯曼往往把变量图看作"因果网络(causal networks)",把过程图看作事件—状态网络(even-state networks)(Niles & Huberman,1994:101-171)。我认为,这种看法不准确,它把因果分析等同于变量分析。正如在第 2 章中讨论过的,过程分析可能也是因果关系(还可以参与 Maxwell,2004a,2011b)。

第一,前人的研究可以用来为自己的研究提供**辩护**——显示你的研究将为何提出的是一个重大的需求或没有回答的问题。玛莎·芮根-史密斯(Smith,1991)在她的计划书中就是这样利用前人的研究来研究医学院的教学工作(见附录 A)。在计划书中,她阐述了为什么自己计划要研究的问题如此重要,并表明已有研究并没有回答她所提出的具体问题。这种辩护把你的研究计划和研究目的联系起来(第 2 章),我将在第 7 章更加详细地讨论这个问题,把它作为研究计划书的一种论证。

第二,前人的研究可以启发你对方法的选择,提供其他研究途径或发现潜在的方法论问题或解决办法。不要跳过文献中研究方法这一部分,要看作者到底说了什么,研究结论是否有问题,以及你是否可以在自己的研究中运用他们的策略或方法。如果你需要进一步了解他们的研究,就和作者联系,他们一般都会乐意帮助你。

第三,前人的研究可以成为一种资料来源,你可以用它们来验证或修改你的理论。先前的研究结果可以让你检验已有理论、预研究或你的经验理解,看它们是得到了支持还是受到了挑战。做这些工作的时候通常需要通盘考虑你的理论或理解对研究的**启发意义**,看看这些与其他人的研究发现是否一致。这就是**一种思想实验**,我将在本章的后面对它进行讨论。

最后,前人的研究可以帮你**提出**新理论。海因里希在他的天蛾成虫调节体温的研究论文(Heinrich,1984:55-68)中发现,他的经验证据是这些飞蛾在飞行中保持一个恒定的体温,这与其他人的研究完全相反。他(Heinrich,1984:63-64)这样描述他的反应:

> 作为研究的第一步,我花了好几个月时间在图书馆阅读一般昆虫生理学的资料,特别是有关天蛾成虫的所有资料。这些已知的生理学与形态学资料也许能够提供一丝线索。有必要收集更

多有关这个问题的细节资料,直到我能够看到它,就像看到我的手掌一样。我希望能发现飞蛾是**如何**调解体温……

　　我终于发现了弗兰斯·布劳克(Franz Brocher)1919 年的一篇有关天蛾成虫血液循环系统解剖的晦涩法语论文。奇怪的是这些飞蛾的大动脉通过它们的胸部肌肉构成了一个环。在很多其他昆虫身上,大动脉经过胸部肌肉的**下面**。

这篇论文给了海因里希重要的启示,让他知道这些飞蛾是如何调节体温的:它们把血液分流到胸部肌肉后,让这些肌肉降温,然后从腹部散发多余的热量,汽车的引擎降温也是同样的道理。这个理论在随后的试验中得到证实。

当然,你也可能会**过分**沉迷于文献,正如赖特·米尔斯所警告的,"你也许会被文献所淹没……也许关键的问题是你要知道什么时候该读,什么时候不该读"(Mills,1959:214)。米尔斯对这种问题的一个处理方法是:在阅读文献时,他总是思考那些实证研究,它们可以检验从文献中所获得的思想。这样既可以为真正的研究做准备,又可以培养想象力(Mills,1959:205)。这两种方法连接着你概念框架的最后两个来源:预研究和思想试验。

预研究与探索性研究

预研究(pilot studies)与前期研究(prior research)在有些方面的作用是一样的,所不同的是预研究可以更明确地集中于你自己的问题与理论。你可以具体地设计你的预研究来验证你的思想或方法并探究它们的联系,或以**扎根**理论的方式进行归纳。赖特等人为一项描述性量化研究所做的声明同样适合质性研究:"没有先前的探索性研究,他们很多设计的特点就无法确定。"(Light et al.,1990:212)而且他们(Light et al.,

1990:213）认为：

> 没有哪个研究设计是完美的，任何先前的、小规模的探索性
> 研究都可以进一步改进研究设计。预研究几乎总是值得花时
> 间和精力的。哪怕你的设计只有一点模糊的方面，也要实施预
> 研究。

例3.5描述了卡罗尔（Carol，1991）是如何利用预研究来进行论文研究设计的。她如何决定研究青少年癌症幸存者及其兄弟姊妹已经在例2.1中作了介绍。

例3.5 如何运用预研究来帮助进行论文研究设计

在决定改变论文题目以及在对新题目进行了文献检索之后，卡罗尔决定实施一项预研究来帮助自己设计论文研究。她准备用自己的家庭做预研究。这有几个原因：首先，她想练习访谈，并且相信家人会为她的研究方法提供一个很好的反馈和建议，而且可以了解参与这样的研究是什么样子的。其次，她想更好地理解癌症经历对她家人的意义（这是她研究的个人目的之一），并验证自己对这种经历的假设。再次，她希望孩子们首先知道她自己打算做什么。最后，自己的家庭非常方便，不需要她去寻找其他家庭并获得准许。

卡罗尔从预研究中获得了好几件有价值的事情。首先，她发现需要修改访谈提纲，有些问题很重要，但以前却没有意识到，所以需要增加一些问题，如诊断之前的家庭关系，诊断和治疗期间兄弟姊妹得到的支持，以及他们如何考虑这种经历对未来的影响。她还发现了其他一些有用的问题，像要求参与者描述具体事件来证明他们所说的。其次，她加深了对孩子们体验的理解，并修改了自己的概念框架。前期的研究和观念让她低估了癌症经历对家庭的长期影响。她懂得了自己需要静下来用新的眼光倾听参与者的体验。最后，她发现孩子的反应有时是防卫的且是可以预测的，他们

会考虑到他们的话对家庭关系的影响,所以往往会减小负面感情或抱怨。尽管预研究很有价值,但并不能完全回答她所提出的问题(Kaffenberger, 1999)。

预研究在质性研究中一个重要的作用是,加深对你要研究的人们的理解,看他们如何理解相关的概念和理论——一种潜在的理论资源。如果没有预研究,你通常不可能获得这些知识。这不仅仅是你理论概念的一种来源,不仅仅是从参与者的语言中归纳出概念,斯特劳斯(Strauss, 1987: 33-34)称其为活的代码(in-vivo codes)。更重要的是,它让你理解这些事情、行动和事件对参与其中的人们的**意义**,以及促使他们行动的观念。这些意义和观念不是理论的抽象,尽管不能直接看到,但它们却是真实的,就像人们的行动一样真实(Maxwell, 2011b)。人的思想、意义及价值是你研究的情境和活动的基本组成部分。如果你不理解这些,那么你对该现象的理论理解通常是不完全的,甚至是错误的(Maxwell, 2004a; Menzal, 1978)。在质性研究中,这些意义与观念应该是你的理论的主要构成因素。正如在第 2 章中讨论过的,它们是你的理论要做的事情,不仅仅是理论智慧的来源和建构理论的障碍。在例 3.2 中,据弗瑞德森(Freidson, 1975)的研究,医生的标准和价值观是医疗工作中的主导部分,构成了他的理论基础。这些意义和观念也是前面概念图(从图 3.1 到 3.5)的核心因素。即使在图 3.5 中,概念多数是以行为或情境影响的形式陈述的,"工作没有安全感"表示的是**想象的**不安全。如果参与者意识不到他们会被开除,他们的行为是不会受到影响的。

思想试验

思想试验(thought experiments)在自然科学中是有着悠久历史的受

尊重的传统。爱因斯坦的许多研究就是建立在思想试验的基础上的，而伽利略推翻亚里士多德观点的经典证明也是一个简单的思想实验，亚里士多德认为物体下落的速度与它们的重量相关，伽利略假设通过从比萨斜塔顶部下落两个不同重量的球证明亚里士多德的错误（Galilei, 1628/2008；见"伽利略比萨斜塔实验，" n.d.），不需要任何实验证明就完全说服人心。思想实验在生物学中也很常见，如海因里希（Heinrich, 1999:252-254）提供了一个详细的思想实验，证明大乌鸦被报告的"引导"行为是如何进化的，它们的行为将爱斯基摩猎人引向他们的猎物。思想实验也经常用在像经济学这样的社会科学中，但却很少作为一种明确的方法用在研究设计中，特别是在质性研究设计中。

据我所知，在社会科学中，最好的思想试验指导手册是莱夫（Lave）和马奇（March）写的，他们用"猜想模式构建（speculative model building）"一词表示这个概念。这里不要被"模式"一词所吓倒，模式并不比理论更加深奥，莱夫和马奇把**模式**定义为"一幅真实世界的部分简化图"（Lave et al., 1975:3）。他们把自己的书说成是"一本实用的猜想指导手册"，书中详细地介绍了一些提出和运用猜想模式的程序，能够产生明显的结果。虽然该书后面的章节主要是关于量化研究的，但前面三章很值得质性研究者阅读，非常有用。莱夫等人（Lave et al., 1975:4）说：

> 我们把人类行为模式看作一种艺术，把它们的发展看作一种工作室的训练。像所有的艺术一样，模式的建立需要原理与兴味的结合。这是一种可以学习的艺术。它有着明显的方法技巧，实践使它得以提高。

思想试验促使你为自己及他人的观察提出可能的解释，并思考如何证明或反驳这些解释。思想试验利用理论和经验来回答"如果……怎么样"的问题，并对你要研究的事物的模式、假设以及期待的逻辑意义进行探究。

思想试验既可以产生新的理论模式和洞见,又可以检验你当前某些问题的理论。其实,在某种程度上所有的理论建构都涉及思想试验。思想试验鼓励创造性以及探索精神,而且还能够帮助你澄清已有的经验知识。科幻思想实验大师阿苏拉·勒奎恩(Ursula LeGuin, 2003)指出:"思想实验的目的,正如施罗丁格(Schroedinger)和其他物理学家使用这个概念时那样,它不是预测未来……而是描述实在、当前的世界。"(LeGuin, 2000: xi)

例3.6展示了这样一种推测思考,练习3.2(是建立在莱夫和马奇的一个例子基础上, 1975)提供了一个简单的问题,你可以通过它练习推测技巧。根据莱夫等人,"学习模式建构的最好方法就是去做"(Lave et al., 1975: 10)。

例3.6　利用思想实验提出一个关于文盲的理论

　　我的一个学生在做中西部关于文盲的研究。他在备忘录中用"文盲循环(cycle of illiteracy)"的概念解释该地区一些地方文盲持续的现象。这个概念似乎有道理——和有文化的父母比较起来,文盲父母的孩子很可能还是文盲。但是我对这个备忘的第一个反应是进行一次思想试验——试着思考第一代的文盲可能会在下一代中产生文盲的整个**过程**。家庭缺乏阅读材料会产生一些影响,这也许和父母对待文化的观念相关。然而,在一个多数儿童能够接受学校教育的时代这些似乎都不足以再产生文盲。另一方面,我**能够**很容易地想象(并用该学生提供的资料证明)**贫困**的循环,贫穷、文盲的家庭面临着巨大的压力,他们的孩子辍学在家做活或者务农,他们学习读写的主要机会被剥夺了。因此,由于这些孩子缺乏学校教育,所以他们更难找到本可以使他们脱离贫困的工作,这样就再次导致下一代文盲。该理论意味着,降低贫困对文盲会产生重要的影响,同时也表明在文盲的原因探究中需要说明经济因素的作用。这名学生利用这种思想实验提出了一个更加复杂的模式,称其为"文盲的螺旋模式(spiral of illiteracy)",将贫穷和其他因素纳入其中,同时增加了非文盲的社会要求。

练习 3.2 建立大学生交友发展模型

设想我们对大学生交友的方式感兴趣。为什么有些人是朋友而其他人就不是呢？我们可以先沿着某个宿舍走道询问各个房间的同学,请他们列出朋友的名单。这些名单是我们的最初资料,是我们希望理解的结果。

如果我们仔细凝视一会儿这些名单,最终会发现它们的一个特点:朋友往往居住得比较近,他们往往是毗邻的宿舍。这种交友方式是如何产生的呢？

停下来开始思考:产生这种观察结果的可能是一个什么样的过程。

导致这种结果的过程可能是学生可以选择自己的宿舍,而朋友群体往往选择毗邻的房间。这个过程就是对世界的猜测过程。如果真实世界像我们的模型世界一样,那么观察的事实就应该能够和模型的预测相对应。这样,我们就发现了一个说明结果的模型或过程。

不过,我们不要就此停止。接下来我们要就该模型的其他意义进行提问。这个模型暗示每个宿舍友谊群体中的学生一定早就互相认识,所以大学一年级学生中友谊群体应该很少。

对大一和大三、大四学生宿舍的调查显示,大一学生友谊群体和大三、大四学生友谊群体一样多。对大一学生背景的考察发现,他们几乎都来自不同的高中。

所以说我们的模型并不能很好地解释我们所观察到的情况。除了已经成为朋友的人互相选择外,一定牵涉到一些什么过程。所以我们试图想象可能导致这些结果的其他过程。我们重新推测,认为多数学生来自相似的背景。相互住得较近的学生有更多交流的机会,他们更容易发现共同的兴趣和价值观,因此而成为朋友。这种新的猜想解释了大一以及大三、大四宿舍友谊群体数量相当的现象。

停下来开始思考:这个模型还有什么其他的关系让你去检验的? 你将如何去检验?

一种关系是,随着时间,学生们接触的机会也会增加,所以友谊群体应该随着年级的增加而逐渐扩大。你可以在一年的不同时段对学生进行调查来验证这一点。如果你这样做就会发现这种预测是正确的,这个模型似乎更有解释力。(你能想到其他可验证的关系吗?)

——摘自莱夫等人(Lave et al. , 1975:10-12)。

莱夫等人的例子中一个没有回答的问题是,可能还有其他模型,它们和你已经提出的模型一样,**也**能够预测很多同样的事情。这是建立模型最困难的方面,也是理论模型建立中一个共同的不足——接受一个成功地预测了很多事情的模型,却没有认真地尝试提出可以做出同样(或更好)预测的其他模型。例如,他们有一个假设,一个在现代西方社会广泛的假设,认为友谊必然建立在共同特征的基础上——有着共同的兴趣和价值观。其他模型将会抛弃这种假设,设想友谊可以由互动本身所创造,并不必然由共同特征所产生(见例 3.1 和 Maxwell,2011b 的第 4 章)。

停下来开始思考:什么样的方法可以区分这两种模型?

一种方法是到大一宿舍去调查这些学生开学和期末时的信念、兴趣及价值观,看看这些成为朋友的人是否总是在开学的时候比同宿舍却不是朋友的人有着更多的共同点。如果你发现成为朋友的室友并不总是比不是朋友的室友的共同点更多,那么莱夫等人的模型似乎就不再可行了(至少需要修改),因为它预测朋友比非朋友有着更多的共同点。我的模型确实预测了观察的结果,因此值得进一步思考和检验。最终,你会融合两种过程而提出一个更加复杂的模型。

前面所有这些检验(以及一般检验模型的标准)都是建立在变量理论的基础上——测量选定的变量,看它们是否符合对模型的预测。但是还有一种更加直接的验证模型的方法——**研究实际过程**,而不只是检证预测的结果(Menzel,1978:163-168)。例如,你可以在学期的开始对学生的互动进行参与式观察,看看友谊是如何产生的,或访谈学生,看他们如何成为其他同学的朋友。这种实在论式的、过程取向的模型验证方式比预测结果更加适合质性研究(Maxwell,2004a,2004c)。

经历、先前的理论与研究、预研究以及思想试验是你的研究的概念框架的四个主要来源。对于每一项研究来说,聚集这四个方面的概念框架都是一个独特的过程,具体指导如何去做是没什么用处的。你应该参看他人概念框架的实例,看看他们是怎样做的(如 Ravitch & Riggan,2011)。关键要记住:要用你的研究目的和研究问题,把这些因素相互整合起来。关于如何建立概念框架和研究问题之间的关系,我们将在下一章讨论。

4

研究问题

你想要知道什么?

　　你的研究问题——特别是你自己想要通过研究来理解的问题——是你研究设计的中心,它们和设计的其他要素直接相联系。研究问题不同于研究的其他方面,它不仅影响到你研究的所有其他部分,而且还需要对研究的其他部分作出回应。

　　在很多关于研究设计的著作中,研究问题都被看作设计的**出发点**和首要的决定性因素。这种取向并不能准确地代表质性研究的互动与归纳性质。当然,**如果**你已经有了基础良好、可以实施而又**值得**研究的问题(这里是指论证这些问题的目的和知识充分而清晰),那么你研究设计的其他方面(特别是你的研究方法和概念框架)就应该用来回答这些问题。在质性研究中,你通常只有利用其他要素才可以提出这样的问题。在没有很好地理解自己的理论和方法论倾向,以及没有理解它们同你的研究问题之间的关系之前就锁定自己的研究问题,就会出现质性研究者所说的"第三型错误(Type Ⅲ error)"——回答错误的问题。

　　因此,质性研究者通常是在已经收集了一定的资料并进行分析之后才提出最终的研究问题。(见例 4.1 和 Weiss, 1994:52-53)但这并不意味着质性研究者开始一项研究时不带任何问题,只是带着一个"敞开的心态"
去看有什么可以研究的。正如前面两章所讨论的,每个研究者都是带着
某种目的和一定的经历及理论知识开始研究的,这样必然就会强调某些
问题或议题并提出相应的问题。这些初始的问题对形成研究非常重要,
不仅影响方法的选择,而且影响概念框架、最初的结果以及潜在的效度
问题。我想要说的是,精心建构的、焦点集中的研究问题一般都是互动设
计过程的**结果**,而不是研究设计的起点。

例 4.1　研究问题的提出

　　苏曼·巴塔卡姬(Suman Bhattacharjea, 1994)的论文研究的是巴基斯
坦的一个地区教育办公室里的女性行政人员的问题,她们是在一个性别隔
离与男性主导的社会中界定、执行并控制她们自己的专业任务与工作环
境。苏曼从一个宽泛的问题开始她的田野工作:"这个办公室的职员每
天做些什么? 她们是如何分工的? "她在这里的身份是一个计算机应用
项目的咨询人员,这就要求她多数时间要在和办公室这些妇女的互动中
度过。由于她也是女性,和她们几乎说同样的语言,而且(由于来自印度)
对她们生活的一些方面非常熟悉,所以很容易被她们接受并得到她们的信
任。在一年的研究之后,当她提交论文计划书时,她的研究聚焦在两个具体
的问题上:

　　1. 影响女行政人员行为动机的本质是什么?

　　2. 女行政人员采取什么样的策略应对一个性别隔离与男性
主导的环境背景中的这些制约?

　　在自己已有研究的基础上,她形成了三个初步回答这些问题的命题(或
假设):

> 1. 女行政人员的行为反映了她们渴望在这个性别隔离的社会中保持她们作为女性角色与作为行政官员角色之间的和谐。
>
> 2. 女行政人员在这方面所应用的主要策略是在工作中创造一个"家庭般"的环境，用类似于家庭环境中的互动方式与同事进行互动，因此模糊了"公共"环境与"私人"环境之间的区别。
>
> 3. 女行政人员的这种行为关系取决于她们交往的背景，尤其是这种背景位于公共／私人一体关系之中时。在与其他妇女（多是"私人"或家庭般）的交往中，在办公室与男性同事的互动中，以及与其他男性（很少是"私人"或家庭般）的交往中，这些女性运用的策略也是不一样的。

这一章我将讨论研究设计中研究问题能够达到的**目标**，考虑质性研究可以研究**什么样的**问题，并就如何**提出**恰当的、建设性的研究问题提供一些建议。

研究问题的作用

在研究计划书或公开发表的论文中，你的研究问题的作用是要具体说明你试图知道或理解什么。在你的研究**设计**中，研究问题还起到另外两个重要的作用：帮助你聚焦研究（研究问题与你的研究目的和概念框架之间的关系）和指导你如何实施研究（它们同方法与效度的关系）（参见 Miles & Huberman，1994：22-25）。

如果研究问题太一般或太发散，就会造成研究实施的困难——不知道选择什么现场或研究对象，不知道收集什么资料，也不知道如何分析资料——而且不能清晰地把这些同你的研究目的与概念框架结合起来。如果你的问题仍然停留在"这儿发生了什么"的层次，那么你就不知道该收集什么方面的资料、为研究选择或提出什么样的理论,或不能预见和处理重要的效度问题。比较而言,越是准确地提出自己的研究问题,你就越是能够用特定领域的理论作为模型,形成对所发生事情的理解,而且找到合适的做研究的方法。

另一方面,你的问题有可能过分聚焦,这会造成"隧道视野",把一些非常重要的东西遗漏了,如对研究目的(既有知识又有实践的目的)或你对所发生的事情及其原因的理解等。在研究中,过早形成清晰的研究问题也许会使你忽视相关的理论领域或先前的经验,或者使你不能充分注意那些可能会揭示重要的、意料之外的现象与关系的资料。

第三个潜在的问题是你也许会把未经检验的假设带入研究问题中,给研究加上不合实际的概念框架。例如,像"教师如何处理他们在教室中脱离同事的经验"这样一个问题,就假设了教师确实体验到了脱离同事。这种假设需要小心地检验并进行论证,而且把这种形式的问题作为一个子问题,放到教师体验他们的教学工作性质与同事关系这种问题的下面也许更合适。

第四,有一种不幸但很普遍的可能性是,在学生刚开始写作论文计划书时,他们提出的研究问题与他们对事情的真实信念和真实的研究目的没有明显的关系。相反,他们提出这样的研究问题只是认为研究问题看起来**应该**就是这样,或者只是为了迎合论文委员会想要在计划书中看到的样子。这样的研究问题也许和论文的其他部分并不一致(见第7章珀特姆基的村庄的讨论)。在质性研究中,这种问题的出现通常是由于采用了量化研究方式来提出研究问题,而这种方式却并不适合质性研究。

由于这些原因,在提出研究问题时如果不能密切联系设计中的其他要素,就会出现真正的危险。你的研究问题需要考虑:你为什么要做这项研究(研究目的)? 你同某一个(或几个)研究范式有什么关系? 你对要研究的东西已经知道了些什么,以及你对这些现象提出了哪些理论(你的概念框架)? 你不会想要提出那些已经有了现成答案的问题,这明显与你真正要研究的东西没有关系,否则的话,即使你回答了那些问题,也达不到你的目的。

同样的,你的研究问题必须是能够回答的,能够真正去实施的。如果提出一个没有哪个研究能够回答,这样无论是因为无法获得回答问题的资料,还是得出的结论可能会有严重的效度风险的问题是没有价值的。这些问题在下面两章将进行更为详细的讨论。

要想提出一个合适的研究问题,你首先要清楚地理解研究问题是什么,而且知道你可能会提出各种不同的研究问题。我先讨论研究问题的性质,然后介绍质性研究中一些特别重要的研究问题,及它们之间的具体区别。

研究问题和其他类的问题

在提出研究问题的过程中,一个常见的错误是混淆了你的研究问题与研究目的,而在研究目的方面,常常是混淆了知识的目的(通过研究你想要知道什么)与实践的目的(你想要实现什么)。根据利坎普特与普莱斯尔的观点,在提出可操作性的研究问题时,“首要的问题是区分研究目的和研究问题”(Le Comfte & Preissle, 1993:37)。正如在第 2 章中所讨论的,实践的关注通常不能直接通过你的研究问题来说明。这些实践的目的可以用来**丰富**你的研究问题,但通常**不应**直接作为研究问题。相反,你应该让自己的研究问题指向知识和理解,它们将会帮你达到实践的目的,或发展你对实践的理解。

例如,“如何才能改进少数民族学生上大学的支持服务?”这样一个研究问题隐含着什么是“改进”的价值假设,并且不能通过你收集的资料直接回答。(这不同于这样的问题,"该项目的工作人员和管理人员认为如何才能够改进支持少数民族学生上大学的服务?"这对质性研究来说是一个很容易回答的问题,而且是一个对改进项目有直接启发意义的问题。)前面的问题最好是作为研究的一个目的(改进少数民族学生上大学的支持服务)。要为这个目的提出相关的研究问题,你需要问自己:"我们能够收集到什么资料,我从这些资料可能得出什么结论,它们能够帮我实现研究目的吗?"你研究中的知识目的可以发挥连接你的实践目的和研究问题的作用:为了改进这些服务,你需要了解哪些知识?你的实践目的、知识目的和研究问题之间的一致性是要经常思考和不断声明的东西。

第二个区别是**研究**问题和**访谈**问题之间的区别,这对访谈研究至关重要。你的研究问题与你想要了解的东西相一致,而你的访谈问题为你了解这些东西获取资料。它们的区别非常明显。我将在第 5 章更加详细地讨论这种区别。

质性研究设计中的研究假设

研究问题同研究假设不一样。研究问题表述的是你想要知道什么。研究假设是你对这些问题的尝试性回答,即你认为是怎么回事。这些回答通常是建立在你对所研究事物的理论或经验的基础上。(见例 4.1)

人们一般认为,提出明确的研究假设与质性研究是不相容的。不过我认为,质性研究与提出假设并没有内在的矛盾,其疑难部分是术语的问题,部分是由于把量化研究的标准不恰当地用到了质性研究假设中。

很多质性研究者明确地指出,他们将对事情的理解看作理论化和资料分析过程的一部分。我们可以将它们称作"命题(propositions)"而不是"假设(hypothese)"(Miles & Huberman,1994:75),但是它们的作用是一样的。质性研究中假设的显著特征是：它们一般是在研究者开始研究**之后**才系统地提出，它们"扎根"于资料（Glaser & Strauss，1967），是在同资料的互动中提出并进行验证，而不是用资料来验证先前的思想。

这种观点同量化研究背道而驰。量化研究认为，除非假设形成于资料收集之前，否则它不能通过资料合法地得到验证。这种要求对于假设的统计检验是必需的；因为见到资料后再提出假设，就违反了统计检验的假设原则。先资料后验证的做法被戏称作"钓鱼研究（fishing expediton）"——通过寻找资料去发现似乎重要的关系。然而，质性研究者很少使用统计意义的验证，因此，这种观点很大程度上与质性研究是不相关的。另外，很多有名的统计学家和研究者都批评统计意义的验证，见第 2 章结尾的注释。而在质性研究中，为你的研究问题寻找可能的答案，"钓鱼研究"完全可行，只要这些答案经过检验不会与其他证据相矛盾，产生可能的效度风险（见第 6 章）。

同先前理论一样，明确提出假设的一个危险是，这些假设可能会成为障碍，妨碍你对所发生的事情的观察。你应该经常重新检查这些假设，问自己还有什么其他分析资料的方法。思想试验（第 3 章）是可以让你做到这一点的好方法。

下面我想讨论各类研究问题三个具体的区别。这些都非常重要，是你在提出研究问题中需要考虑的。它们分别是一般化问题和具体化问题；工具主义问题和实在论者问题；变量问题和过程问题。

一般化问题和具体化问题

有个普遍的观点，尤其是在量化研究中，认为提出研究问题应该是用一般化的术语，然后通过具体抽样与选择资料收集的方法来"操作"。例如，人们一般倾向于这样提出一个关于学校中种族和民族差异的问题，"多种族学校中的学生如何处理种族、民族差异问题？"然后从这类学校总体中抽取一所特定的学校作为"样本"去实施研究，而不是在开始就把问题说成"北美高中学校的学生如何处理种族差异问题？"我分别把这两类的问题称为一般化问题（generic questions）和具体化问题（particularistic questions）。

问题应该用一般的术语来表述，这种观点也许部分源于逻辑实证主义，他们把因果解释看作普遍内在的规律，而科学的目的就是发现这种规律。然而，这种观点受到了一些质性研究者（如 Miles & Huberman，1994；Schwandt，1997：14）和实在论哲学家（见 Maxwell，2004a）的挑战，他们认为研究者有能力在单独个案中观察因果关系。这种观点在很多像教育这样的社会科学研究以及田野研究中也是不合适的，在这些研究领域中，具体化问题可能更合适、更有效。这种观点在应用研究中特别容易误导人，在这些研究中，研究的焦点通常是理解和改进某些特定的程序、情境或实践。

与这两类问题相对应的是研究中抽样与案例研究方法的差异。在抽样研究中，研究者声称有一个适用于广泛人群的一般化问题，然后从这个人群中选择一个特定的样本来回答这个问题。相反，在案例研究中，研究者通常选择一个案例，然后就特定的案例来说明问题。抽样研究认为把抽样策略看作一种方法是合理的，它让收集的特定资料成为抽样人群的典型代表。而案例研究认为，通过研究目的和已有理论与研究来选择特定的案例，是合理的（这就是通常所谓的"目的性抽样"，我将在第 5 章讨论这个问题），而且它需要其他的证据来支持结论的普遍性（见第 6 章）。

在质性研究中，这两种方法都是合法的。特别是，访谈研究有时候会用"抽样"的逻辑,挑选被访对象,以便于推广到一定的相关人群。另外,研究规模越大,抽样方法就越可行且更加合适。大规模的多场景研究必须特别注意抽样与代表性问题,因为对于这样的研究,普遍性非常重要(例如,迈尔斯与休伯曼所描述的那些研究,1994)。

　　然而,质性研究经常使用不一定具有代表性的小规模样本,这通常意味着,就一般性问题而言,该研究只能提供一些建议性的回答,如"幼儿园教师如何评估儿童对上一年级的准备?"对于这样的一般化问题,一个可能的回答是,要求从所有的幼儿园教师中抽取一些可能的样本,且需要比大部分质性研究更多的样本才行。同时,"幼儿园教师"这个词语本身也需要进一步具体化。它指的只是美国教师?只是公共学校的教师?只是有资格证书的教师?这些问题,以及那些可以用一般化概念提出的类似的研究问题,为研究预设了一个抽样框架,它们可能会把研究推向量化研究的方向。

　　另一方面,质性研究**能够**很有信心地回答这样的具体问题,如"**这所学校**的幼儿园教师如何评估儿童对上一年级的准备?"这种陈述问题的方式虽然不能避免抽样问题,但它更多的是以"案例"的方式进行研究。这里不是把教师看作教师群体中的一个**样本**,而是作为教师特定群体中的一个**案例**(具体学校和社区)。这种具体案例的**选择**也许要考虑典型性(当然任何试图推广结论的时候都要考虑典型性的问题),这将在第 5 章讨论,但是研究主要考虑的不是推广问题,而是对该案例进行恰当的描述、解释及说明。

　　在质性研究中,针对研究背景和参与者提出你的研究问题,这有很多好处。首先,能够防止你进行不恰当的推广——觉得其他人或背景与你研究的对象或背景相似。其次,能够帮你认识到你所研究的个体或情境的多样性——不要想当然地认为你必须得出那些结论,从而忽视或降低它们的差异性(见 Maxwell,2011b:Chapter 4)。最后,能够帮助聚焦到具体的信念、行动和你观察或要研究的事件,以及它们的真实情境,而不是仅仅将它们看作抽象的声明、没有分类的情境。正如 Marshall 和 Rossman (1999:68)所说的,特定场所的研究是"由那个地方所限定并与其紧密联系在一起的"。

工具主义者问题和实在论者问题

正如在第 2 章中所讨论的,社会科学长期以来一直被实证主义观点所统治,认为科学中所有的理论话语,只有它的意义能够被精确地转化为用来对其进行测量的研究程序才是合法的(这就是所谓的"操作化定义")。["智力就是智力测验的测量(Intelligence is whatever intelligence tests measure)"这种表述就是这种观点的经典例证。]虽然这种立场(通常所谓的"工具主义")几乎已经被所有的科学哲学家所抛弃,但是它仍然影响着很多研究者对研究问题的思考。而指导老师与指导委员会成员经常建议,提出研究问题时,应根据研究对象所说或所报告的,或者能够直接观察的事象,而不是信念、行为或因果影响。

例如,盖尔·莱尼韩(Gail Lenehan)为了写博士论文,打算采访那些专门护理性侵受害者的护士,研究她们对工作的认知、行为和情感反应。尽管有相当多的证据表明,这些护士经常体验到与她们的患者类似的反应,但是没有人系统地研究过这种现象。她的研究问题包括以下方面:

 1. 护理性侵受害者如果对护士有影响的话,这种影响是什么?

 2. 倾听受害者的强暴遭遇,以及目睹受害者遭受袭击的痛苦,她们有什么认知、心理与行为上的反应吗?

她的计划书没有通过,而委员会在解释他们的决定时指出了她的问题(还有其他问题,这里没引用):

> 该研究仅仅依赖自我报告的资料,但你的问题中却没有反映出这种方式的不足。每一个问题都需要重新思考以便反映出这些不足。例如:"护士如何看待并报告……护理性侵受害者对她们的影响?"或者"护士们报告了哪些具体的认知、心理(情绪?)和行为反应?"

这种驳斥说明了工具主义者(instrumentalist)与实在论者(realist)在对待研究问题上的差异(Norris,1983)。工具主义者根据可观察或可测量的数据来提出他们的问题。他们担心的是研究者在推测无法观察的现象中存在的效度风险(如自我报告的偏见),所以他们宁愿严格遵守"能够直接证明"的原则。相反,实在论者认为,对于情感、信念、意向、先前行为、影响等研究问题与结论,不需要还原为或重构为有关收集的真实的资料问题和结论。相反,他们把这些无法观察的现象看成**真实的**,把有关这些的资料看作**证据**,用它们来批判性地发展并检验关于存在和现象本质的观念(Campbell,1988;Cook & Campbell,1979;Maxwell,1992,2011b)。

这不是哲学上的吹毛求疵,这与你如何做研究有着重要的关系,而且两种取向都有各自的危险。工具主义者问题的主要危险是,你可能会看不到自己的真正兴趣所在,缩小自己的研究,抛弃了真正想要研究的现象,结果是得出一个严格但却毫无趣味的结论。正如一个笑话中所说,一个人在晚上丢了钥匙,然后就在街灯下面找(而不是在他丢钥匙的地方找),因为那儿的光线更好(Kaplan,1964:11)。用工具主义者的方法看待研究问题可能会让你更难表达重要的研究目的(如提出计划来研究护理性侵受害者给护士带来的真实影响),而且也会妨碍你对那些不能直接观察的现象进行理论化。你也许永远也找不到你要找的东西。

实在论者问题的主要风险是,当你依赖推论时,你可能会得出没有保证的结论,忽视潜在的效度威胁,如参与者故意或无意扭曲对他们的真正影响,或者在对这些进行推断时存有偏见。我个人偏向于使用实在论者问题,但尽可能系统、严格地说明这种方法所涉及的效度威胁。对此,我有以下几个理由:首先,效度威胁的严重性(如自我报告的偏见)取决于研究的题目、目的及方法,且需要在具体的研究情境中进行评估,不过这些威胁通常并不像工具主义者所说的那么严重。其次,在质性研究设计中,通常有一些有效的方法说明这些威胁。我将在第5章、第6章中对这样一些问题进行讨论。最后,我采取实在论者的立场,是因为不可观察的现象(如黑洞、夸克以及恐龙的灭绝)和可观察的现象一样真实,和科学研究的对象一样合法。

在我看来,把研究问题限制在可以直接观察的事情上,这种简化研究的危险通常比得出无效结论更为严重。统计学家约翰·塔克(John Tukey,1962:13)所说的准确性也同样适用于确定性:"一个正确问题的近似答案,尽管通常是模糊的,也要比一个错误问题的精确答案更好,即便总能够使它精确。"(转引自 Light & Pillemer,1984:105)我对莱尼韩遇到的这类问题的建议是,要为用实在论者的话语提出问题的合法性进行辩护(她成功地做到了)。即使你的计划书严格遵守工具主义者的问题,你也应该确保自己真正的**设计**将你想要阐述的任何实在论者的问题吸纳进去。

有一个问题并不完全是一个实在论对工具主义的事情,即访谈研究中的研究问题是否应该根据被访者对事情的**感知**或**信念**而提出,而不是根据实际发生的事情。这也是莱尼韩研究中的问题,这在上面已经描述过。委员会的一个建议是要把问题集中到护士如何**感觉**护理性侵受害者对她们的影响上,而不是集中于真正的影响。从根本上说,这两者都是实在论者问题,因为在实在论者看来,感知和信念都是真实的现象,而且无论是参与者的感觉还是真实的影响,都无法从访谈资料中准确地推断出来。

选择工具主义者问题还是实在论者问题,不但要根据各自的风险和效度的严重性决定,还取决于你真正想要了解什么。很多质性研究真正的兴趣在于了解参与者如何理解发生的事情(这本身就是真实的现象),以及这种视角如何赋予行动以意义,而不是准确地界定发生了什么或者他们做了什么。而且,有时你也许对参与者如何组织和表达他们的经验更感兴趣(另外一种真实现象),而不是他们陈述的"真实"(例如,Linde,1993)。杰克逊(Jackson,1987:292-294)在结束他对死刑同伴者的研究后,有人问他怎么知道他采访的这些人说的是真话,甚至这些人自己是否相信他们所告诉他的。他最终断定他实际最感兴趣的是这些人如何表现自我,他们对生命的叙述。正如他(Jackson,1987:293)所说:

> 也许文中这些和你说话的犯人并不**相信**他们自己的陈述,这很有趣,是否相信最终都不重要。重要的是,首先他们感觉需要用自己的语言组织他们的陈述,以表明他们是理性的,其次是他们知道怎么做。

变量问题和过程问题

最后,我想回到第 2 章中介绍的变量理论与过程理论的区别问题上,并把它与研究问题的提出联系起来。变量问题关注差异与关联,它们通常以"是否""多少""什么程度""是否有关系"开始。比较而言,过程问题关注事情**如何**发生,而不是关注**是否**有一个特定的关系或如何通过其他变量来解释。这里的根本区别是关注变量和差异还是关注过程。它们的区别很像实证主义和实在论者看待因果方法的差异。

例如，如果问"第二次职业生涯是教师的人比第一次职业生涯是教师的人在教学工作上会维持更长时间吗？如果是这样，哪些因素可以说明这种现象？"这就是一个变量问题，因为这个问题表明需要找出差异及解释这种差异的变量。过程问题的一个例子可能是"第二次职业生涯是教师的人，他们对于继续任教还是离开是如何选择的？"后者关注的并不是用某些自变量来解释差异（因变量），而是想知道这些教师如何考虑以及决定是否继续任教。

在质性研究中，仅仅通过聚焦于差异及对差异的解释来形成你的研究问题可能会比较危险。这也许会引导你用变量进行思考，然后试图寻找变量来说明观察到的或设想的差异，从而忽视了质性研究方法的真正优势——通过质性研究理解事情发生的过程。变量问题通常可以通过量化研究而得到很好的回答，在确定一个具体结论与另一个变量**是否**有因果联系以及**在什么程度上**它们相联系时，量化方法是很有效的。然而，在展示联系是**如何**发生这样的问题上，质性研究通常更好（见第 2 章中因果性的讨论）。我上质性研究方法课时，强烈建议学生不要去回答变量问题，因为这样做常常会妨碍他们学习质性研究最根本的东西。在质性研究中，变量问题也是可行的，但通常是在回答先前的过程问题之后才回答它们。

因此，质性研究者往往关注三类更适合过程理论而不是变量理论的问题：①关于事件与行动对参与者的**意义**的问题；②关于影响事件与行动的自然与社会**环境**的问题；③由这些事件和活动及其结果所招致的**过程**的问题（见第 2 章中质性研究目的的意义与背景讨论）。因为这些类型的问题都涉及特定情境的现象，它们并不适合变量理论所要求的对比与控制。相反，它们一般都涉及一个结尾开放的、归纳性的方法，以便发现这些意义与影响是什么以及它们是**如何**体现在这些事件与行动中的——一个内在的过程取向。

一个叫布鲁斯·沃尔（Bruce Wahl）的学生写信告诉我，他在分析博士论文资料过程中，把自己的研究问题改为：如何评价社区学院学生在数学学习中不同的学习风格：

> 我不知道你是否还记得，两年前当我开始撰写我的研究计划时，你强调我应该用"如何"和"什么"及"为什么"等词语开始我的研究问题，而不应该询问"是 / 否"的问题。例如，我的第一个问题是，"这个项目会帮助学生理解数学概念吗？"当我整理访谈结果的时候，我终于理解了你的意思。我真正想要知道的是"这个项目是如何帮助（或不能帮助）学生理解数学概念的？"现在来看似乎很清楚，很奇怪我那时就是不理解。理解了这一点后，我已经为自己改写了 5 个研究问题，而且会将那些新的问题包括进来，所以我希望改进了（博士论文）草稿中的问题，因为下周就要交稿。

提出研究问题

莱特、辛格和威利特（Light, Singer, & Willett, 1990：19）指出，提出研究问题不是一个简单或直接的任务：

> 不要期望坐上一个小时就能够提出一系列细致而具体的问题清单。虽然你必须花时间才能做到这些——坐下来写——但是你最初列出的问题并不是你最终的清单。你需要不断地思考。一组好的研究问题，是在时间中，是在你考虑并斟酌了广泛的研究主题之后，逐渐形成的。

而且他们还警告说,"警惕还没有经历过程就想往前推的欲望"(Light et al., 1990)。

下面的练习可以让你体验如何提出研究问题。这个练习不仅要求提出研究问题,它还可以帮助你把这些问题连接到研究设计的其他四个要素上,这样就可以使这些问题尽可能相关并切实可行。这些连接都是双向的,不仅要试着看到问题或问题中的变化、其他四个要素提供了什么样的启示,还要看到你的研究问题对其他要素的变化有什么样的反应。

练习 4.1 提出你的研究问题

和本书中大多数其他练习一样,这个练习要求你写一份备忘录,为了你的研究而回答下面的一系列问题。你尽可能需要将你初步的研究问题与研究设计的其他四个要素联系起来。在这方面,对应的是你对第 5 项、第 6 项进行尝试性的回答。你可以重复这些练习,直到你对自己的研究有了更好的理解。

1. 将任何已有的研究问题放到一边,开始绘制你的概念图(第 3 章)。图中你**不能**正确理解的地方在哪里,或你需要到什么地方验证你的思想? 你的经验知识与已有理论的漏洞在哪里,或它们之间的冲突在哪里? 这又提出了什么样的问题? 在一项有助于你更好地理解这些现象的事情中,你能够学到什么? 试着写下任何从概念图中发现的潜在问题。

2. 接着,拿出你最初的研究问题,将它们与概念图以及根据概念图提出的问题进行比较。在回答这些问题之后,还有什么是你**仍然不知道的**? 你的概念图给你的问题带来什么样的变化或增加了什么新东西? 反过来,还有哪些地方本应该从你的研究问题获得启示而需要增补,而你的概念图上却没有添加上去? 你打算怎样修改你的概念图?

3. 现在,用同样的过程对你的研究者身份备忘录进行思考(第 2 章)。在一项能够帮助你实现个人、实践或知识目的的研究中,你能够学到些什么? 它提出了什么样的问题? 反过来,你最初的问题与你实施这项研究的原因有什么样的联系? 回答这些**具体的**问题对你实现研究目的有什么样的帮助? 哪些问题是你个人、实践或知识上最感**兴趣的**?

4. 现在**聚焦**。你研究的**中心**问题是什么? 这些问题如何形成一个整体来指导你的研究? 你不可能研究有关该题目所有有趣的问题,所以,你要开始进行选择。对质性研究来说,一般最大合理限度是三个或四个主要问题,但是每个主要问题可以有其他的子问题。

5. 另外,你需要将你的问题与你可能要使用的方法联系起来。通过这些方法以及由这些方法获得的资料**能够**回答你的问题吗? 你**需要**用什么方法去收集能够回答这些问题的资料? 反过来,你打算要做的这项质性研究能够建设性地说明什么问题? 就你计划的这方面来说,这可能主要涉及对以下方面的"思想试验":你要做研究的方法、你要收集哪些种类的资料,以及你将如何分析这些资料。这部分练习非常有用,在你更具体地提出方法与效度问题时,可以重复运用。下一章中的练习 5.2 也是说明这些问题的。

6. 根据效度对你的问题的潜在答案进行评估。你需要排除什么样的效度风险和其他可能的解释? 你会犯什么错? 而这与你提出问题的方式有什么关系?

不要总是想着可以准确地提出你的研究问题，或可以具体详细地测量研究对象，或直接获得能够回答研究问题的资料。尽量提出一些有意义而且重要的有研究**价值**的问题。研究中，可行性是一个重要的问题，但在一开始就关注这样的问题可能会扼杀具有潜在价值的研究。我的经验是：几乎所有的重要问题都可以通过某种研究而得到某种程度的回答。

另外一个重要的步骤是和一小群同学或同事分享你的问题及对问题的反思。询问他们是否理解这些问题，以及为什么这些问题值得研究，他们对这些问题有什么建议或修改，他们在回答这些问题时遇到什么问题。如果可能的话，对讨论录音，过后再听录音并作笔记。

你的研究问题通常需要随着研究的发展而变化。然而，你可能意识不到你的思想已经发生了细微的变化，或者你的资料表明应该修改自己的研究问题了，而你却没意识到。为了在这方面帮助我的学生，我提出了一种方法，我称之为"挑战自我练习（Jeopardy exercise）"，仿照同名电视游戏节目秀，节目中给参与比赛的人一个答案，要求他们猜出相应的问题。该练习的基本思路是让你带着试探性的结果或结论，甚至是对资料的最初分析去问自己："如果这些就是我的答案，它们能够回答哪些问题？"这要求你将你最初的问题放到一边，带着新的眼光来阅读你的资料和结论，努力发现它们要告诉你的东西。

你也许会问，"我为什么要修改我的研究问题？我为什么就不能就用这些结果并将这些结果呈现出来？"我认为明确将你的研究问题与你已经获悉的情况进行对照，有两个理由。首先，你的研究问题不能单是（像线性的研究设计模式那样）帮助你设计好你的研究方法，然后就去度假不管。在整个研究过程中，都需积极地将它们放到**实际的**研究设计中。你修改的研究问题应该能够帮助你进一步聚焦分析，指出研究框架中可能的变化，让你能够更好地预见到潜在的效度威胁。其次，你的研究问题在传递你的研究写作中扮演着非常重要的角色，它们要帮助读者理解你的结果回答了哪些问题以及为什么研究是重要的。

例 4.2 展示了一名学生詹妮弗·巴克斯顿（Jennifer Buxton）在她的资料分析中是如何使用"挑战自我练习"的。

例 4.2　修改你的研究问题

当詹妮弗·巴克斯顿开始分析她的访谈资料（对过去小学的学生关于他们从小学到中学对家庭作业认知变化的访谈）时，她先前对自己研究的兴奋逐渐消失。开始的时候她是将资料整理到最初提出的类别中，并将她从资料获得的想法记在笔记和备忘录上。然而，正如她在最终的项目报告中所描述的：

我对使用这种方法很快变得沮丧而且困惑，因为这么多资料都纠缠在一起，很多都适用于我最初的分类，而有些资料放在哪里都不合适。我知道，观念和意义的这种结合最终在建立资料联系时是非常有价值的，但在这方面，我非常担忧，担忧它没有意义……

没有忽视这种担忧，我知道我需要勇敢地指出是什么使我有了这样的感觉。当我对我在研究过程中的所作所为进行反思时，我的方法错误很快就清楚了。我发现我犯了幼稚的错误，这对我阅读和教学都提出了警告，不要将资料放到我预先的观念中，而是要倾听它说什么。

我记住了这条建议，让资料回答问题。我打印了另外一份访谈资料并且用"挑战自我"的方式分析资料。由于最初的想法一直在大脑中，我用这种方式提出了一系列我的资料能够回答的问题。我发现，在这样做的时候，我很容易有条理地将资料一块块地进行分类。在此过程中，我觉得我的担忧消失了。

5

方法

你真正要做什么？

在这一章中，我将讨论设计实施研究中的一些关键问题。这些问题除了质性资料收集（主要是参与观察与访谈），还包括与研究对象建立研究关系、选择现场和参与者，以及分析收集的资料。本书关注的焦点是如何把特定的方法**设计**运用到一项质性研究中，而不是该如何真正做质性研究。因为我假设你已经知道（或正在学习）如何做质性研究。

在一开始我就想强调的是，并不存在一个指导如何做质性研究的"菜谱"。对于任何使用这些方法的一般问题，最恰当的回答几乎都是"看情况而定（it depends）"。研究方法的选择取决于具体情境和你研究的问题，以及设计中的其他要素。选择方法最基本的要求是看这种方法在你的研究中的真正应用效果，用在某项研究中非常有效的方法在另一项研究中可能会完全失败。这里我想讨论的是你在选择方法论中所依赖的事情——在设计研究方法时需要考虑的问题。

首先，关于资料。质性研究中的资料可以包括几乎任何你看见的、听到的东西，或者你做研究过程中获悉的其他东西。正如巴尼·格拉泽

（Barney Glaser, 2001:145）所说：

> 一切皆为资料……研究现场所发生的都是资料,无论什么
> 样的来源,访谈、观察、文献,以及其他任何方式结合在一起的资
> 料。不仅仅包括人们所说的、如何说的和说话时的条件状况,而
> 且还包括围绕着被谈论的东西的所有资料。

在你想要理解你所研究的问题或情境的过程中,并没有什么"不可
接受的证据"这样的事情。(然而,有些证据在伦理道德上却禁止在你
的写作中**引用**,如果引用会侵犯隐私,或者可能伤害特定的个人。)质性
资料的来源不限于特定的方法,正如前面所提出的,在质性研究中,你**就
是**研究工具,你的眼睛、耳朵就是你用来理解现象的工具。在设计研究
方法的时候,你应该始终考虑,任何非正式的资料收集方法都是可行的,
包括"四处溜达"、随机谈话以及随意观察。在访谈研究中,这一点特别
重要,因为在访谈研究中这些信息可以提供重要的背景知识、访谈的其
他视角以及检验你的访谈资料。正如德克斯特(Dexter, 1970:17)所强
调的:

> 除非访谈人有足够的相关背景知识,确信他们可以从访谈中
> 获得意义,或者他们真的希望能够留下来或以某种方式观察,以
> 便了解什么是有意义和重要的问题,否则任何人都不应该事先计
> 划或资助一项主要依靠访谈获得数据的研究。

应该将这种不太正式地收集的资料系统地记录在备忘录或田野笔记
中。另外,应该批判性地对待**所有的**资料,不能简单地根据表面特征来接
受材料。任何资料都可以有多种解释,所以你需要对你提出的解释的效度
威胁进行评估(在第 6 章讨论)。

结构的方法和非结构的方法

设计质性研究时的一个很重要的问题就是,你在多大程度上事先确定你的研究方法,而不是在研究过程中提出或修改这些方法。有些质性研究者认为,由于质性研究必然是归纳性的,所以任何具体方法的预先构建都会导致缺乏灵活性,失去临场智慧,而且会造成在分析资料时方法论上的视野"隧道视野过于狭窄"。他们常常从哲学上或伦理上以及实践上为这种选择进行论证,而结构的取向则等同于量化研究、实证主义,或造成了研究者与被研究者之间权利的不平等。人们在讨论选择结构的方法还是非结构的方法时,很少承认彼此的相对优点与缺点(例外情况参见 Miles & Huberman, 1994; Robson, 1993; Sayer, 1992)。

结构的方法有助于确保个体、时代、背景及研究者之间资料的可比性,因此在回答那些处理人们或背景之间**差异**的问题时特别有用。而非结构的方法允许研究者集中研究**特定的**现象,它们在个体或背景之间可能不同,因此分别需要有针对性的方法。非结构的方法放弃普遍性与可比性,而追求内在效度与情境的理解,所以在揭示产生特定结果的过程方面非常有用,迈尔斯与休伯曼(Miles & Huberman, 1994)把这种关系叫作"本地因果关系(local causality)"(参见 Maxwell, 2004a)。

不过,迈尔斯与休伯曼(Miles & Huberman, 1994: 17)也提出警告:

> 当经验丰富的研究者有充足的时间,打算研究异域文化、陌生(understudied)现象或极其复杂的社会现象时,高度归纳、松散的研究设计就很有意义。但如果你对质性研究比较陌生,而且在一个熟悉的文化或亚文化内研究一个需要深入理解的现象,一个松散、归纳性的设计就会浪费时间。数月的田野工作与庞大

的案例分析也许只能产生一些陈词滥调。

他们还指出,预构(prestructuring)研究这种做法可减少你需要处理的
资料数量,简化必要的分析工作(Miles & Huberman,1994:16)。

总体上,我还是同意迈尔斯与休伯曼的评价,但是我认为因为参加多
场地研究才使得他们更多地倡导预构的研究做法,这对多数单一现场研
究未必合适。然而,和其他人几乎一样,他们只是用单一维度来看待预
构的研究做法,并用像"硬对软""紧对松"这样的隐喻来看它。这些隐
喻,除了它们的单个维度启发外,还有很多价值内涵(虽然它们对于不同
的人具有不同的意义),它们会妨碍你在具体设计中的判断,而且也不利
于在单独设计中更好地预构设计的其他方面。这些隐喻会使你过度关注
或忽略研究中的其他许多方面,不只是预构的**数量**,还包括预构被运用的
方式。[1]

例如,菲斯汀根、里科和斯盖特(Festinger, Riecke, & Schachter,
1956)在一项有名的世界末日崇拜的研究中,运用了一种极其开放的方
法收集资料,他们主要依靠的是隐藏在崇拜活动中进行参与观察所产生
的描述性田野笔记。然而,他们主要用这些资料对明显是建立在先前理
论基础上的假设进行了肯定性的验证,而不是归纳性地提出新问题或理
论(参见 Maxwell & Loomis,2002:260-263)。相反,通常称为民族志或
认知人类学方法取向的研究(Spradley,1979;Werner & Schorpfle,1987)
却运用高度结构化的资料收集方法,但在解释这些资料的时候却大量应
用归纳性的方法,很少运用预先构建的分类。因此,你面临的选择主要
不是**是否**或**在什么程度上**预构你的研究,而是你**以什么方式**去做,以及

---

[1] 这只是前面讨论的变量与过程之间区别的另外一种应用。我不关注预构的程度和它的
后果(把预构看作一个变量,它可以影响其他变量),我关注的是在真实研究中运用预构
的**方式**以及它**如何**影响设计的其他方面。

为什么这么做。

最后,需要记住的是,你可以为研究的某些方面制订出一个非常详细的**尝试性**计划,但是要留有可能性的空间,以便在需要时允许进行重大的修改。(见第 1 章中对古生物研究的讨论,以及例 1.1 中玛丽亚·布罗德里克研究设计的演进。)研究中,你在多大程度上预构你期望的研究方法与你留有一定的灵活性以便于修改计划是不一样的。正如第 4 章所讨论的,不仅新的研究问题,而且新的参与者的选择、意料之外的关系、各种不同的资料以及不同的分析策略,可能都需要临场的智慧。如前面所说,任何研究都隐含一种设计,只是有的不很明显而已。逃避设计的选择也许只能说明你没有审视隐含在你的思想和行动中的设计,没有认识到这些隐含的选择所具有的影响。密切关注这些影响对建构一个设计非常有益,它让你能够回答你的研究问题,促进你的研究目的的实现,而且能够为你省去很多的麻烦。

我把质性方法看成由四个主要因素构成,即在实施一项质性研究中你真正要做的:

　　1. 你建立起来的研究关系。

　　2. 现场和参与者的选择:你选择观察或访谈什么人或场景,以及决定要用哪些其他资料来源。

　　3. 资料收集:如何收集你要使用的资料。

　　4. 资料分析:你如何处理这些资料,使它们变得有意义。

与通常所讨论的研究设计相比,这种对方法的界定更加宽泛。我之所以赞成这种定义是因为我认为,所有的这些要素都是你如何收集资料和赋予资料意义的重要方面,而且它们都会影响你结论的价值与效度。因此,把这些要素当作**设计选择**来思考是有益的——它们是你在设计研究时就应该考虑的关键问题,而且在研究实施时还要重新思考它们。在本章的其余部分,我将讨论我认为最重要的一些问题,它们会影响你对这些要素的选择。

协调研究关系

研究中你和参与者[还有其他有时被称为"看门人(gatekeepers)"的人,他们可以帮助或者阻碍你的研究]所建立的关系是你研究方法的基本组成部分,所以如何建立并协调这些关系就是一个关键的**设计**决策。博斯克(Bosk,1979:ix)指出,田野工作是一种"身体接触"活动。毫无例外,要收集资料,你需要真正与他人进行互动(包括网上互动),所以你的研究关系促成并构成这种互动。反过来,你不断地和参与者接触,包括资料收集,继续构建着这些关系。这两个方面就是哈默斯利和艾金森(Hammersley & Atkinson,2007:14-18)所说的"反身性(reflectivity)",即研究者自己也是他/她所研究的社会世界的组成部分,而且不可避免地对其产生影响或受其影响。

在一些质性研究方法的书中,这些关系被表述为"准许进入(gaining·access)"现场(如Bogdan & Biklen,2003:75-80),或者"协调进入(negotiating entry)"(如Marshall & Rossman,1999:82)。虽然这在协调关系中是一个重要的**目的**,但是这样的表述可能会让你觉得这种关系一旦"实现"了,就不需要进一步的关注。协调关系的过程远比这些概念所表达的要复杂得多。这个过程不仅特别需要与你所要研究的人们不断地协调和再协调你们的关系,而且这个过程很少接近完全进入(total access)。当然,成功的研究并不需要完全进入,你所需要的关系是允许你合理地获取能够回答你的研究问题的信息。

完全根据友善情况来表述你们的关系也是有问题的,因为这个概念代表的是一种由单个连续变量所决定的关系,而没有强调这种关系的**本质**。

塞德曼（Seidman,1998:80-82；参见 McGinn,2008）强调指出关系有可能过分友善,也可能不够友善。但我想强调的正是**这种**友善以及友善程度才是需要批判的。一个参与者可能积极地参与访谈,但却没有揭示个人内在的任何东西,而对有些研究,这种关系可能是很理想的。反过来,有些人面对陌生人时也许对自己个人的事情非常健谈,这些陌生人他们从来没有打算再见到,但他们却不愿意对个人的事情进行任何批判性的反思。

因此,研究中你同参与者的关系是一个复杂而又变动的存在。在质性研究中,研究者是研究的工具,研究关系是研究得以实施的手段。这种关系不仅对研究的参与者有影响,而且对你自己也有影响,因为研究者也是人。除了这些,这种关系还影响到研究设计的其他部分（见例 2.2 中艾伦·皮士肯的研究关系的讨论）。如参与者的选择和资料收集。

例如,在我对因纽特社区所做的博士论文研究中,在一个月交往的基础上,我与该社区最初协商的结果是,我可以和不同的家庭同住。这让我能够获得广泛而详细的家庭信息,而这是人类学家难以获得的,他们通常只是和少数的个人或家庭建立了密切的关系。然而,这种协商约定的方式使我更加难以同那些没有一起居住过的家庭发展工作关系（Maxwell,1986）。拉比诺（Rabinow,1977）为我们介绍了一种富有洞见的方法,讲述了他与摩洛哥受访者之间关系的变化如何影响他的研究计划,而博斯克（Bosk,1979）和阿布-卢霍德（Abu-Lughod,1986）描述了他们与自己所研究的人们之间的关系如何既帮助又阻碍了他们的研究。还有许多质性研究者也都提供了类似的洞见。我不想用一些所谓的"指导方针"对它们进行总结,我希望读者大量地去阅读有关这个问题的文献,让众多研究者的经验能够丰富你自己的选择。

　　我想强调的是,这些都是**设计**选择的问题,而不仅仅是实践的问题,实践离不开你的设计。你不但要对你选择的具体研究关系(有意识或无意识地)进行反思,还要对在研究实施中所面临的关系以及这种关系对你研究的影响进行反思。如何选择涉及质性研究方法中更深层的问题,这超出了本书的范围,不过威伊斯(Weiss,1994:119)对访谈研究原则的阐述总体上对质性研究也是有效的:

> 　　访谈之根本在于维持一种研究关系。你可以在提问时非常笨拙,也可以犯各种各样的错误,这些都可以原谅。当你回来听自己的录音的时候,这些会让你惭愧和不安。但是你却必须要把受访者当作一个伙伴一起来做研究,才能产出有用的材料。

　　除了这些考虑之外,你想要建立的关系中还会涉及观念的、伦理的以及政治的问题。近年,传统研究关系的主导地位受到其他研究模式的挑战,这些模式涉及研究者与被研究者之间多种不同类型的关系,而且有些情况会完全打破这种区分。例如,托尔曼和布莱东 - 米勒提倡质性研究中的解释性和参与行动的方法,这些方法是"关系性的,因为它们承认并积极构建研究者和参与者之间的关系,以及他们各自的主体性"(Tolman & Brydon-Miller,2001:57)。他们认为质性研究在同参与者合作的意义上应该是参与性的,产生的应是对参与者和研究者都有用的知识,对个人和社会的转变都能有贡献(Tolman & Brydon-Miller,2001:3-4)。类似的,劳伦斯 - 赖特福特和戴维斯批评把关系作为一种获得资料的工具或策略,而不是看作一种联系的这类倾向,即使在质性研究中也是如此(Lawrence-Lightfoot & Davis,1997:135)。他们认为"复杂、流动、对称和互惠的关系——由研究者和行动者共同构成——反映了一个更加负责任的道德立场,**而且**可能会产生更加深刻的资料及更好的社会科学"(Lawrence-Lightfoot & Davis, 1997:137-138),所以他们强调不断创造和再协调,从而形成信任、亲密和互惠关系。

不过,布尔曼(Burman,2001:270-271)警告说,质性研究中倡导的人道主义/民主议程(agenda),包括像平等和参与这样的,很容易成为维持现存权力关系的助力,而且她还认为"进步的……研究特征最终总是成为一种政治事务,而不是技巧"。我提倡将研究关系纳入到研究设计中,这并不是倡导**任何特定**类型的关系。我非常赞同布尔曼(Burman 2001)、托尔曼和布莱东-米勒(Tolman & Brydon-Miller,2001),以及劳伦斯-赖特福特和戴维斯(Lawrence-Lightfoot & Davis,1997),但是具体的判断取决于特定的情境(包括参与者的观点)。(想要对这些问题进行更加深入的讨论,请阅读 Cannella & Lincoln,2011;Christians 2011;Glesne,2011; McGinn,2008。)

无论你的方法论或政治观点是什么,记住你的"研究项目"(在某种程度上)总是对你的研究参与者的生活的一种入侵。因此,你的一个主要道德责任是尽可能理解这些参与者会如何看待你的行动以及他们所作出的反应。第一步是将自己放到他们的位置上,然后问自己,如果有人对你做了你正计划做的,你会是什么样的感觉。不过,你不能认为你对此的理解与你的研究参与者的理解是一样的。在我对一个因纽特社区研究的现场中,在发展建设性关系中我最初遇到的很多困难都是源于我的无知,我几乎完全不知道该社区居民是如何看待我的出现和被研究这种情况,也不知道在我们试图为我的研究协商相互接受的协议时他们为什么是这样的回应。只有当我开始理解他们对情境的界定和他们行动的原因时我才能够改善我与他们的关系(Maxwell,1986;2011b:166-167)。因此,你需要**了解**你的研究参与者如何看待你以及你的研究,从而与他们形成既有利又符合伦理的恰当关系。

另外,通过协商这些关系而获得的对研究参与者观点的了解,这对你理解要研究的事情非常重要。贝克尔(Beckar,2007:64)指出:

> 当人类学家和社会学家做田野研究的时候……他们的主要问题是如何建立并维持与那些他们想要观察的人们的关系……但是有经验的田野研究者知道,这些困难为理解他们要研究的社会组织提供了有价值的线索。人们如何回应一个要研究他们的人,这透露出他们是如何生活以及社会是如何组织的。如果你打算要研究城市周围的穷人,他们对你持怀疑态度,而且不愿意和你说话,那这就是一个真实的问题。你最终可能发现他们非常冷漠,因为他们觉得你可能是一名侦探,是要抓那些不当获取了社会福利的人。这种麻烦,从个人角度是痛苦的,却会让你知道有些东西值得研究。

我将在第 6 章讨论将干预作为一种效度策略的章节中对此进行进一步的阐述。

当你面对一种和你自己的文化有差异的文化,或一个群体时,在你还不熟悉他们的标准的时候,获得这些理解是最关键的。不过,即使在一个你觉得自己完全理解的情景中,这依然非常重要。我有好几个学生,做了一些令他们很不舒服且没有什么价值的访谈,这些人都是他们非常熟悉的人,(虽然我表达过我的担心)但他们一开始都没有预见到会有问题。他们没有意识到,这些参与者对访谈的认知与学生们的看法有很大的差异。这些认知包括,担心他们的话可能会产生什么样的后果(尤其是访谈被录音的话),学生和受访者之间力量的差异,缺乏对研究目标的理解以及学生会如何处理访谈资料,甚至访谈背景本身。你需要尽可能预见到参与者可能会有的潜在的问题,并谋划好如何将它们表达出来,无论是在先前的说明中,还是在研究的协商阶段,抑或就在访谈中,都可能出现这些问题。

最后，你需要知道你的目的和你带到关系中的假设，而这你最初可能还不知道。你关心的是把自己表现为一个精干的研究者吗？你想要展示你自己观点的正确吗？你对参与者怀有未经检验的成见吗？这类的目的和假设对你的研究会产生负面的结果。可以用研究者身份备忘录（练习2.1）来帮你认识并处理这些问题。

我不想夸大类似的问题。在很多情况下，人们会很高兴帮助你，同意接受你的访谈，他们甚至可能喜欢被访谈，而且会发现访谈对他们的好处。然而，你还需要警惕潜在的问题，小心说明你的研究目的，你要求他们做什么，以及收集来的资料如何处理。这样做能够帮助你避免困难，消除他们的一些误解，但这并不是包治百病的灵丹妙药，因为这样做并不能消解你和参与者之间地位和权力的差异。[1]

最后，考虑你能够给予参与者什么，以回报他们因为你的研究所花费的时间和带来的不便。为了让人们感到被研究是一种值得经历的体验，而不是仅仅"被利用"，你能够做些什么？你能够做的事情很多，包括在你研究的现场帮人们解决困难，给予他们小礼物或服务等，甚至是做一个同情的倾听者。在我博士研究的田野工作中，我为他们演奏五弦琴，给社区一些青少年上吉他课，给社区成员上英语课，赠送礼物给那些和我一起做研究的人，通过这些我和他们的关系有了很大的改善。给予什么是合适的，取决于情境和个人以及你要别人做什么，但**表达诚挚的感谢**几乎总是正确的。正如我的一个学生，凯罗琳·琳斯（Caroline Linse）提醒我说："直到你发出了感谢信，访谈才算结束。"

---

[1] 这些差异可能涉及研究比你更有权力或更高地位的人，不过，与研究权力较小的人比较，人情世故方面的问题没有那么严重。对于前面情况的一个经典讨论是《精英与特别访谈》（*Elite and Specialized Interviewing*, Dexter, 1970）。

例 5.1　在研究实践中协商关系

　　博比·斯坦尼斯（Bobby Starnes）是一个经历丰富的博士生,她做过教师,也做过行政管理人员,还长期担任过共同决策的政治职务。她来到哈佛教育学院,想看看自己学习的儿童教学方面的知识能不能应用到与成人打交道的工作中。在她准备能够运用并验证自己思想的博士研究时,被聘为一个日常护理中心的主任,为一群低收入人群服务。这个中心以前采取的是自上而下的管理方式,效率低下。于是,她打算自己的论文就研究这样的问题:在这样的情境中实施一系列共同决策时会发生什么——这个系统如何推进,以及它如何影响员工的士气、表现及成就。

　　同其他研究不同的是,博比的研究要求她与研究参与者建立一种非常不同的关系。她既是他们的老板,又是一名研究者,因为她想要理解他们对她领导的组织变革的看法。另外,她的政治观点使她要设计一项这样的研究:参与到现实世界的行动中以改善人们生活,而不是象牙塔式的研究。这样的结合既有可能引起很大的偏见又有可能造成对资料的歪曲,但同时也为理解组织变革过程提供了独特的机遇。因此,在她的研究中,参与者必须敞开他们的思想和情感,他们必须信任她,相信她不会用收集到的材料来伤害他们。

　　博比可以建立一种组织气氛,在这样的气氛中员工敢于发表他们的意见并表示不同意见,而且在这样的氛围中他们相信她不会因为知道了什么就违反信约或对他们采取行动,这样她就能够实现自己的目的。（很明显,这不是一个轻松的任务,要想实现这些目的需要她发挥所有的技能与经验。要详细了解她是如何实现这一点的,见 Starnes,1990。）没有这种关系,她的研究结论就不可信。然而,她并不认为与职员之间有了这种关系,就能够自动消除歪曲与隐瞒的问题。她还通过匿名调查问卷来收集资料并让另一位研究者实施后面一半的访谈。

因为以上问题对每个研究的影响都是独特的,所以处理这些问题的最好办法就是在你自己的研究情境中考虑它们。下面的练习会帮助你思考这些问题。

练习5.1　反思你的研究关系

　　这个练习需要以写作备忘录的方式来反思你计划中的研究涉及的参与者和其他重要人物的关系(真实或设计的),你将如何介绍你自己和你的研究,以及为做研究和撰写研究报告你期望做什么样的协调安排。当你写作这个备忘录的时候,需要记住以下问题:

　　1.你与你要研究的人们或现场建立了什么样的关系,或打算建立什么样的关系? 这些关系是如何发展的,或你打算怎样开始协调这些关系? 你为**什么**打算研究这个问题? 你觉得这些关系能够(或已经)帮助或促进你的研究吗? 你还能够建立其他什么关系,这些关系有什么优点和不足?

　　2.你认为在你的研究中与你互动的这些人是怎么看待你的? 这将如何影响你与他们的关系? 为了使他们更好地理解你,你能够做些什么? (如果需要的话)你如何改变他们对你的看法?

　　3.研究将怎样实施,你将怎样报告研究结果? 就这样的问题,你打算和参与者达成什么样明确的协议? 你认为对于这个问题这些人(和你)具有什么样的**未明确表达的**理解? 研究中的未明确和明确话语如何影响你的关系和研究? 这些问题需要讨论或改变吗?

　　4.对这些问题的考虑会遇到什么样的伦理问题? 你打算如何处理这些问题?

> 与研究问题的备忘录(练习 4.1)一样,这份备忘录非常重要,要与同事或同学进行讨论。

选择现场和参与者

选择在哪里实施研究以及研究应包括哪些人(传统研究中所谓的"抽样")是研究方法的基本组成部分。即使单个个案研究也涉及选择这个案例而不是其他案例的问题,而且还需要在这个案例内进行抽样选择。迈尔斯与休伯曼(Miles & Huberman,1984:36)问道:"既然知道一个人不可能研究每一个地方的每一个人所做的每一件事,即使在个案中也是如此,那么你又如何限制一项研究的参数呢?"他们(Miles & Huberman,1984:41)认为:

> 只要用抽样框架的概念**思考**就是一剂健康的方法论药剂。如果你采访某一类受访者,就需要考虑他们**为什么**重要,而且还要考虑访谈他们中的"**另类**"。这是一种很好的控制偏见的练习。
>
> 记住你不仅对**人**进行抽样,而且也对**现场**、**事件**及**过程**进行抽样。把这些参数和你的研究问题对应起来,然后考虑你的选择是否典型、高效地回答了这些问题,这些在抽样中都是非常重要的事情。在研究刚开始就进入头脑中的那些现场、事件及过程,也许从相关程度以及提供资料方面来看并不是最好的。对这些进行系统的回顾可以使你对当下以及后来的抽样选择更加敏锐。

利坎普特与普莱斯尔(Lelompte & Preissle,1993:56-85)、迈尔斯与休

伯曼(Miles & Huberman, 1994:27-34)以及摩根(Morgan, 2008b)对抽样选择的所有问题都进行了富有价值的讨论,在此,我不重复他们的所有建议。我只想谈谈各种不同抽样策略的**目的**,以及与这些选择相关的一些具体考虑。

首先,我觉得"抽样"这个概念对于质性研究来说是有问题的,因为这个概念意味着它"代表"所抽样的群体这样一个目标,这是抽样在量化研究中的通常目的。量化研究方法书中一般只承认两种主要类型的抽样:概率抽样(如随机抽样)与方便抽样(例如, Light et al., 1990:56-57)。在概率抽样中,群体的每一个成员都有一个已知的、非零的被选择的可能性,并允许从样本到相关人群的统计性推广。赖特等人(Light et al., 1990:56)认为"概率抽样是高质量研究的标配",这是一个非常流行的观点。因此,任何非概率抽样都被看作方便抽样,而且被严重轻视。

这种观点忽视了这样的事实,在质性研究中,选择现场和研究对象的具体方法既不是概率抽样也不是方便抽样。它属于第三类,我将其称为**目的性选样**(purposeful selection)(Light et al., 1990:53);另一个相同的概念是**目的性抽样**(purposeful sampling)(Palys, 2008)。在这种方法中,通过精心选择特定的场景、人物或事件以获得其他选择无法获得的信息。例如,威伊斯认为,很多质性访谈研究根本没用样本,而是用的**专门人员**(panels)——"他们是唯一能够提供信息的人,因为他们是某一个领域的专家或者有权亲历某些事件"(Weiss, 1994:17)。这是目的性选样的一种形式。质性研究在选样中,最重要的考虑是:选择那些能够为你提供信息、回答你的研究问题的时间、现场与个人。

巴顿(Batton, 1990:169-186)、迈尔斯与休伯曼(Miles & Huberman, 1994:27-29)介绍了很多可以应用在质性研究中的抽样方法类型,几乎所有这些都是各种形式的目的性选样。对于方便抽样,巴顿警告了对其的滥用,他(Batton, 1990:181)指出:

　　虽然方便与成本确实是需要考虑的因素,但首先需要从方法上考虑如何从选取的有限案例中最大限度地获得最有用的信息,方便与成本应该是最后考虑的因素……**方便抽样既不是目的性的又不是策略性的**。

　　不过,威伊斯(Weiss,1994:24-29)认为,有些情境中——例如,当想要了解一群难以接近的人群时,或人群中相对很少的一类人时,而且没有相关资料存在,像“居家丈夫(house husbands)”——方便抽样是研究得以继续的唯一可行方法。他列举了好几种方法策略,以说明如何最大限度利用这种方便样本的价值。

　　在参与者众多的质性研究中(例如,Huberman,1989/1993),普遍化是一个重要的目的,所以随机抽样就是一种有效且通常是恰当的方法。然而,简单随机抽样对于抽取小样本来说是一种糟糕的方法。大部分随机抽样的优势依赖于一定的样本规模。赖特等人在讨论选择**现场**时说,“现场数量有限时,就要考虑**目的性选样**,而不是依赖于随机的特征”(Light et al.,1990:53)。这种逻辑也同样适用于选择访谈对象与观察现场。

　　在小规模质性研究中,也有一些情况可以应用随机抽样。博比·斯坦尼斯在一个日常护理中心的共同决策研究中(例5.1),当志愿者越来越多,而她又无法全部访谈的时候,她对中心人员运用了分层随机抽样,目的是避免在选择受访者时有倾向。然而,在一个案例中,她改变了随机选择的做法,目的是吸纳一个观点,她认为不这样做这个观点就会被遗漏(Starnes,1990:33)。

　　目的性选样至少有五个可能的目的。克雷斯威尔(Reswell,2002:194-196)还列举了其他的目的,但我认为这五个最重要。第一个目的是选择的现场、个人或行为要具有代表性或典型性。因为,正如上面所提到的,只有大样本、随机抽样才有可能达到这样的目的,所以精心选择已知为典型的案例、个人或情境,比选择同样规模的随机或偶然变化的样本,更能够合理地代表群体的成员。

目的性选样能够达到的第二个目的与第一个有关——正确地把握群体的异质性。这里的目的是保证这些结论适恰地代表变化的全部**范围**,而不只是这个范围的代表性成员或某"平均(average)"群体(subset)。古巴与林肯(Guba & Lincoln,1989:178)称其为 "最大变化(maximum variation)"抽样。这种抽样最好是界定群体变化的维度,以使这些维度与你的研究直接相关,并系统地选择在这些维度中最可能发生变化的那些个人、时间或现场。[1] 如果想兼顾更加同质性的样本,就无法获得研究中**特定**的案例、现场或个人的资料,就不能深入地讨论典型案例。

第三个可能的目的是故意选择那些个人或案例,他们对检验你开始该研究时所持有的理论或你在研究中形成的理论都是至关重要的。[2] 极端案例通常为这些理论提供关键的验证,而且能够以一定的方式阐明所发生的事情,而代表性的案例却不能。例如,威伊沃克(Wievorka,1992)描述了一项研究,其中,研究者为了验证工人阶级并没有被中产阶级同化的观点,选择了一个非常不利于这种立场的案例:非常富裕的工人。研究发现,这些工人依然保持着清晰的工人身份,这为他的结论提供了一个比研究"典型"工人更加令人信服的论据。例 3.3 也说明了这样一

---

[1] 这个过程类似用来进行分层随机抽样的过程,其主要差异在最后的抽样选择是目的性抽样而不是随机抽样。

[2] 斯特劳斯(Strauss,1987; Corbin & Strauss,2007)提出了一种方法,他称之为 "理论抽样(theoretical sampling)",这可以看作目的性选样的一种变化形式。理论抽样是由研究过程中(而不是由先前理论)归纳性地提出的理论所促成的。它把那些与新建立的理论最相关的具体场景、个人、事件或过程挑选出来进行检验。

种选择目的。弗里德森（Freidson, 1975）研究的小组实践是非典型的。其组成人员是内科医生，他们都受到过良好的训练，而且他们的观点比一般人都更为进步，其构成能够精确地处理他所阐明的问题，这是一个对他的理论进行理想检验的案例，在这个研究中通过社会控制来处理这些问题是行不通的。

目的性选样的第四个目的是能够建立特定的比较，从而表明现场或个人之间差异的原因。与量化研究相比，这种比较在质性研究中并不多见，比较设计通常用于多案例质性研究以及混合研究（Maxwell & Loomis, 2002）。但在小规模的质性研究中，明确的比较通常不是很有效，因为样本太少，无法确认结论。另外，强调对比可能会使你的研究偏向于分析差异（变量理论），就像在第 4 章中说的一样。这样你就忽视了质性研究的主要优势，即它能够解释特定现场或案例中的**本地**（local）过程、意义以及背景影响。

最后，第五个目的可能是要选择那些你最能够建立起具生产性关系的群体或参与者，那些最能够让你回答你的研究问题的关系。这通常被看作方便抽样，但它其实是特定形式的目的性选样，一种被广泛使用但很少明确地被讨论的抽样方式。它是目的性的，因为它想要为你的研究提供最好的资料，虽然那些参与者潜在的非代表性有待于阐明。这是一个应该说明的问题，而且是要通过你的研究问题来说明的问题。例如，在研究教师（或其他实践者）知识和实践中，你更有可能与模范教师形成良好的关系，他们对讨论教学不仅不会防御，而且还可能渴望与人分享他们所做的，而那些不熟练的教师则不同，他们可能会担心自己的缺点被揭露。这可能是将你的研究聚焦于成功的个体与实践而非不成功的个体与实践的一个原因（虽然不是唯一可能的原因），不过若你能够设计一种方法与后面这类参与者形成建设性的关系，那也可以。（见附录 A 玛莎·芮根 - 史密斯对医学院模范教师研究的计划书。）

在很多情境中,选择抽样需要具备相当程度的有关研究现场的知识。在对某个院系课程标准的研究中,马格里斯(Margolis,1990)只能访谈一小部分学生,所以就需要提出一些标准来选择研究参与者。她的论文委员会(我是其中成员之一)建议她访谈大二与大四的学生,认为这会为她提供多样的可选择的观点。然而,当她咨询系里的老师时,他们却告诉她大二的学生对系里的情况太陌生,不能完全理解课程的标准,而大四的学生太专注于他们的论文以及为毕业作准备,所以不能提供更多的信息。这样大三的学生就成了唯一合适的选择。

选择抽样还应该考虑进入现场与收集资料的可行性,你和研究参与者的研究关系,效度问题以及伦理问题等。例如,在玛莎·芮根 - 史密斯(Regan-Smith,1991)关于医学院的教师如何帮助学生学习基础科学的研究中(见附录 A),她之所以选择四位获奖的教师是因为:这些教师很有可能会表现出她感兴趣的现象(目的性选样),而且因为她(作为一个获奖的同事)同他们有着密切的同事关系,这会给她的研究带来方便。另外,作为模范教师,他们对自己的教学很可能会非常坦率,不会担心研究发现什么不利于他们的信息,这样就不会引起伦理问题。

质性研究中有一种具体的选样问题叫作"关键受访者偏见(key informant bias)"(Pelto & Pelto,1975:7)。质性研究者有时依赖于一小部分受访者提供大部分资料,甚至有时有意地选择这些受访者,这样他们提供的资料本身似乎是有效的,但是这却不能保证这些提供者的看法具有代表性。另外,普盖伊(Poggie,1972)证明,关键受访者自己认为他们的信息有很大的同一性,但实际却并非如此。人们逐渐意识到文化群体融入了大量的差异性,所以不能想当然地认为某一文化群体是同质的(Hannerz,1992;Maxwell,2011b)。因此,你需要进行系统的抽样,这样才能够表明关键受访者的陈述代表了整个群体(Heider,1972;Sankoff,1971)。

选择收集资料的方法

大多数质性方法书籍都大段地介绍了各种质性资料收集方法的优势与不足(尤其见 Bogdan & Biklen,2003;Patton,2001),所以这里我不想重复这些讨论。我想说明选择与运用各种资料收集方法中两个主要的概念问题:研究问题与资料收集方法之间的关系,以及不同方法的三角检验。(如前面所讨论的,结构的方法与非结构的方法的相对优势在设计资料收集方法中也是重要的考虑因素。)

研究问题与资料收集方法之间的关系

这里我想要强调的是,你所运用的收集资料的方法(包括你的访谈问题)和你的研究问题之间没有必然的相似性或逻辑演绎关系。两者区别明显,而且分别构成你设计的独立部分。这也许是一个令人困惑的原因,因为研究者经常谈论要使他们的研究问题"可操作化",或把研究问题"转换成"访谈问题。这种语言乃是逻辑实证主义对待理论与资料之间关系的余孽,这样的观点几乎已经完全被哲学家抛弃(Phillips,1987)。所以不能机械地把研究问题"转换"为方法,因为你的方法是回答研究问题的**手段**,而不是研究问题的逻辑转换。方法的选择不仅依赖你的研究问题,而且取决于真实的研究情境,还要考虑如何在这种情境中最有效地获得你所需要的资料。(支持方法和效度之间的关系,我将在第 6 章讨论。)

关于访谈问题,科克与弥勒(Kirk & Miller,1986:25-26)提供了一个很好的例子,他们在秘鲁做了一个人们如何利用可可叶子的研究。他们有关利用可可的开放性问题多数是直接从研究问题中拿来的,所以得出了一些看法一致、数量有限的思想和实际做法,直接证实了那些他们已经读过的有关可可的知识。挫折与失望使得他们开始问一些没有逻辑的问题,如

"你什么时候拿可可喂动物?"或"你是怎么发现你不喜欢可可的?"没有了防卫,他们的受访者开始敞开谈论他们对可可的个人体验,这些体验的意义反而比前面的资料更有价值。

这是一个极端案例,但其中的道理对任何研究都是适用的。你的研究问题构成你想要理解的事情,而你的**访谈**问题就是为获得这种理解而要询问人们的问题。提出好的访谈问题(以及观察方法策略)需要创造力与智慧,而不是机械地把研究问题转换成访谈指导或观察计划,这主要取决于你对研究情境的理解(包括你的研究参与者对它的界定),以及访谈问题和观察方法策略如何真正在实践中发挥作用。

但这并不意味着要向你的受访者隐瞒你的研究问题,或把受访者当作实验对象来操纵,从而获得你想要的资料。这在前面"协调研究关系"这一章中已经讨论过。卡罗·吉林根(Carol Gilligan)(个人交流时)强调询问受访者**真实**问题的价值,询问你对答案真正感兴趣的问题,而不是编造一些问题,引出特定的资料。当你询问真实的问题时,就创造了一个平等、合作的关系,受访者就能够把自己的知识带到研究问题中,其结果也许出乎你的意料。

研究问题与访谈问题之间缺乏直接的逻辑联系对你的研究有两个主要影响。首先,你需要尽最大可能地猜测,具体的问题将如何真正在实践中发挥作用——人们会怎样理解这些问题,他们可能会怎样回应。尽量把自己放到受访者的位置上,想象你会对这些问题作出什么反应(这是另外一种"思想试验"的运用)。然后从其他人那里得到反馈,看他们是如何看待这些问题(和访谈提纲一起)的作用。第二,如果有可能,你应该尽可能找一些类似的受访者,在他们那里**预试**(pilot-test)你的访谈提纲,从而确定这些问题是否像意料的那样起作用,以及需要做哪些修改(见例3.4)。

另外,在获取信息的途径中,还有一些文化、场景和关系不适合或不利于进行访谈,或询问问题。布瑞格斯(Briggs,1986)描述了他在新墨西哥北部的一个西班牙语社区对传统宗教木雕的研究中,社区文化规范如何使得他计划的访谈完全无法实施,当他想坚持的时候发现多数情况下毫无作用。情境迫使他寻找适合这种文化的方式来研究这个问题,这就是通过当学徒的方式。类似地,迈克·阿加(Mike Agar)在研究海洛因消费中,发现不能在街上问问题。首先,这样做就会引起怀疑,意味着你要把这个人的信息传达给警察,或用这种方式欺骗甚至抢劫他。第二,问问题显示出你不是"熟悉内情的人(hip)",因此不属于那里(Hammersley & Atkinson,1995:128)。哈默斯利和艾金森(Hammersley & Atkinson,1995:127-130)还提供了其他例子说明传统的访谈可能不合适或不起作用(Hammersley & Atkinson,1995:127-130),布瑞格斯(Briggs,1986)也认为,采访把盎格鲁 - 美国人的话语标准强加给参与者,这可能会损毁研究关系或减少获取有用信息的数量。

很明显,问题与方法之间逻辑关系的缺乏也适用于观察其他资料收集方法。和访谈一样,你需要预期,在研究现场应用特定的观察方法或其他方法到底能够收集到什么信息。如果有可能,你应该对这些进行预测试(pretest),从而判断它们是否确实能够帮你获得这些信息。即使在一项精心设计的研究中,你的资料收集方法也可能要经历一个长时间的聚焦与修改的过程,从而确保它们能够帮你获得回答研究问题的资料,并能够解释这些回答可能存在的任何效度风险。

资料收集方法的三角检验

在质性研究中使用多种方法收集信息是很常见的,但将其作为**设计**问题进行讨论却很少(一个例外是 Flick,2007)。系统地阐述多种方法的使用一般被称作**混合方法研究**——在一个研究中将量化方法和质性研究方法结合使用(Greene,2007;Tashakkori & Teddlie,2003,2010)。这方面的文献发现了很多将方法结合起来的目的。这里,我主要关注三个目的。

第一个目的,以及在研究方法文献中最早受到系统重视的,就是**三角检验**(tirangulation)(Fielding & Fielding, 1986)。三角检验涉及使用不同的方法对彼此进行检验,看看具有不同优势和局限的方法是否都支持一个结论。你的结论可能只是反映了特定方法的偏见。这种方法降低这样的危险,而且让你对正在研究的问题获得更加安全的理解。(在第 6 章,我将讨论应用三角检验处理效度风险。)

博比·斯坦尼斯的研究(例 5.1)为我们提供了一个很好的利用三角检验的例证。她使用了四种来源的资料(一线护理人员、她的管理团队、她自己的笔记与日记,以及中心的记录)和好几种不同的收集资料的方法。例如,职员的资料是通过日记、正式或非正式的访谈、参与中心的活动以及匿名调查问卷获得的。多种渠道与多方法收集资料使她的结论比只限于一种来源或方法具有更高的信度。

使用多种方法的第二个目的是,获得你所研究的现象的不同方面的信息,或者了解不同的现象。这种目的包括格林(Greene, 2007:101-104)所谓的**互补和拓展**(complementarity and expansion)。在这种取向中,使用不同的方法来拓宽你所阐述的现象或现象各个方面的范围,而不是仅仅加强对某现象的特定结论。例如,通常用观察来描述现场、行为和事件,但却用访谈来理解行动者的目的和观点。

虽然观察的**直接**结果是描述,然而,这对于访谈也同样是真实的。访谈让你描述受访者**所说的**,而不是写下对他们观点的直接理解。对某人的观点提出一种解释本来就是对他或她的行为描述的一种推断(包括口语行为),无论资料是源于观察、访谈还是其他来源如书面文献等(Maxwell, 1992)。访谈一般是理解某人观点的一种有效、合法的途径,观察使你能够对这种观点进行推断,而这种推断你却不能仅仅通过访谈资料获得。这对达成"默会理解(tacit understandings)"与"应用中的理论(theory-in-use）",以及参与者愿意直接在访谈中表达各个方面的观点,都特别重要。例如,在科学课上观察一位教师如何回应男生与女生的问题,我们就可以更好地理解这位教师对待性别与科学方面的真实观点,而这些仅仅通过访谈是无法得知的。

相反,虽然观察为了解人们的行为和行为发生的背景提供了一种直接、有效的方法,然而访谈也是一种获取行动与事件描述的有用方法——通常是**唯一**的方式,对于发生在过去的事件或者你无法直接观察的事件来说。正如威伊斯(Weiss,1994:1)所说:"访谈给了我们观察他人的入口。通过访谈,我们可以了解没有去过与无法去的地方以及我们没有生活过的场景。"访谈还能够提供在观察中被我们遗漏的其他信息,而且可以用来检验观察的准确性。

为了使访谈达到这样的目的,你需要询问**具体的**事件与行为,而不只是提出只能得出普遍性或抽象意见的问题(Weiss,1994:72-76)。要求人们描述特定的事件或一系列的事件,这能够打开我们所说的"情景记忆(episodic memory)",一种重要的且清晰的认知记忆系统(Dere,et al.,2008;Tulving,2002)。在这样的记忆系统中,信息是以时间系列和空间联系组织的,而不是抽象地根据语言符号关系来组织的。(我将在资料分析这一部分讨论这一点。)塔尔文(Tulving,2002)认为这种记忆系统让精神上的"时间旅行"成为可能,因而让人们能够回顾他们以前的经历,弗利克(Flick,2000)将这看作质性访谈的特征,并提出了一种特定的程序来评价情景记忆,他称其为情景访谈(episodic interviewing)。[1]

---

[1] 弗利克(Flick,2007)提到将情节访谈和语言访谈结合使用来作为一种三角检验,这个概念广义上表示运用多种方法。而我认为,其在更加深入地获取资料方面是非常有用的,就像格林(Greene,2007)的辩证方法的应用一样,并不仅仅是提供证明或补充,而应独立地去理解。

威伊斯虽然没有提及情景记忆,但他为访谈提供的指导与这个概念却有着惊人的一致。他指出,用现在时提问[例如,"当你正(在法院案子中)等着被传唤的时候发生了什么?"],从而引出一般化的描述,当受访者提供了这样一种描述时,在这样的情境中,"他们的描述表达了一种对什么是最终典型或什么最接近本质的理论"(Weiss,1994:72-73),而不是一种对单个时点的具体描述。这可能是非常有用的信息,但它与引出在特定时间和地点真正发生的事情不同。对于后者,通过使用过去时("你在等着被传唤的时候发生了什么?")提及特定场合,或者通过像"你可以引着我过一遍那件事吗?"这样的问题,可以更容易获取这些信息。

不过,威伊斯(Weiss,1994)还指出,一般化的描述允许受访者尽可能减少那些让他们感到心虚的信息,从而避免可能令人尴尬的细节,这些在重新描述一个真实的经历时更加困难。因此,你应该有理由相信,你与参与者的关系将会为你询问特定事件提供支持,而且如果参与者看起来不舒服,你应该提前考虑好如何回应。

在这种情况下,将一般化的、现在时的问题与具体的、过去时的问题结合在一起使用,就像把观察与访谈结合在一起使用一样,能够阐明**同样的**议题和研究问题,但却是从不同的视角阐述。这种运用多种方法的取向与格林的互补性(complementarity)分类有重叠,但这里的目的是获得更加深入的理解,而不是简单地对单一方法结果的拓宽或确认。这才是格林所谓综合多种方法的**辩证**立场的核心所在。这种方法在不同方法的结果中产生了一个对话,一种结果中有着差异的交汇,从而促使你重新审视你对事情的理解(Greene,2007:79-82)。格林指出,运用三角检验只为证实一个结论,这在混合方法中已经被过分强调,也高估了,使用不同方法的最大价值在于提供不同的视角,凭此为所研究的现象创造一个更加复杂的理解(Greene,2007:79-83)。

选择资料分析的方法

　　概念上,分析通常与设计是分开的,特别是对于那些把设计视作前置于资料真正开始收集之事的研究者。这里,我把分析看作设计的一部分(Coffey & Atkinson,1996:6),看作其本身也必须要设计的事务。任何质性研究都需要确定如何分析资料,而这些决定会影响设计的其他部分,而且也会受到设计的其他部分的影响。对资料分析的讨论经常是研究计划书中最弱的部分。在很多极端的案例中,这样讨论完全是概括性的,而且只是从一些方法书中摘取一些套话内容,这对理解如何真正做资料分析毫无意义,更不要说为什么选择这些方法了。

　　质性研究中一个最常见的问题是让你的未经分析的田野笔记与录音记录堆积起来,使得最后的分析任务更加艰巨且令人泄气。有一句爬山者的格言说,有经验的爬山者在吃完了早饭后立即开始吃午饭,而且只要他或她醒着就不断地吃午饭,只用很短的时间停下来吃晚饭(Manning,1960:54)。同样地,有经验的质性研究者在完成了第一次访谈或观察后就立即开始分析资料,而且只要他或她在进行这项研究就不断地分析资料,只是短暂地停下来写报告或论文。海因里希(Heinrich,1984)迅速分析生物学资料的道理同样适用于社会科学:

　　　　在做研究项目时,我经常是,尽量在当天就把我收集的资料绘制成图表。日复一日,图表上的标记让我知道我的进展。这就像一只狐狸追一只野兔。图表就是野兔的踪迹,而我必须和野兔保持近距离。我必须经常能够作出反应并改变方向。

　　正如科菲和艾金森(Coffey & Atkinson,1996:2)所说:“我们决不要在没有分析资料的情况下就同时大量地收集资料。”再次强调,这是一种

设计选择,而且如何分析也需要系统地计划(并在你的研究计划书中进行说明)。

质性资料分析方法

对于新手,资料分析可能是质性研究中最神秘的事情。就像资料收集方法一样,下面的讨论并不是要全面说明如何去做质性资料分析,关于分析质性资料有很多很好的资料,如波格丹与比克兰(Bogdan & Biklen,2003:Chapter 5),科菲与艾金森(Coffey & Atkinson,1996),埃默森、佛雷茨与肖(Emerson et al.,1995),迈尔斯与休伯曼(Miles & Huberman,1994),斯特劳斯与科宾(Strauss & Corkin,1990),威伊斯(Weiss,1994:Chapter 6)。在此,我想对能够用于质性资料分析的各种方法策略和概念工具做一个概述,然后再讨论选择分析方法的一些具体问题。下面的陈述是基于马克斯威尔和米勒(Maxwell & Miller,2008)的更加详细的说明,马克斯威尔(Maxwell,2011b)做了一些修改后重新出版。

质性分析第一步是**阅读**访谈记录、观察笔记或有待分析的文件(Emerson et al.,1995:142-143)。阅读访谈记录之前听访谈录音也是一次分析的机会,这就像是真实的转录访谈的过程,或重写及重新组织观察记录草稿的过程一样。在阅读或听访谈的过程中,你应该记笔记或写备忘录,把你在资料中看到的或听到的写下来,并就分类和关系提出初步的设想。

这个时候,你有了很多分析方面的选择。它们主要可以分为三类:①备忘录;②分类方法(如编码与主题分析);③连接策略(如叙事分析)。不幸的是,很多质性研究文本和发表的文章只明确讨论编码的方法,将其看作分析中的基本活动,这给人的印象是质性资料分析**就是**编码。其实,多数研究者也经常非正式地应用其他方法,他们只是没有将这些方法作为它们分析的一个部分来介绍而已。我想强调的是,无论是阅读、思考你的访谈记录或观察笔记,还是写备忘录、提出编码分类并把它们应用到你的资料中,又或是分析叙事结构和背景关系,所有这些**都是**重要的资料分析方法。正如早先对一般的方法所讨论的,做质性资料分析并没有一个"菜谱"或唯一正确的方法。你对这些方法的应用需要以一定的方式去计划(必要时要进行修改),以适应你所拥有的资料,回答你的研究问题,并阐明任何关于你的结论可能存在的严重的效度威胁。

如前面所讨论的,备忘录可以起到其他作用,与资料分析没有关系,如反思你的研究目的、方法、理论或你以前的经历,以及你与参与者的关系。同时,备忘录也是质性研究分析的一种必要的方法(Groenewald,2008; Miles & Huberman,1994:72-75; Strauss,1987)。你在做资料分析的时候,应该经常写备忘录。备忘录不仅能够帮你捕捉对资料的分析性思考,而且它们还能够**促进**这种思考,激发分析的洞察力。

对分类方法和关联方法(categorizing and connecting strategies)进行区分是理解质性研究资料分析的基础。虽然这种区分在实践中被广泛地承认,但是很少有人从理论上对其进行分析。史密斯(Smith,1979:338)对这种区分有一个特别清晰的陈述:

> 我通常是从笔记开始……我一直阅读下去,似乎关注两个过程——比较和对比,并寻找前因(antecedents)和后果(consequences)……
>
> 概念形式的本质(第一步)是……"它们是如何相似的,以及它们如何不同?"将类似的事情组织到一起,并贴上标签,突出它们的相似性……然后,这些相似性与差异性开始代表概念群,并将它们组织到更加抽象的分类中,最终将它们组织成为按照等级排列的分类中。
>
> 同时,一个相关的但却不同的过程出现了……有意识地寻

找社会事件(items)的后果……似乎充实了复杂系统的观点和对过程的关注,事件在时间中的流程。另外,似乎在具体层面上支持一个更加整体、系统、相互依赖的事件网络和抽象层面上的概念和主张……在实践层面上,虽然在田野中,那些思考、寻找和笔记的记录都不仅反映了相似性和差异性的意识,而且还是一种寻找事项流程之中意料之外关系、前因和后果的尝试。

我将这种区分看作两种不同的关系模式:相似性和一致性(Maxwell & Miller,2008)。相似性关系涉及类似性或相同特征;他们的同一性(identification)建立在比较的基础上,但是时间和空间上却可以是独立的。在质性资料分析中,一般可以用相似性和差异性来界定分类,可以用分类来对资料进行分组和比较。我把聚焦于相似性关系的分析方法看作**分类的方法**(categorizing strategies)。编码是质性研究中一种典型的分类方法。

相反,基于一致性的关系,涉及时间和空间上的并列,一个事物对另一个事物的影响,或者文本各个部分之间的关系。他们的同一性涉及看到事物之间真正的联系,而不是相似性和差异性。在质性资料分析中,一致性的关系在真实情境的资料之间是同一的(如访谈记录或观察田野笔记)。一致性关系在抽象概念和分类之间也可以是同一的,作为资料类别分析的下一步。我把聚焦于一致性关系的方法看作关联的方法(connecting strategies)。在早先的著作中(如Maxwell,1996),我称其为“情境化(contextualizing)”方法。有些访谈分析的叙事取向就是关联的方法主要例子,它们也是微观民族志取向处理观察资料的方法(Erickson,1992)。这些方法都不可能吸收到对方中,因为在你的资料中它们都基于不同形式的关系,不过将这种两种方法结合在一起是可能的。

质性研究中主要的分类方法是编码,这种编码同量化研究中的编码有很大的不同。量化研究编码是根据明确的、清晰的规则,把预先建立的一套分类规则应用到资料分析中,其主要目的是在每一类别中得出具体项目的频次。在质性研究中,编码的目的不是统计事情的频次,而是把资料"分开(fracture)"(Strauss,1987:29),然后对它们进行重新分类,从而方便同类事情之间的比较,以及促成理论概念的提出。另外一种形式的类别分析需要把资料放到更宽泛的主题和问题中。

分类方法的分析从那些相同的资料单元或片段开始,它们在某些方面似乎非常重要且很有意义。塞德曼(Seidman,1998:100)将其描述为"在文本中标记相关的内容"。这种识别可以建立在你先前所持有的"什么是重要的"观念的基础上,也可以建立在你为了获得新的见解而进行的归纳尝试上。后面这种方法叫作"开放编码"(Corbin & Strauss,2007:195-204),涉及阅读资料和开发你的编码类别,需要根据资料来确定哪些是最重要的(包括参与者的概念和分类)。对这些资料片段进行编码贴标签,并通过类别对它们进行分组。然后对它们进行审查和比较,既要从类别内部又要从类别之间进行。编码类别"是一种整理你所收集的描述性资料的手段……从而使与已有题目相关的材料能够与其他资料区分开来"(Bogdan & Biklen,2003:161)。

在设计分类分析中,一种非常重要的区分是我们所谓的"组织的(organizational)""内容的(substantive)"和"理论的(theoretical)"分类。虽然这些分类在实践中并不能截然分开,而且交叉分类也是常见的,但我认为这种概念的区分是非常重要的。

组织分类(organizational categories)是你想要研究的宽泛的领域或问题,或者用作给资料排序。它们通常是在你访谈或观察之前就已经确立(你思考你的研究时也许非常明确,也许不太清楚)。麦克米兰和舒马赫(McMillan & Schumacher,2001)把它们看作"主题(topics)"而不是分类,"主题是对一部分材料主要内容的描述性称谓。这里,你不会用'说的是什么?'这样的问题来确定该部分材料的意义"(McMillan & Schumacher,2001:469)。例如,在一位小学校长让孩子留级的研究中,有这样一些分类:"留级""政策""选择"及"后果"(McMillan & Schumacher,2001:470)。组织分类的作用主要就像"二进制"一样整理资料,以便进一步分析。用它们作为章节或部分的标题来呈现你的研究结果,也许还是有用的,但它们在真正理解事情的分析工作中起不了多大的作用(参见 Coffey & Atkinson,1996:34-35),因为它们并不能明确地发现这个人真正说的或做的,只是他们所说的或所做的这个类别与其相关。

而内容的分类和/或理论的分类,它们明确地要寻找个人陈述或行动的内容——他们真正做的或真正的意图。后面这些分类通常可以看作组织分类的次级类别,但是一般你不会事先就已经知道哪些次级分类会非常重要,除非你对你所研究的这类参与者或现场已经相当熟悉或你正在使用一个比较成熟的理论。内容分类和理论分类可能是错误的,它们不仅仅是容纳资料的概念容器。

内容的分类主要是**描述性的**,在更宽泛意义上它还包括对参与者的观念和信念的描述。它们同分类的资料保持着密切的关系,但不是先天地就含有一个更抽象的理论。在前面提到的有关留级的研究中,可以作为内容分类的例子有"留级就是失败""留级是最后的办法""自信是目的""父母尝试其他选择的意愿"以及"不受(选择的)控制"(摘自 McMillan & Schumacher,2001:472)。从参与者自己的语言和概念得来的分类一般是内容的分类[一般所谓的"主位"分类("emic" categories),它们代表参与者自己的意思和理解;见Fetterman,2008],但很多内容的分类不是主位的,而是基于**研究者**对事情的理解。内容的分类一般都是通过对资料进行仔细的"开放编码"而归纳出来的。可以用这些分类为发生的现象提出一个更一般的理论,但它们自身却并不**依赖**该理论。

　　比较起来,理论的分类是把已经编码的资料放到一个更一般或更抽象的框架中去。这些分类既可以来自先前的理论,也可以是归纳提出的理论(在这种情况下概念和理论通常是同时提出来的)。它们通常代表的是**研究者的观念**[这就是所谓的"客位(etic)"分类],而不是表示参与者自己的观念。例如,"本地主义(nativist)""补救主义(remediationist)"及"互动主义(interactionist)"这些分类,就是根据前面的分析维度用来对教师关于留级的信念进行分类的(Simth & Shepard,1988),这就是理论分类。

　　组织分类与内容或理论分类之间的区分非常重要,因为质性研究初学者大多使用组织分类正式地对他们的资料进行分析,而且他们在形成结果的过程中不会系统地创造并运用内容分类或理论分类。你的资料越多,创造后面两种分类就越重要。资料的数量很多时,你无法记住所有与特定内容分类或理论分类要点有关的资料,你需要一个正式的组织和检索系统,从而能够明确地找到后面这些要点。另外,创造内容分类对理解那些不符合现有的组织分类或理论分类的思想(包括参与者的思想)特别重要。如果不够将它们纳入到这些分类当中,这种内容分类的思想可能会丢失,或者永远无法形成。

　　一个展示并进一步发展你的资料类别分析结果的工具就是矩阵,它由你的主要研究问题、分类或主题以及说明或支持它们的资料构成。表5.1 就是一个这类矩阵的例子(我称其为"主题·资料"矩阵),这个矩阵是萨拉·戴利(Sarah Daily)在她的研究《教师如何理解青少年儿童的元认知能力》("How Teachers Understand Young Children's Metacognitive Abilities")中发展出来的,矩阵列举了她发展的主要主题并从每个参与者那里援引他们的话来阐明这些主题。

表 5.1 《教师对儿童元认知能力的观点》研究的资料分析矩阵

类别编码矩阵 2009/7/20		
1. 教师对学习的信念和他们课堂定下的基调在培养孩子们独立性方面起到重要的作用。		
	格蕾丝（Grace）	伊莱恩（Elaine）	艾比（Abby）
课堂规范能够给孩子赋权	我喜欢积极回应的课堂……因为从学术方面来说，它变成了问题解决和思想表达的课堂……它真正要求孩子们使用具体的语言，而且他们相互倾听彼此的回应，从而表示他们在听以及能够将其变成解决数学问题的能力，而不是仅仅在操场上解决问题的能力。	我是积极回应的课堂的忠实信徒……它决定你如何开始这一年的课并确定基调，什么使得课堂成为我们的课堂，我们打算做什么。你应该以空的白板开始，然后和他们一起决定我们打算将什么放到墙上，因为这是他们的教室，（学生们）决定任何事情。	你听了很多我对选择的讨论以及我如何相信年轻的学生能够真正处理那种责任，而且他们确实能够控制课堂。
信念指导实践	我尽力教孩子们……依靠他们自己解决问题……	……重要的是你[学生]知道什么对你有用。	我的目的是尽可能让他们独立。
教师相信培养学生的独立性	我努力给予孩子们大量的机会，去尝试（挑战性的学习任务）依靠他们自己，对那些坚持到能够发现规则或模式的孩子，我们鼓励他们讲出他们是如何尝试的，他们使用了哪些例子、尝试和错误，他们注意到什么样的模式，他们是如何考虑的，他们和以前的知识建立了哪些联系。	我意识到这张表能够帮助他理解他所控制的，帮助他思考，嗯，"我能够做什么"。 ******************** 然后回来[作为一年级教师] 在孩子们到教室之后，教师会来找我，然后告诉我孩子们是问题解决者，他们（学生们）会这样，"不不，我是一个问题解决者"，但他们（教师们）会是这样，"他们从哪儿学到这种语言的呢？"	第一年的教学结束我做了很多事情。像孩子一样会说，我们的卫生纸用完了，卷笔刀塞满了，或我的铅笔断了，以及我花了一整天处理事情，如我需要录音带，剪刀哪儿去了。而且我想，你知道这是多么荒唐，你们孩子完全能够去拿剪刀或拿录音带，他们只

续表

类别编码矩阵 2009/7/20			
教师相信培养学生的独立性			是需要知道在哪儿……我们谈论很多不同的撕纸方法,然后我们还讨论了如何将其固定,你做什么,而且我们还讨论了如果你的纸撕裂了或者你的蜡笔坏了你觉得烦也是正常的,但你需要明白做什么。

2. 这些教师知道青少年儿童以多种方式运用元认知:在阅读中或数学任务中、问题解决中以及解决与同伴的冲突中。

	格蕾丝(Grace)	伊莱恩(Elaine)	艾比(Abby)
青少年儿童能够展示元认知能力	针对一个在专注和情绪方面有很多问题的小女孩,我有一个合适的行为修正计划……她非常清楚地知道如何评价她自己的行为。因此,这种活动对她能够起到作用。我想并不是每个孩子都需要这个。但是一张图表、一个视频记录都能够真正有力地展示孩子们是怎么做的。	他说的(话)都是正确的,但在"it"和"at"这两个词之间还是乱,他去了,去拿一张纸,然后对我说,"帮我拿一会儿",但我一直担心,如"哦,知道他打算去打某个人",但是他走过去,拿了一张纸,在纸的两边分别写上"it"和"at",然后对折起来,就像我们的一张教学卡片,然后说"我必须要学这个,因为我真的不知道这个"。因	对思考的思考是一种高层次的技能,因此如果你正在为写一封像样的书信而挣扎,你可能无法用语言说出你会如何修改你的叙述。因此,并不是他们不想参与元认知,而是我要他们做的这个任务从认知上更加困难,因此他们还没有来得及思考元认知的部分。

续表

类别编码矩阵 2009/7/20			
青少年儿童能够展示元认知能力	因此,那种活动对她能够起到作用。我认为并不是每个孩子都需要这么做。但是一张图表、一个直观的记录就能够真正有力地展示孩子们是怎么做的。	此即使他知道这些,他还是会这样,"不,我需要学习。"然后,剩下的时间,我的意思是,这只会将我搞得筋疲力尽,然后把他带到校长办公室,像这样:"看,大卫(David)是多么聪明。"后面的时间,他会拿出纸张,让我看他写的"it""at",他说,"写这些对我有帮助",即使我不在那儿,并没有让他去做这些,但他依然会拿出纸来写,完全是他自己……	因为他们在思考,我要如何造一个"a"的句子,或者他们正在考虑他们的图画,或者他们只是在努力将正确的故事组合到一起,并且记住开头是什么,从而让故事的中间还是同样的事情。
孩子们运用学习策略的过程,能够展示他们的元认知能力	今年我经历的一个专业发展训练谈到将阅读组织成四个不同的类别,然后在每一个类别下教一些策略,然后,将这些展示出来……在墙上的这个标志就是基于孩子们所说的(阅读策略)……另外一个例子是预测…… 我尽量帮助他们发展对他们所用的策略的拥有感。	我的学校对策略给予很多的注意力,教他们策略,这对我来说似乎是基本的元认知。	你知道(元认知)有很多策略,阅读是基于策略的。当你遇到一个你不认识的词语的时候,你怎么办?

还有很多其他用矩阵来做资料分析的方式（见 Miles & Huberman, 1994），你可以修订你的栏目，使分类符合你自己的特定需要。这些矩阵非常有用，但它们并不能用来替代你的编码分类并用来整理你的资料。相反，矩阵是建立在这些先前分析的基础之上的。它们用来直观展示这些分析的结果，让你能够看到一些参与者在哪些地方没有用实例来表达一个特定的主题（空格），能够进一步发展你的分析，并修改你的结论。

将分类作为一种分析方法有一个很大的局限：它用一个不同的、分类的结构代替了原初那些在访谈文本或观察笔记之内的情境关系。这可能会产生分析盲点，诱导你忽视特定情境内事物的真正关系。保罗·阿特金森（Paul Atkinson, 1992:458-459）介绍了他关于普通医学的教学笔记的最初分类分析是如何影响随后对手术笔记的分析的：

> 当我重新阅读手术笔记的时候，一开始就发现很难逃脱我最初（为医学）建立的那些分类。可以理解的是，它们给我配备了强有力的概念之网。进一步说，它们在操作上体现为一种更强大的有形限制。我面对的这些笔记已经被切分为主题构件。

当回到他最初的笔记时，阿特金森（Atkinson, 1992:460）发现：

> 我现在很少会将笔记切分为更小的片段。相反，我真正的兴趣在于阅读情节和段落全文，以一种不同的态度对阅读行为及分析作出回应。我觉得不是像拼布床单一样构建我的描述，更像是用整块布……更准确地说，现在我关心的是这些产品作为本文的性质。

我称之为关联的方法(connecting strategies)的目的正是用来阐明这种不足。关联的方法在操作上与分类的方法有很大的不同,如编码。不是将最初的文本切分为分散的片段然后将其整合到类别中,关联分析试图**在情境中**理解资料(通常是访谈文本或其他文本材料,但不是必须),运用各种方法去寻找文本不同要素之间的关系(Atkinson,1992;Coffey & Atkinson,1996;Mishler,1986)。因此它常常被看作整体的(holistic),因为它涉及文本或田野笔记不同部分之间的关系,而不是将其切分然后将资料整合到类别中。

涉及关联方法取向的例子包括一些类型的案例研究(例如 Stake,1995)、档案和影像(Seidman,1998)、一些类型的话语分析(Gee,2005;Gee,Michaels,& O' Connor,1992)和叙事分析(Coffey & Atkinson,1996;Josselson, et al.,2007;Riessman,1993)、阅读"声音"的"倾听指导"方法(Brown,1988;Gilligan, et al.,2003),以及民族志互动微分析(Erickson,1992)。这些方法的共同点是它们主要关注的不是类别的**相似性**,而是寻找联系情境中的陈述和事件使它们成为一个连贯整体的关系(还有更多**关联的方法**的例子,见 Maxwell & Miller,2008)。

在不同分类和主题之间寻找联系也可以被看作分析中一个建立联系的步骤(Dey,1993),但它是更深入的一步,因为它是对先前分类分析结果的研究。这一步对建立理论是必不可少的,这也是分析的主要目的。然而,它却不能恢复最初分类分析中遗漏的情境联系。另一方面,一个纯粹的关联分析只能用于理解特定的个人或情景,却不能发展为现象的更一般的理论。这两种方法能使彼此更周全(Maxwell & Miller,2008;见例 5.2)。

例 5.2　整合分类分析和关联分析

在一门质性研究的课上,芭芭拉·米勒(Barbara Miller)做了一个有关青少年友谊的研究项目,对青少年与朋友之间的关系以及这些关系对他们的意义进行了访谈。她这样描述她的资料分析:

对于青少年关于他们友谊的访谈的研究分析,重要的是密切探究友谊的特征,去理解特定表述对青少年的意义。总之,这需要分类分析,密切探究构成友谊的要素,目的是探究不同青少年友谊的相似性。

因此,通过形成编码类别、对资料进行编码以及构建矩阵,我开始了我的资料分析(表5.1是此类矩阵的样例)。我对像亲密、朋友间的谈话和独立这样的要素进行了编码。然后将这些编码都收集在矩阵中,每一个访谈都是如此,这样我就能够透过访谈看到每一个概念。这能够帮助聚焦资料的具体特征,通过我的研究进展以及青少年自己所做的评论丰富这些特征。不过,随着矩阵的完成,两个紧迫的问题出现了。

第一个问题是在矩阵的格子之间有很多重叠的资料。例如,很多青少年解释说,和朋友亲密的部分包括与他们谈话。但是,矩阵中的亲密性(closeness)并没有抓住这种谈话的复杂性,它涉及其他方格中的信息。我觉得,这些矩阵似乎太简单了,不能展示复杂的、相互关联的资料。

第二个问题是资料的一个基本方面的丢失,即青少年对他们友谊描述的叙述特征。在对他们的访谈中,青少年对他们的友谊提供的并不是孤立的信息。相反,我听到的是他们与朋友关系的故事。当青少年谈论他们的友谊并说明为什么他们的友谊非常重要的时候,他们描述他们在一起的过去,并创造了一个情境,从这个情境去理解他们的关系。资料的这种叙述特征及其对理解前面关系的意义在编码和创建矩阵的过程中丢失了。

为了应对矩阵的这些局限,把握资料的这种叙述特征,我转向资料分析的第二阶段:叙述小结的构建。这些小结是叙述性的,因为它们希望保留关系的情境和故事,它们是我对听到的叙述的分析性缩写。这些叙述小结大量引用资料中的材料,但常常是对资料的重新组织,以便我对这种友谊叙述进行简洁描述。

这些叙述性小结在保留情境以及友谊的故事上是有效的。但是它们并不能直接帮助我更加清楚地理解友谊体验对这些青少年的意义。因为,我需要根据我对那种友谊的更大情境的理解来更加密切地了解他们的关系。因此,我分析的下一个阶段就是整合我分类方法和关联方法分析的结果。其结果是呈现在矩阵中的概念更加深入。例如,朋友之间亲密的分类是情境化的。通过将叙述性小结与矩阵对照,我能够透过不同的友谊对特定青少年或在青少年之间追溯亲密的意义,或在整个友谊过程中追踪亲密的重要性。

对我来说,资料分析已经变成了一个从分类方法到情境方法且不断来回的过程。我对友谊的叙述情境的理解更加丰富了,因为我发现了这些青少年友谊中非常重要的概念和分类。同时,我在分类分析中聚焦的特定概念让我能够以新的方式看待这些叙述,理解情境关系,这些关系比这些叙述里的事件的时间顺序更加复杂。我理解的友谊对这些青少年的意义和体验并不是脱离情境的,都是青少年提供的,它们也不固着于并限于个体友谊故

事。我用编码和矩阵与叙述性小结结合在一起以实现对访谈的
理解，两者都不会单独呈现。

　　分类的方法和关联的方法之间的差异对总体设计有着重要的影响。
对于探究具体情境中事件的关联方式等研究问题，无法通过唯一的分类分
析的方法就可以回答（见例5.3）。反过来，一个有关情境或个人之间相似
性和差异性的问题也不是只由唯一的一种关联的方法就能够回答的。你
的分析方法必须和你要问的问题相一致。

例5.3　问题与分析之间的错配

　　迈克·阿加（Mike Agar, 1991）曾经受一个基金会邀请，对他们委托的
关于历史学家是如何工作的访谈研究报告作一个评论。研究者用计算机软
件 The Ethnograph 按照主题对访谈进行切分并编码，然后按照同样的主题
把这些分开的部分集合起来。报告讨论了每一个主题，并提供了历史学家
讨论这些主题的例子。但是基金会认为这个报告没有真正回答他们的问
题，研究应该回答历史学家个人如何思考他们的工作——他们关于不同主
题如何关联到一起的理论，以及他们如何看待他们的思考、行为和结果之间
的关系。

　　回答后面的问题需要分析说明在每个历史学家访谈中建立的联系。然
而，该报告所基于的分类分析却割裂了这些关联，破坏了每个历史学家观点
的情境整体，只是总体呈现共同关心的问题。阿加认为，错误不在于使用了
The Ethnograph，这个软件在回答这种分类问题时非常有用，但这里却被错
用了。正如他所评论的，"The Ethnograph 只能是人类学研究程序中的**一部
分**。当这一部分被看作全部的时候，这只能是一种不健康的标志：它可能直
接让你用正确的答案来回答错误的问题。"（Agar, 1991:181）

计算机与量化资料分析

专门为质性研究资料分析而设计的软件(常见的是 CAQDAS,一种计算机辅助质性资料分析软件的首字母缩略词)现在使用非常广泛,而且几乎是大规模项目必须使用的,因为这些程序帮助整理和检索大量的资料,并对这些资料进行编码和整理。更高级的程序还能够将备忘录和特定的编码或文本片段联系起来,让你能够创建你已经形成的分类的概念图,帮助你形成理论。由于软件在不断地发展,所以我提到的具体程序的几乎任何方面都将很快过时。NVivo 目前占有最大的市场份额,但有很多竞争对手,因特网和亚马逊是当前寻找这些软件以及软件使用的书籍的最好来源。

这类软件的主要优势在分类分析,目前很多关于运用计算机做质性研究资料分析的书籍几乎全都专注于编码。我知道一本《用 NVivo 做质性资料分析》(*Qualitative Data Analysis With NVivo*, Pat Bazeley, 2007),这本书除了一些建议外,很少谈及 NVivo 如何能够在这些方法中使用。因此,正如例 5.3 所展示的,这些软件不知不觉地将你的分析推向分类的方法,而忽视叙述和其他关联的方法。这是卡普兰(Kaplan, 1964:28)称作"工具法则"的例子,如果你给一个小孩一把锤子,任何东西在他眼里就成了钉子。正如加芬博格(Pfaffenberger, 1988:20)所说的:

> 一种技术就像一种殖民权——它告诉你它提供最好的服务,但它同时却在暗暗地模糊你对周围世界的批判性认知。如果你不能正确地认识它所倚仗的东西,你将成为它的受害者。

问题与方法的结合

要设计一项可操作的、建设性的研究,而且能够把设计传达给他人,你需要建立一个**一贯的**设计,其中各种方法协调一致,并同设计的其他要素形成一个整体。最关键的问题是它们要同你的研究问题相结合,但是,正如上面所讨论的,这主要是一种**经验**结合,不是一种逻辑结合。如果你的方法不能为回答研究问题提供所需要的资料,那你要么改变你的问题,要么就改变你的方法。

评价这种一致性的一个有用工具就是矩阵(matrix),你可以在矩阵中列出你的问题,然后找出你的方法中的每个要素要如何帮助你获得回答这些问题的资料。我在第 1 章中讨论了这样的矩阵,并提供了一个包括众多设计要素的例子(表 5.2),如目的和效度问题(例 1.5)。在本章,我增加了另外一个这样的矩阵作为例子,这是米蒂·奎因(Mittie Quinn)为她的研究《学校心理师在特殊教育评价过程中如何阐述文化》("School Psychologist's views of how 'culture'")而提出形成的,还有一个备忘录(例 5.4),她在备忘录中解释了她对该矩阵的一些思考。下面,我提供了一个练习,让你为自己的研究绘制一个矩阵(练习 5.2)。这种矩阵会揭示你选择方法的**逻辑**,可以作为研究计划书的一部分,很有价值。伊丽莎白·瑞德尔(Elizabeth Riddle)的研究计划书就包括了这样一个矩阵(附录 B)。

表 5.2　"学校心理师在特定的教育评价过程中如何阐述文化"的研究矩阵

研究问题 我需要知道什么?	我为什么需要知道这些?	抽样 选择我要在哪儿找到这些资料?	资料收集方法——什么样的资料能够回答这些问题?	为了进入现场我要要联系谁?	资料分析
县公共学校雇用的学校心理咨询师如何看待在特殊教育评价过程中文化影响"排除在外"?	这些个人在特殊教育决策中起着主要作用。因此理解他们对这些影响和过程的认知非常重要。	学校心理咨询师。	访谈,田野笔记,备忘录。	督导,心理咨询师。	录音转化为文本编码。重新阅读/其他读者。
县公共学校雇用的学校心理咨询师如何评价文化对儿童学校行为的影响?	为了更好地理解这些主要的专业人士如何评价和理解文化。	学校心理咨询师,记录,顾,抽样报告。	访谈,案例样例,委员会会议,观察。	督导,学校,心理咨询师。	直接对田野笔记进行编码,记记录进行备忘录。
学校心理咨询师在诊断孩子学习困难的哪些方面?	为了理解文化对这些主要专业人士的意义以及它如何影响孩子们的成长。	学校心理咨询师,记录,回顾,案例历史。	访谈,报告。	督导,学校,心理咨询师,学生服务中心主任。	不断进行分析,分类分析,叙述分析。
学校心理咨询师认为特殊教育法(PL 94–142)代表的是什么样的"文化"模式?	理解如何看待法语言对特殊教育过程的影响。		对"专家"的访谈。		

例 5.4　对表 5.2 进行说明的备忘录

1. 研究问题

第一,在乔(Joe)反馈的基础上,我的问题已经有所改进。特别是,第三个问题(问对诊断的影响)已经改变用来介绍文化不同方面的概念。我真的很想知道这些专家对"文化"知道些什么。我最终希望能够将他们的观点放到文化定义中去,这可能会也可能不会与当前的一些理论观点相一致(文化再生产、文化差异、文化生产等)。因此,我已经修改了第三个问题,表明这样的旨趣和目的。

第二,我增加了最后一个问题,关于他们对法定的认知。我想知道他们的认知与他们所认知的法定要求是否不同。我认为,我对法定语言的认知是它代表的是文化的"文化差异"取向。因此,基于该法定取向的过程和结构不能适应当前人类学中的文化观点。所以,我认为,学校心理咨询师,以及学校,都局限于过时的工作模式,用非主流的文化背景在为学生工作。

2 & 3. 抽样和理论基础

我决定要访谈 ×× 县的学校心理咨询师。该县在美国具有代表性,它们在过去的十年都经历过人口的迅速变化。像很多具一样,该县被迫改变其过程与结构以适应那些变化。该研究试图理解这种过程的一个方面。我选择学校心理咨询师是因为我的专业在该领域,而且我熟悉他们的角色,还承认他们在特殊教育决策过程中的影响作用(Mehan,1986; Dana,1991)。

我将对学校心理咨询师(expert school psychologists)进行访谈,因为我想形成一个最好的案例情节。这对实践者、训练、未来及正在实践的学校心理咨询师都非常有用,而且对发展新过程也有用,这些新的过程将对非主流文化学生的特殊需要和特点作出积极的回应。我将请我尊重其工作的同事提名访谈对象,这些同事也是对该问题敏感的人,这由他们在过去处理该问题的训练工作坊中展示的领导力表现出来。

我作出这些决定,完全是承认我对该系统的熟悉可能会引起潜在的效度威胁。我的看法是,利大于弊。我对该系统的熟悉会让我更容易建立友好关系,并能够获得丰富的资料,若不熟悉这将是不可能的。进一步说,我的专业让我能够设计一个更好的框架,理解什么样的问题可能引出我寻找的信息。我对该专业领域语言和行话的熟悉在把握意义的影射方面非常重要,我可以通过中肯地进一步追问,将其呈现出来。为了阐明这一点,我将对所有访谈进行录音。一旦访谈结束,我就听录音并做笔记,随后写下备忘录。我还将增加第二读者作为助手,对资料中呈现的主题进行评估。(乔:从第二读者那里期待什么是合理的?)

4 & 5. 方法和原理

我将主要通过访谈来收集我的资料。我的问题的性质适合质性研究、访谈资料。这不是那种很容易通过调查或测验就能够获得的信息。调查可以阐明特定的问题,使用为这个过程设计的评价工具,但却不可能引出丰富的资料,它们是无法量化的。进一步说,我对过程及类似的东西感兴趣,这很难通过量化研究方法所特有的封闭性问题来测量或调查。

我还对这种方法论感兴趣,因为它代表了一种新的视野(对心理学来说)。在心理学中很多问题还没有答案,它们也不能仅仅通过量化、实证方法来回答。就我的阅读范围来理解,这种方法论并不是一个有力的论据,但是我相信,在心理学领域确实是需要的。我已经参与了好几个量化研究项目,这些确实能够发挥它们的作业。我的看法是,他们假定了人类大脑"黑箱"的概念。认知心理学承认这种模式的不足。主体与主体的观念可以是重要的资料来源。我的研究试图要获取的正是这种资源。

练习 5.2 问题与方法矩阵

这个练习有两个目的。第一个目的就是要把你的研究问题与你的研究方法结合起来——揭示出你的研究问题与选择(抽样)、资料收集以及资料分析方法之间的逻辑关系;第二个目的是通过练习而获得运用矩阵这种工具的经验。矩阵不仅在研究设计中非常有用,而且在监督抽样与资料收集

（见 Miles & Huberman，1994：94）以及资料分析中也都非常有用。

不要把做这种练习看成一个机械的过程，它需要你考虑你的方法**如何**才能够为你的研究问题提供答案。要实现这一点，一个办法是从你的问题开始，询问自己需要什么样的资料，如何获得这些资料，以及你将如何分析这些资料来回答这些问题。你也可以从其他方面开始：询问自己**为什么**想要用自己提出的方法来收集资料和分析资料——你将从中学到什么？然后检查你的研究问题与方法之间的这些关系，并在矩阵中把这些关系揭示出来。在做这些工作的时候，你需要修改你提出的问题或设计，或者两者都改。记住这个练习的目的是帮助你**选择**方法，并不是把它当成你的最终形式。

这个练习有两个部分：

1. 建立矩阵本身。你的矩阵应该包括以下栏目：研究问题、选择抽样、资料收集方法以及分析类型，你还可以增加其他你认为在解释设计的逻辑方面有用的栏目。

2. 为你在矩阵中的选择写一个简短的叙述，**证明其合理性**。一种方法是将其作为一个单独的备忘录，通过研究问题来组织，对各行中的设置说明其原理；另外一种方法（虽然在长度上容易受到限制）是把这些讨论作为矩阵本身的一个栏目（如表 5.1）。

6

效度

你会犯什么错？

在电影《E.T.：外星人》(*E.T. the Extra-Terrestrial*)结尾处有这样一幕：主人公和他的朋友们全力挽救 E.T.，帮他回到飞船上。一个男孩问道："难道他不能穿越上去(beam up)吗？"主人公鄙视地看了他一眼，回答："这是真实的世界，弗雷德。"

效度，就像到达 E.T. 的飞船一样，是你设计的最后一个要素。正如E.T. 遇到的难题一样，我们无法"穿越"达到有效结论。这是一个真实的世界。遵从先前设计的程序并不能保证你结论的有效性。如布林伯格与麦克格兰斯(Brinberg & McGrath, 1985：13)所说，"效度不是一个用方法就可以购买的商品"。相反，效度取决于你的结论与真实世界的关系，而且没有任何方法能够完全保证你已经正确地理解了这种关系。

方法**能够**保证效度的观点是早期实证主义的特征。他们认为，科学知识可以安全地建立在坚实的资料基础之上，最终成为一个逻辑体系。尽管这种立场仍然充斥在各种研究方法的文本中，但是哲学家已经抛弃了这种看法(Phillips & Burbules, 2000：5-10)。很多优秀的研究者，既有量化研究者(如 Shadish et al., 2002：34)又有质性研究者(如 Mishler, 1990)，都认为，效度是一种推断而不是方法，它从来都不是能够被证明或不证自明地基于所用方法的东西。效度也是相对的:它只能在研究目的与情境的关系中进行评价,而不是一个脱离情境的方法或终结性特征。最后,造成效度风险,使其难以置信的是**证据**,而不是方法。方法只是获得证据的一种途径,它可以帮你消除这些威胁(Irwin,2008)。

实在论者认为,效度之所以不能归入到方法中,有两个主要原因。其一,如在本书呈现的模式中,我把效度当成质性研究设计中的一个显著要素,同方法区分开来。其二,是实用主义的:效度一般都被认为是研究设计中的一个关键**问题**,而我认为明确地把这种问题说出来很重要。普林斯沃斯凯与赛勒门(Przeworski & Salomen,1988)发现,研究计划书的读者希望被回答的三个问题之一是,"我们怎么知道结论是有效的?"博斯克(Bosk,1979:193)也认为,"所有的田野工作若只由一个田野研究者来做就会引发这样的问题:我们为什么要相信它?"研究计划书被驳回的一个常见原因就是缺乏对效度风险的关注。直接把效度问题作为设计的一个明确要素可以帮你说明这个问题。

效度的概念

在质性研究中,效度的概念一直存在争议。很多质性研究学者完全抛弃这个概念,因为他们将其与量化研究的假设过分地联系起来,而这对质性研究是不合适的。一些杰出的质性研究者(例如 Guba & Lincoln,1989; Lincoln & Guba,1985; 参见 Denzin & Lincoln,2005a)认为,任何涉及"真实世界"的效度概念与建构主义取向都是不相容的,后者否认不同的个体和社会建构之外还有一个实在,因此他们也否认任何判断这种建构的客观标准。他们提出了很多其他的他们认为对质性研究更加合适的概念,如信赖(trustworthiness)、可靠性(authenticity)和质性(quality)。然而,其他研究者继续使用这个概念,虽然通常实际上已重新思考了其意义(例如 Lather,1993; Richardson,1997); 林肯、林厄姆和古巴(Lincoln,Lynham & Guba,2011)对一些立场进行了总结。

这种争论持续发展,因为太复杂了不在这里详细讨论。本书中,我是以非常直白、常识的方式来应用效度的概念,用它来指一个描述、结论、说明、解释或其他类型的陈述的准确性(correctness)或可信度(credibility)。我认为这个概念的常识性应用同质性研究者一般理解的方式是一致的,这样就不会引出任何严肃的哲学问题。[1]使用"效度"这个概念并不意味着"客观真理"的存在,从而让任何描述都可以和它进行比较。"客观真理"的思想对于一个理论的效度并不是最根本的,而理论的效度确实是多数研究者希望达到的,也正是因为这样,才使得他们有理由把可信的描述与不可信的描述区分开来。所以你也不需要达到某种最终的真理,才认为你的研究有用而且是令人可信的。

格尔茨(Geertz,1973:29)讲述了一个英国绅士在印度殖民地的故事,当他听到这个世界停在四头大象背上,而这些大象却站在一只大海龟的背上时,于是就问海龟站在什么上面。回答是另一只海龟上面。那么另一只海龟呢? "啊哈,先生,在那之后一直往下都是海龟。"格尔茨的观点是,解释学民族志研究中没有"垫底的海龟(bottom turtle)",所以根本没有彻底的文化分析。虽然我接受格尔茨的观点,但我要强调一个不同的经验:你不一定非要找到那只垫底的海龟才能够得出有效的结论,你只需要找到一只你可以安全站立其上的海龟。

正如坎贝尔(Campbell,1988)、普特南(Putnam,1990)及其他学者所宣称的,我们不需要一个独立于观察者的黄金标准(observer-independent gold standard)来与我们的描述进行比较,从而判断这种描述是否有效。我们需要的是能够拿这些描述与世界进行验证,让我们有机会来证伪我们的理解。因此,效度的核心概念是**效度威胁**:一种你会犯错误的方式。这些威胁经常还可用其他的解释或说明方式来定义,比如哈克与萨德勒(Huck & Sandler,1979)所谓的"**冲突性假设**(rival hypotheses)"。这样的替代性解释是其他理解你的资料的可能方式——例如,你访谈的人用网

---

[1] 我在其他地方提供了哲学方面的论据可以丰富这些主张(Maxwell,1992,2002,2004c, 2011b)。我还认为,这里呈现的效度概念与一些后现代取向的效度概念是一致的(例如, Kvale,1989; Lather,1993;参见 Maxwell,1995,2004b)。

络表达他们的真实观点,你忽视了那些不符合你的解释的资料,存在另外一种分析资料的理论方法。效度,作为你研究设计的一个要素,是对用来发现或处理这些威胁和方法策略的理论化,如果它们在你的真正研究情境中是可行的。

　　量化研究与质性研究各自处理效度风险的方式存在着很大的差异。量化研究者和实验研究者一般试图提前对预期与非预期的效度风险进行控制设计。这些控制包括群体控制、无关变量的统计控制、随机化抽样与分配、资料收集前的明确假设的提出及统计检验的应用等。这些先期控制以匿名、一般化的方式处理大部分的效度风险。如坎贝尔(Campbell,1984:8)所说,"随机化的目的是控制无数的'冲突性假设'而**不必具体说明它们是什么**"。

　　另一方面,质性研究者很少有预先设计的比较、抽样方法或统计操作等"控制"可能性威胁的优势,他们得在研究开始之后来努力阐明大部分的效度风险,运用研究本身所收集的证据证明"其他的假设"是不可信的。在提出一个尝试性描述**之后**才说明具体的效度风险,而不能试图通过研究设计事先消除这些威胁,这种方法其实比科学方法更为基础(Campbell,1988;Platt,1964;Shadish et al.,2002)。但是这种方法需要你找出**具体**存在的威胁,然后提出消除这些威胁的办法。

　　效度威胁的概念以及如何处理这些威胁是质性研究计划书中的一个关键问题。很多计划书的作者在讨论效度时犯这样的错误:他们只是用一般化、理论化的概念,呈现一些抽象的方法策略如"加括号""成员检验"及"三角检验",认为这样就可以确保他们的研究具有效度。这种陈述通常看起来像是"官样文件"——语言都是从方法书或成功的计划书中借来的,所以看不出作者对这些方法如何真正在自己计划的研究中应用有什么思考。计划书的这些部分经常让我想起那些用来驱逐邪恶的魔法。正如人类学家马林诺夫斯基(Malinowski,1954:17)所说,当人们认为科技不能保证希望的结果时,就会使用巫术:"在追求是确定的、可靠的,而且很好地控制在理性方法和技术程序的情况下,我们看不到驱魔法。进一步说,在危险的要素非常明显的地方我们就会看到驱魔法。"这准确地描述了很多学生是如何看待撰写他们的研究计划书的。

在这一章的剩余部分,我提供了一些具体的方法来处理效度威胁的问题,我希望这些方法能够消除追求抽象概念的魔咒。质性研究计划书主要强调的应该是你将如何消除那些对你的解释所造成的**具体**威胁以及其他可能性威胁。引用权威不如提供一个明确的证据,说明描述的方法能够在所计划研究的情境中恰当地解决存在的具体威胁。玛莎·芮根 - 史密斯 (Martha Regan-Smith, 1991)的计划书(见附录 A)为我们提供了一个很好的例证。

两个具体的效度威胁:偏见与感应性

我前面已经说过,质性研究者一般把效度风险看作会导致无效结论的具体事件或过程,而不是看作需要控制的"变量"。很明显,我不可能列出一项质性研究结论的所有效度风险,即使是最重要的效度风险,就像库克与坎贝尔(Cook & Campbell, 1979)试图为准实验研究所做的那样。我这里想要讨论的是两种经常提到的,比较宽泛的有关质性研究的效度风险:研究者的偏见和研究者对被研究者的影响。

研究者"偏见"

对质性研究结论效度的两个重要的威胁是,选择适合研究者已有理论、目的或先前概念的资料与选择那些引起研究者"注意(stand out)"的资料(Miles & Huberman, 1994:263; Shweder, 1980)。这两者都涉及研究者的主观性,大多数研究者更喜欢用"偏见"这个概念来表述。正如在第 2 章、第 3 章讨论过的,通过消除研究者的理论、思想和认知的"透镜"来解决这些问题是不可能的。相反,质性研究主要关注的是理解**特定研究者**的价值观与期待,可能如何影响研究的实施和结论(这既可能是正面的也可能是负面的)以及如何避免负面结果。说明你可能具有的偏见及你将如何处理这些偏见是你研究计划书的一个主要任务。正如一位质性研究者,弗雷德·海丝(Fred Hess)所概括的,质性研究的效度不在于中立,而在于坦诚。

感应性

　　研究者对现场或研究中个人的影响,一般被称为"**感应性**（reactivity）",这是质性研究中经常提到的第二个问题。对于量化的、"变量理论"取向的研究来说,尽量"控制"研究者的影响是正确的,因为这种研究的目的就是要防止研究者之间的差异导致结果变量中出现不希望的变动性（variability）。然而,消除研究者的**真正**影响是不可能的（Hammersley & Atkinson, 1995）,况且质性研究的目的也不是要消除这种影响,而是要理解它并建设性地利用它。

　　对于参与者观察研究,感应性作为一种效度威胁一般并不像有些人认为的那样严重。贝克尔（Becker, 1970:45-48）指出,在自然情境中,和情境本身一样,观察者一般对参与者的行为影响很小（不过明显有意外的情况,如非法行为发生的场合）。相反,对于访谈,感应性——更准确地,就是哈默斯利与艾金森（Hammersley & Atkinson, 1995）所谓的"反身性（reflectivity）",表示的是研究者是他／她研究的世界的组成部分——是一个有力且无可避免的影响。因为受访者所说的**总是**受到访谈者与访谈情境的影响。虽然你可以做一些事情来避免更多不希望的结果（如避免引导性的问题等）,但是试图把你的影响降到最小对质性研究来说没有意义。同前面对偏见的讨论一样,重要的是要理解你**如何**影响受访者所说的话,以及这种影响又如何影响你从访谈中所得出的推断的效度。

效度检验:检查清单

　　虽然方法与程序并不能保证效度,但它们在消除效度风险和增加结论可信度的过程中却是必要的。因此,下面我提供一个检查清单,它乃是服务于此目的的最重要的策略。迈尔斯与休伯曼（Miles & Huberman, 1994:262）列出了一个更加详细的清单,其中有些与我的重复,而另外一些清单我们可以在贝克尔（Beckr, 1970）、纪德（Kidder, 1981）、古巴与林肯（Guba

& Lincoln,1989)及巴顿(Patton,1990)的著作中发现。我下面的清单并不完全是堆积这些作者的论述,而是列出我认为检查清单中最重要的部分(Maxwell,2004c)——我强烈建议你参考他们的讨论。

我对这些策略总的看法是:它们主要不是用来**证实**结论,而是**检验**你的结论的效度以及那些让你的结论出错的可能威胁(Campbell,1988)。所有这些检验的基本过程都是努力寻找能够挑战你的结论的证据,或与这些潜在威胁可能有关的证据。

记住,只有你真正**运用**这些策略,它们才会发挥作用。仅仅把它们放到你的计划书中,好像它们就是可以驱走效度威胁(和对计划书的批评的)咒符,目的是达不到的。你需要去证明,你已经在自己的研究中通盘考虑如何有效地应用它们。并非所有的方法在既定的研究中都会起作用,即使你想要应用所有可行的方法,时间上也可能不允许。正如前面所指出的,你需要确定哪些**具体的**效度威胁最严重并最有可能,以及什么样的策略最能解决这些问题。

1. 集中、长期的关注

贝克尔和杰尔(Becker & Geer,1957)指出,与其他方法相比,长期的参与式观察能够为特定情境和事件提供更加完整的资料。这种方法不仅提供了更多不同种类的资料,而且还能够让你检验并确认你的观察和推断。持续的观察和访谈,以及不断地到研究现场去,可以帮你排除虚假联系和不成熟的理论。这些还能够让你在研究过程中有更多的机会来发展并检验其他的假设。例如,贝克尔(Becker,1970:49-51)认为,他对医学院学生的长期观察研究不仅使他超越公众对医生职业的批评,发现了一个理想主义的视角,而且研究使他能够理解这些不同观点在不同社会情境中表达的过程,以及学生解决不同观点之间冲突的方式方法。

2. "丰富的" 资料

无论是长期关注还是集中访谈,目的都是让你能够收集到"丰富的

(rich)" 资料,这样的资料不仅详细而且多样,足以让你充分地描绘出研究现象 [1] (Becker, 1970:51-62)。在访谈研究中,这样的资料一般要求对访谈进行逐字誊录,而不是仅仅记下你认为重要的。对于观察,要获得丰富的资料就需要以描述的方式详细地记下(或录像并誊录)你所观察的特定、具体事件(Emerson, et al., 1995)。贝克尔(Becker, 1970:53)认为这样的资料:

> 解决了受访者表里不一与观察者偏见的双重危险,它避免受访者提供始终只支持一种错误结论的资料。这就像很难使观察者限制自己的观察一样,所以要避免他只看到支持他的偏见与期待的资料。

玛莎·芮根 - 史密斯(Regan-Smith, 1991)对医学院教学的研究(见附录 A)就是依靠长期观察并详细记录教师在课堂上的行动和学生对教师的反应。另外,她采访了很多学生并整理了访谈记录,这些资料不但详细地说明了优秀教师所做的有助于他们的学习,而且说明了这些教学方法如何起作用以及为什么对他们有益。这些资料为她的结论以及对结论的检验提供了丰富、详细的依据。

3. 受访者验证

受访者验证[Bryman, 1988:78-80; Lincoln & Guba, 1985,他们把这种检验叫作成员检验(member checks)]就是系统地请求你研究的人对你的资料和结论作出反馈。这是消除可能误解参与者言行意义以及

---

[1] 有些质性研究者把这种资料称为**深描**(thick description),一个由哲学家里尔(Gilbert Ryle, 1949)创造的概念,并由格尔茨(Geertz, 1973)应用于民族志研究。不过,这里并不是要谈里尔与格尔茨对这个词语的理解。如格尔茨所应用的,深描是指包括了行动者的意向以及他们赋予行动对他们的意义代码的描述,人类学家把这种描述叫作**主位描述**(emic account)——它代表参与者的视角和意义,而不仅是研究者的视角和意义(Fetterman, 2008)。它同描述的详细程度没有关系。对这个问题更为详细的讨论,请参阅 Maxwell 和 Mittapalli (2008b)。

他们自己对事情观点的一种最重要的方法,而且是一种重要的寻找自己偏见及对观察现象误解的方法。然而参与者反馈并不必然比他们的访谈回应更有效,应该把两者都看作你的描述效度的**证据**(参见 Hammersley & Atkinson, 1995)。想要更加详细了解有关这种方法策略讨论,请参考布劳尔(Bloor, 1983),布林曼(Bryman, 1988:78-80),古巴与林肯(Guba & Lincoln, 1989),迈尔斯与休伯曼(Miles & Huberman, 1994:242-243)以及辛德勒斯基(Sandelowski, 2008)的著作。

4. 干预

尽管有些质性研究者认为实验控制与质性研究方法并不一致(例如, Lincoln & Guba, 1985),但是那些在传统的质性研究中常常用到的非正式的干预,但却没有被认真对待。例如,戈登堡(Goldenberg, 1992)在一项研究《两个学生阅读进步和他们的教师对他们的期待及行为对这种进步的影响》("Two Student's Reading Progress and the Effect that Their Teacher's Expectations and Behavior")中,与这位教师分享了自己对一个学生没有能够达到教师期待的解释。这导致教师对待学生的行为发生了变化,而随后又引起了学生阅读的进步。对教师的干预,以及引起她行为的改变和学生的进步,这些证实了戈登堡的观点:教师的行为,而不是她对学生的期待,是学生进步或不能取得进步的主要原因。另外,戈登堡描述了这个变化发生的**过程**,这确证了教师行为认同是学生进步的原因,而这不是简单的关系就可以实现的。

在田野研究中,研究者的出现在某些方面**总是**一种干预,这在第 5 章中讨论过,而且可以用这种出现带来的效果来提出或者检验有关被研究群体或题目的思想。例如,布瑞格斯(Briggs, 1970)在她对一个爱斯基摩家庭的研究中,详细地分析了这个家庭如何对她作为"养女"经常表现出的不合适的行为所做出的反应,进而提出关于爱斯基摩社会关系的文化和变动的理论。

5. 寻找不一致资料与反面案例

在质性研究中，寻找并分析不一致资料和反面案例是效度检验逻辑的一个主要部分。那些不能对其进行具体解释或说明的事例，有可能表明了目前这种描述存在重大缺陷。然而，很多时候，很明显不一致的例子是没有说服力的，正如对这个不一致资料的解释本身是令人怀疑的一样。物理学中到处都是这样的例子，很多按照推测"不能成立"的实验证据，它们后来被发现确实是有缺陷的。这里的基本原则是你必须要严格地检查这些支持的资料与不一致的资料，从而判断到底应该保留还是修改这些结论，并知道如果忽视不符合你的已有结论的资料的严重后果。检查你自己的偏见和假设，以及逻辑或方法的不足，最好的方法就是请求别人给予反馈。在特别难以判断的案例中，你所能做的，最好就是报告这些不一致的证据，让读者来评价并得出他们自己的结论（Wolcott, 1990）。

6. 三角检验

三角检验——指运用各种各样的方法，从不同领域的个人和场地那里收集资料——在第 5 章讨论过。这种方法降低了由一种具体方法所导致的偶然联系与系统偏见的危险，从而能够让你对你提出来的一般性解释有一个更好的评价。在质性研究中，将三角检验作为效度检验方法并对其进行最为广泛讨论的是菲尔丁与菲尔丁（Fielding & Fielding, 1986）。

菲尔丁与菲尔丁的主要观点之一是：三角检验并不自动增加效度。首先，经过三角检验的方法也许具有**同样**的偏见，或是无效的来源，所以它只是提供了一个虚假的安全。例如，访谈、调查问卷及文献都无法避免自我报告式的偏见。因此，菲尔丁与菲尔丁强调，必须认识到**任何**具体方法与资料都会犯错误，所以要就**效度威胁**进行三角检验。正如前面所述，你应该考虑存在什么具体错误或偏见来源，并寻找具体的方法来解决，而不是依赖你选择的方法为你做这些。在最后的分析中，效度威胁是通过证据来消除的，而不是通过方法。

7. 半统计

很多质性研究的结论都包含着一种量的因素。任何声称一个特定现象在研究的现场或人群中是典型的、罕见的或主流的,或某些行为或主题比其他行为或主题更加常见,这都内在地是一种量化研究的主张,都需要某种量化的支持。贝克尔(Becker,1970)发明了"半统计(quasi-statistics)"这个概念,指利用从资料中很容易地就得出的简单数量结论。正如他(Becker,1970:81-82)所说:

> 在多数观察案例研究中,一个最大的错误是他们没有澄清他们结论的半统计基础。

以这种方式使用数据并不是意味着将研究变为变量理论取向从而使研究成为量化研究,这在第2章、第3章和第5章介绍过。它只是让这种观点所隐含的量化研究性质更加明确、准确。想要更多了解有关质性研究中数据的使用,请阅读马克斯威尔(Maxwell,2010)和西尔(Seale,1999)的著作。

正确地使用数据不仅能够检验并支持本来就具有量化特征的观点,而且还让你能够对你资料中证据的**数量**进行评估,是它们产生了特定的结论或威胁,如有多少不一致事例存在以及它们是从多少不同的渠道获得的。贝克、杰尔、休斯和斯特劳斯等人(Becker et al.,1961,1977)曾在对医学院学生的一个经典参与式观察研究中有效地运用了这种方法,他们在研究中提供了50多个数量表格与图表以及观察与访谈的分布情况来支持他们的结论。另外,数据对发现和传达你研究的情境和人群中行为和观点的**多样性**非常重要(Maxwell,2011b:Chapter 4)。

8. 对比

在量化研究、变量理论研究中,为了评估效度威胁而做明确的对比(如干预组和控制组之间)很常见,其实在质性研究中也有大量使用对比的例子,特别是在多案例或多场景研究中。迈尔斯与休伯曼(Miles &

Huberman, 1994:254）介绍了很多对比的方法,以及对这些方法的使用建议。这样的对比（包括在不同时间同样场所的对比）能够集中说明反对用质性方法理解因果关系的一个主要原因——如果假定的原因不存在,质性方法就不能明确地说明与所发生的事实不同的"反事实"（Shadish et al.,2002:501）。

另外,单个场景的质性研究,或面向同质群体受访者的访谈研究,一般很少运用正式的有助于理解结果的对比。也许由于有典型的场景或关于这类个体的研究文献,所以就很容易在一个例外的案例中找到相关的特征和过程,也很容易理解它们的意义。在其他例子中,研究场景中的参与者也许有其他情境的体验,或者早些时候有着同样的情境体验,研究者可以利用这种体验来发现关键因素以及它们所具有的效果。

例如,玛莎·芮根-史密斯（Regan-Smith, 1991）对医学院教学及其对学生学习影响的研究（附录 A）,只研究获得"优秀教师"奖励的教员。从量化研究设计观点来说,这是一个"非控制"的研究,很容易在其中发现坎贝尔与斯坦利（Campbell & Stanley, 1963）所认定的各种效度威胁。然而,前面提到的两种包含对比的形式在这项研究中都用到了。因为首先,有大量已经出版的医学院教学的相关资料,所以芮根-史密斯能够利用这些资料,加上她自己对医学院的广泛了解,发现她所研究的教师的特点。其次,她访谈的学生明显地把这些教师同那些他们认为没有给他们多少帮助的授课教师进行了对比。除了这些对比,她研究结论的效度主要依赖一种过程的方法。学生不但详细地说明了这些优秀教师在**什么**方面提高了他们的学习,而且说明了这些教师的教学方法**如何**以及**为什么**使他们受益。而多数说明又被芮根-史密斯自己作为这些教师课堂中的参与观察者及教师对他们为什么这么做的解释所确证。

第 1 章和第 5 章都介绍过矩阵,对设计如何有效地使用方法非常有用。表 6.1 是一个聚焦于效度问题的矩阵,是莎拉·戴利（Sarah Daily）为儿童早期教师对发展儿童情绪能力的研究所提出来的,我们在例 3.1 中介绍过。例 6.1 是她对这个矩阵进行反思撰写的备忘录。

例 6.1 伴随表 6.1 的备忘录

在一次有关教育研究的讨论中,约翰·普拉特(John Platt, 1973:204)谈论了科学的田野研究如何能够迅速地增加知识和促进理解,因为这些学科运用系统的过程对待研究过程。这个过程的第一步是设计出替代性假设,也就是说,考虑所有的方法,证明一个给定的结论可能会是错误的。花时间考虑这些可能的方法,和用这些方法回答我的研究问题获得的结论也许是错的,这是一个重要的过程,因为它会增加我在研究中形成有力推断的能力,并且增加了我说服读者的能力。我已经彻底地从各种角度考虑了理解我的资料的方法。虽然理解和形成关于社会情绪学习和影响社会情绪学习发展的结论的过程可能存在一些障碍,但是已经发现的效度威胁对我的研究有帮助。

发现这些威胁还能够帮助我明白,在我研究设计的所有方面,整合并阐明效度威胁是多么重要,效度不仅仅是一个在研究过程中列清单的项目。例如,在思考第一个威胁——缺乏集中、长期的投入——的过程中,我突然想起来,阐明该效度威胁对我研究过程的顺序、我提出的访谈指导、我的研究问题及资料收集方法都有很多启发意义。如果我只是提出我的研究设计而不考虑这些意义就开始研究,那我未必能够通过临时策略来处理这些威胁。

为了寻找阐明这些效度威胁的方法,我寻找并发现了我自己的著作。我重新阅读了我自己的《运用质性方法做因果说明》(*Using Qualitative Methods for Causal Explanation*, 2004)和《质性研究设计》(*Qualitative Research Design*, 2005)。我发现这两本书帮助最大,这两本书有助于我思考哪些方法可以用在混合方法中,但也可以让它们更倾向于做一个质性研究,就像我的设计一样。因此,效度矩阵很大程度上反映从这些书中发现的方法,而且可以将它们看作**观察和过程分析**的方法,并**发展和评价其他解释取向**的方法。

我决定绘制效度矩阵并撰写备忘录,因为无论是理解还是应用,效度概念都是最难的。除了这个作业,我还没用过这样一种综合的方法记录这些威胁。当我对该练习进行反思的时候,一件触动我的事情是,这些已经发现的威胁可能只是冰山一角! 这里有很多动态的部分,也许在任何研究中都是这样,有太多机会怀疑我的方法和结论。继续往前推进让我明白了,要继续建构这个矩阵,我仍然有很多工作要做。我想起格林对泰德利(Teddlie)和塔沙科里(Tashakkorri)的"设计质量与解释严格"(design quality and interpretive rigor)的讨论。也就是说,当我思考将我的研究的效度往前推进的时候,这项作业能够帮助我思考,不要将效度考虑为独立的变量而不需要控制,而是要考虑如何慎重地思考我的研究设计及我对现象的解释,并呈现我的结果的质量,它们会继续增强我的结论的效度。

练习 6.1　寻找并处理效度风险

　　这个练习需要撰写备忘录,与例 6.1 中的那个类似,它可以通过自身支持,也可以像表 6.1 一样建立在矩阵的基础上。在这个备忘录中有两个主要的问题你应该阐明:

　　1. 你的研究中需要关注的最严重的效度威胁(其他可能的解释)是什么? 换句话说,对于发生的事情,你可能会产生误解,其主要原因是什么? 回答要尽可能具体,而不是只给出一般的分类。而且,要思考你**为什么**认为这些会构成严重的威胁。

　　2. 在你的研究设计(包括资料收集与资料分析)中,你怎么处理这些威胁并增加你的结论的可信度? 用头脑风暴方式开始思考,有哪些可能的解决办法,然后考虑哪些方法对你的研究是**可行的**,且理论上是相关的。

> 记住有些效度威胁是不可避免的,所以你需要在你的研究计划书或研究结论中承认这些威胁。没有人指望你对**每个**可能的威胁都有一个严密的回答。关键的问题是这些不可避免的威胁的可能性和严重性如何。

质性研究的推广性

我有意地把推广性放到最后,因为我认为推广性与效度是根本不同的问题。研究中,推广性指的是将建立在对特定个人、情境、时代或机构的一项研究的研究结果、结论扩展到其他的未被直接研究的个人、情境、时代或机构(Polit & Beck,2010)。质性研究者通常研究一个单独的情境或少数个人或场景,运用理论性或目的性抽样而不是概率抽样,而且他们很少明确宣称他们的研究具有推广性。

不过,有一个重要的区分是内部推广性与外部推广性(Maxwell,1992)。内部推广性指的是所研究的案例、情境或群体**内**的一个结论推广到不能直接观察到、访谈到或不是直接呈现在所收集的资料中的个人、事件、时代或情境。比较而言,外部推广性指的是结论的推广性超出了那个案例、情境或群体,而推广到其他的个人、时代和情境。这并不是一个绝对或泾渭分明的区分,因为这取决于研究者如何界定所研究的案例、情境或群体,有些东西在研究的过程中可能会改变。不过,我认为在你设计研究方法并阐明你的结论可能存在的局限时考虑这种区分应该会有用。

内部推广性明显是质性案例研究的一个主要问题。一个案例研究结论的效度取决于它们向整体案例的内部推广性。如果你研究课堂上教师与学生间的互动模式,假如你选择只关注特定学生或者某类互动而忽视其他学生或者其他类型的互动,那么你将课堂作为一个整体描述就并不合适。抽样问题与内部推广性特别相关,因为即使在一个很小的情境中,也不可能观察所有的事情,而且缺乏内部推广性可能会严重损害研究结论的效度。内部推广性的一个关键问题是正确地理解研究情境中或被研究的人群中相关现象的变化。正如第 5 章中提到的,质性研究中的多样化经常被低估,或是因为不恰当的抽样,或是因为过分强调共同特征或主题并忽视差异性,或者是并不适合所有资料的统一理论被强加进去(Maxwell, 2011b:64-65)。正如前面介绍的,使用数据来正确地表达这种多样化特征是检验你的结论内部推广性的一种重要方法。

外部推广性为质性研究提出了某种不一样的问题。正如前面指出的,质性研究中的外部推广性与量化研究中的推广性非常不同,将量化研究的推广性观点强加给质性研究常常会受到批判(例如, Donmoyer, 1990; Guba & Lincoln, 1989)。布里曼(Bryman, 1988:90)认为,"案例研究推广性的 '问题' 会使人对这种研究的目的产生一种误解,会让人以为被研究的案例是从众多类似案例中选出来的一个样例"。

实际上,质性研究的价值也许正是因为它**缺少外部推广性**,不代表更大的群体,正如第 5 章所讨论的。但它可以提供关于一个情境或群体的描述,作为一个极端或理想的类型而发挥启示性的作用。弗瑞德森(Freidson, 1975)在研究医生的团体控制中(例 3.3),选择了一个非典型的实践群体,这个群体都是医生,都训练有素,他们的观点都比一般人更为激进,而且这个群体的构成确实能够回答他要说明的问题。他认为他的研究对理论与政策做出了重要的贡献,正是因为这个群体中,团体对他们实践的控制本来应该使工作更有效,但案例中控制的失败不仅突出了一个在其他群体中也可能存在的社会过程,而且更加有力地说明了这种控制是不可行的,而不是仅仅提供了一个代表性的群体。

这并不意味着质性研究绝不能超越研究的情境或人群而进行推广。质性研究的推广性通常并不是基于明确的对某些既定人群的抽样,研究结果并不能推广到这些人,而是基于所研究的案例中使用的理论发展的**过程**,这些过程也许在其他案例中也能够很好地使用,不过它们在不同的环境中可能会产生不同的结果(Becker,1991; Ragin,1987; Yin,1994)。
贝克尔(Becker,1991)提供了一个过程理论的例子,通过犯人的剥夺创
造一种特定的监狱文化,如何将这样一个过程理论从男犯人推广到女犯
人,尽管在这两种情况下真正的监狱文化大不一样。他认为,"推广性并
不是关于所有的监狱是如何的相同,而是说过程,无论在哪里发生都是一
样的,但条件的变化会造成结果的变化"(Becker,1991:240)。

另外,质性研究通常具有朱迪思·辛格(私下交流中)所说的"**表面
推广性**"。所以很明显它的结果可以更加广泛地应用。最后,哈默斯利
(Hammersley,1992:189-191)与威伊斯(Weiss,1994:26-29)从案例研究
或非随机抽样中,列举了很多提高推广可能性的特征,包括研究对象自己
对对普遍性的评估、其他情境的类似性以及与其他研究的互证等。这些
特征都可以为质性研究的推广提供信度,但没有一个能像概率抽样那样,
将结果外推到确定的总体上。

7

研究计划书

呈现并论证一项质性研究

有一次,俄罗斯皇后凯瑟琳打算沿着多瑙河向下巡游,视察她的这一片领土。她的总理大臣乔吉·珀特姆基知道这个地区非常贫穷,皇后见了一定会不高兴。于是,他吩咐手下沿河两岸建造假村庄,并强行让农民住进村庄来欢迎皇后,希望让皇后看到这里是多么兴旺、繁荣。"珀特姆基的村庄"这个概念自打出现以来就意指"一个令人印象深刻的外观或者有意隐藏一个不被期望的事实或情况的假象"("Potemkin Village", 1984)。

你不会希望你的计划书成为珀特姆基的村庄——这样的研究并没有反映你真正相信或打算去做的事情,而只是捏造出来以期得到许可或研究的经费,或者只是按照你以为的研究计划书来写。评审委员会一般很容易发现这种虚假现象,除了这种被发现的危险外,珀特姆基的村庄式计划书最严重的危险是你也许被你自己的虚假设计所欺骗,以为你真的解决了你的设计问题,从而忽视你真正的理论、目的、问题及现场与它们之间的关系——你真正该做的研究设计。

这样写计划书的原因通常是研究者还没有设计出(更为糟糕的是,还没有理解需要设计)真正的研究设计,因此不得不用一个虚假的设计来代替。忽视或拒绝承认这种真正的设计,会使你在真正准备做研究时遇到麻烦。因此,在你准备为研究撰写计划书之前,要对你的设计有一个非常清晰的概念。在还没有尝试性地作出设计之前就想写出你的研究计划书不仅会让撰写研究计划书的任务变得更加困难,而且还可能将你的思想禁锢到珀特姆基的村庄式的设计中,这会妨碍你为研究设计出真正可操作的计划书。

当然,如前面章节所讨论的,你的研究设计会随着研究的实施而逐渐发展,因此质性研究计划书不可能提出你确切该怎么做的细节。不过,并不能因此就有了借口,可以不必为你的研究提出尽可能详细的设计,或不需要清晰表达这种设计。在计划书中,你所需要做的是说明你的研究中所需要的各种弹性,并尽可能地指出你将如何决定未来的设计。对于学位论文计划书,你的委员会一般希望看到的是,你展示出你设计一项一贯的且可行的研究设计的**能力**,证明你意识到了研究中所提出的主要问题,以及解决这些问题的方法,而不是一个形式完好的设计方案。

这一章中,我想说明研究设计与有效计划书之间的联系,并对如何实现从设计到计划书的转变提供一些指导方针与建议。我相信本书中提供的设计模式会使这种转变更加简化、方便,而且为考虑计划书结构与内容提供了一个有用的框架。洛克、斯波多索和斯尔弗曼(Locke et al.,2007)*为撰写计划书提供了更加详细具体的建议。

我首先讨论研究计划书的目的与结构,然后继续讨论研究设计同这些目的与结构的联系。最后,我将讨论一项计划书的各个具体部分,以及质性研究的计划书需要说明的主要问题。

---

* 本书中文版已由重庆大学出版社引进出版。

计划书的目的

计划书的结构不应该死守一种强制形式或一套规则规定,计划书的结构和它的目的紧密地联系在一起。研究目的非常重要,当你撰写计划书的时候应该把它摆在桌子上或电脑面前:**计划书的目的是向一群对于你的研究问题并非专家的听众 / 读者说明你计划的研究并论证该研究的合理性。**

这个陈述中有四个主要概念:

1. **说明**(explain):你希望读者清楚地理解你计划要做的研究。洛克、斯波多索和斯尔弗曼(Locke et al., 2000: 123)强调"与其说指导老师与委员会否决计划书,不如说是误解了学生的计划书"。我自己的经验也充分地证明了这种看法,无论是在指导学生与评论学生的计划书时,还是在评审计划书时都遇到过这一点。所以,在你写作和修改计划书时,**清晰**是首要的目标。

2. **论证**(justify):你希望计划书的读者不仅理解你计划研究**什么**,而且还要理解**为什么**——你打算如何实施这项研究的基本原理。计划书经常会遭到否决,即使研究描述得非常清晰也会有如此命运,原因就在于作者对**为什么**想要用这种方式做这项研究并不清楚。你的读者也许并不能理解你计划书中的方法将如何为你的研究问题提供有效的答案,也不理解这些研究问题怎样阐明了重要的话题或目的。他们也许会质疑**你**以这种方式做这项研究的理由,或怀疑你只是在套用其他研究的"模板"语言。

3. **你计划的研究**(your proposed study):你的计划书应该与

你的研究有关系,而不是有关于文献、研究题目或一般的研究方法。你应该毫不犹豫地去掉计划书中任何对研究没有直接作用的说明与论证,计划书并不是一个用来展示你对研究题目的一般文献知识[1]、你的理论或方法论技巧,你对打算研究的问题的政治观点的地方[2]。这样做往往只会惹恼你计划书的评议人,他们会觉得你提交的研究没有意义。

有时候学生会错误地把计划书的重点放在他们计划要写的论文上,而不是他们打算要做的研究上。他们冗长、分章地介绍论文将包括哪些内容,用像"在我的论文中,我将讨论……"这样的语言。虽然这偶尔会有用,如指出你打算如何在论文中呈现你的说明或论证,但过多提到论文会转移注意力,妨碍你呈现真正的研究及其设计。

4. **非专家**(nonexperts):你不能期望读者都具有专业知识。在社会科学及相关领域中,课题申请书一般不能要求你的读者对你的具体问题也具有专家的知识。而且学生经常会让教师评论他们的计划书,而教师却往往并不具备相关研究领域的具体知识。所以你需要仔细检查你的计划书,确保里面的所有内容对于一个非专家都是清楚的。(最好是把计划书给一些非专家看,请他们告诉你哪儿不清楚。)

---

[1] 有些大学的部门和学位论文的委员会确实希望看到一个全面的有关你的题目的文献回顾,从而表明你对该领域内先前的研究非常熟悉。读者可参阅我在"概念框架"下面的"计划书结构的一种模式"对该问题的讨论。

[2] 这并不意味着你应该**隐瞒**你的政治观点。这正是你研究目的要讨论的一个部分,而且也可能是你想要集中说明的一个可能的效度风险。但是,讨论应该集中在这些观点对你设计的影响上,而不应该是政治上的争论或与毫不相干的自我展示。

计划书作为一种论证

前面提出应把计划书**作为**你研究的一种论证。它要求你说明所提交研究背后的逻辑，不是仅仅介绍或总结你的研究，而是要以非专家可以理解的方式去表达。（但是它**不**应该为你预期的**结论**作辩护，这样做几乎必然会引起严重的有关个人偏见的问题。）你计划书的每一部分都应该明显地是构成你这种论证的组成部分。

一个好论证的基本特征是它的**一致性**（coherence），而一项计划书需要两个不同意义上的一致性：第一，它必须是**连贯的**（cohere）——逻辑地从一个论点转向另一个论点，而且它们是作为一个有机整体结合在一起的。你研究设计的不同要素之间的结合方式对这种一致性是至关重要的。你必须清楚**为什么**要做这项研究，而不是盲目地遵从规则、模式或标准来实践。例 7.1、例 7.2、练习 7.1，以及附录 A 和附录 B 能够帮你达到这一点。

第二，它必须是**清晰的**（coherent）——能让委员会理解。你需要把自己放到读者的位置上，考虑他们会如何理解你所说的话。所以，你要避免行话、不必要的复杂文体，以及贝克尔（Becker，2007）所说的"漂亮写作（classy writing）"。这是计划书最常见的问题，它们不能达到以上两个方面的一致性：它们要么在推理方面不统一或不连贯，要么不能恰当地向委员会说明作者想做什么或者为什么，或两者都做不到。这些问题是你在写作计划书时应该优先记住的，因为评议人在评审过程中记得最清楚的就是这些问题。两个研究计划书样例（附录 A 和附录 B）都是很好的范例，它们的语言清晰、直白，在很大程度上避免了这些问题。

研究设计与计划书论证之间的关系

在阅读你计划书的过程中,委员会一定有很多问题要问你,这些问题都是你在计划书论证中需要集中说明的。洛克等人(Locke et al.,2007:17)认为作者必须回答三个问题:

1. 我们已经知道了什么或做了什么?

2. 这个具体问题是如何与我们已经知道或已做的建立起联系的?

3. 为什么选择这种研究方法?

这些问题强调了我的研究设计模式中一条轴线上的联系:这条轴线的构成包括概念框架、研究问题和研究方法(图 7.1)。

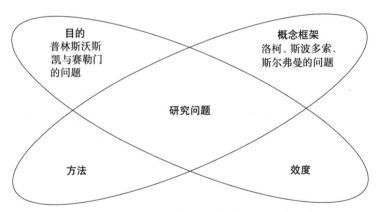

图 7.1 研究计划书中研究设计和研究问题之间的关系

比较而言,普林斯沃斯凯与赛勒门(Przeworski & Salomon,1988:2)在给那些向社会科学研究委员会(Social Science Research Council)申请资助的申请者的建议中指出:

　　每个读者在阅读计划书时,总希望它能够清晰地回答以下三个问题:

　　●计划研究的项目的结果是我们还不知道的,那么我们将从这项研究中获得什么?

　　●它为什么值得研究?

　　●我们如何知道这些结论是有效的?

与洛克等人(Locke et al.,2007)提出的问题不同,这些问题强调模型另一条轴线上的联系,这条轴线包括你的研究目的、研究问题和效度。

　　因此,你的研究设计中的这些要素之间的关系构成了你计划书论证的关键部分。这些联系为你论证的一致性提供依据。除此之外,你的计划书必须把前面这些问题的答案以及它们之间的联系传达给读者。

计划书的结构模式

　　我在本书中呈现的研究设计模式,可以直接用图绘制成为一种组织安排质性计划书的提纲。虽然这种形式不是唯一一种组织计划书的方法,但却是一种相当标准、一般都可以理解的形式,而且这种形式很容易向读者传达一项质性研究设计。但是,对于计划书的结构,每所大学与资助单位都有自己的要求与偏好,所以如果这里提供的形式与他们的要求相冲突,那你必须优先考虑他们的要求与偏好。但我仍然建议你用我这里介绍的结构作为撰写计划书的第一步,即使你最终会把它转换成其他形式。我见到过太多的学生,当他们试着用传统的或要求的计划书结构方式**提出**他们的研究设计时非常迷茫,只能提出一个重复、条理不清的论证,而无法表达出他们研究的真正优势。

　　首先我以图的形式(图7.2)展示研究设计和计划书结构之间的关系,

然后再详细讨论计划书结构的每一个部分,说明这种结构与我的研究设计模型是如何联系的。如果结合两个计划书样例(附录 A 和附录 B)以及我对第一个计划书的评价一起阅读,则这个说明将更容易理解。我这里介绍的结构之所以重要并不是因为各个部分拥有独立的名称,这只是一种方便的组织工具,当它们与要求的结构相冲突的时候都可以修改。这里重要的是,组织好这些问题,让它们能够清晰地传达你的研究设计并做好论证工作。

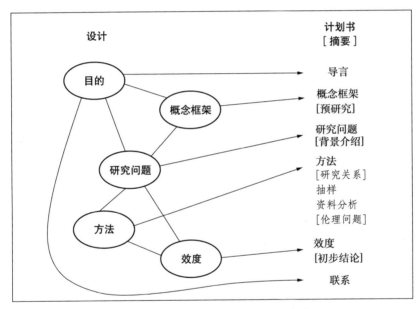

图 7.2 研究设计和计划书结构之间的关系

很多大学和部门都有一个标准,学位论文计划书必须遵循三章节的格式。(还有一种流行的观点认为,这三个章节应该成为你学位论文的前三个章节,我觉得这种观点对质性学位论文很不恰当而且也没有好处。在你的学位论文中,所有的章节,特别是方法这一章,要根据你在研究中真正所操作实施的进行很大的修改。)伊丽莎白·瑞德尔的研究计划书(附录 B)展示了如何将我介绍的这些要素吸纳到这种格式中。

1. 摘要

并不是所有的计划书都必须要有摘要。但如果你有一个摘要,就可以在这里为读者提供一个轮廓和"路线图",而且它不仅仅属于研究本身,同时也是对你计划书的论证。摘要应该以简练的形式论证你的研究,而不只是提供一个占位空间(place-holders),最后才来填上真正的内容(Becker, 2007:50-53)。芮根-史密斯的摘要(附录 A)为我们提供了一个范本。在形成这种论证的过程中一个很有用的工具是"论证概括练习",这将在后面介绍(例 7.1、例 7.2 及练习 7.1)。

2. 导言

计划书的导言部分"为你的研究设置舞台,说明……你想要做什么以及为什么要做"(Peters, 1992:202)。这里应该清楚地说明你的研究目的以及研究想要说明的问题,并就你的主要研究问题以及计划要做的研究给予一个总体评价。(研究问题的全面呈现一般最好放到概念框架的后面,等问题的理论基础更清晰的时候,但这种规则并不是绝对的。)如果计划书的结构本身可能引起困惑,应该在这里进行说明。

3. 概念框架

这部分通常叫作"文献回顾(literature review)",但这个概念容易引起误解,我在第 3 章已经说明了原因。但你也许必须要用到,这取决于你的计划书是写给谁看的。这部分主要有两个作用。第一,你需要展示你提出的研究如何切合已有的研究(它同已有理论与研究的关系),以及你的研究对其他人理解你的问题有什么样的贡献(研究的知识目的);第二,你需要说明你研究中的理论框架。这些目的一般都是通过讨论先前理论与研究而实现的,但这里关键是不要**概括**这个领域已经做了什么,而是要说明你的研究是如何建立在前人研究的**基础**上的,你的研究目的是为读者理解现象提供一个更加清晰的理论方法。

所以,好的文献回顾的基本特征是**相关性**(*relevance*)。讨论的每一项研究都应该与你打算要做的研究相关,而且你还要说明它们是如何相关的——如何丰富你的研究或对你有什么启发——即使不是非常明显。美国心理学会的《出版手册》(*Publication Manual*,2010:28)*,是一本用来指导社会科学与应用中的学位论文、研究计划书写作以及出版的指导手册,指出:"引用和参考文献与特定的问题相关才会发挥作用,而且不包括那些只有一般意义或相差较远的问题……要回避非本质的细节。相反,要强调相关的研究发现、相关的方法论,以及主要的结论。"(要想进一步拓展对这一问题的讨论,请参阅 Maxwell,2006。)记住第 3 章强调的要点:有时候与你的研究最相关的理论或研究可能来自你的研究领域之外。[1]

在学位论文研究计划书中,文献回顾的原则可能有不同。有些指导老师和委员会成员认为,文献回顾应该表明你知道你研究领域中的文献,无论它们与你的具体研究是否相关。如果你是这样的情况,那么你的文献回顾就需要比我介绍的更加全面;而且你要与你的委员会成员一起检查你的文献回顾。不过,你仍然需要寻找与你的研究最相关的研究以及你可能会在概念框架(以及你研究设计的其他方面)中用到的特定理念,因为要呈现一个前后一贯的研究计划和论证,以及出版你的研究结果,这些都是必须要做的。(要想进一步阅读有关学位论文的文献回顾及其作用的讨论,参阅 Maxwell,2006。)

由于你的个人经验和知识是构成你的概念框架的重要组成部分,所以

---

* 中译本为《APA 格式:国际社会科学学术写作规范手册》,已由重庆大学出版社引进出版。

[1] 洛克等人(Locke et al.,2007:68-73)对文献回顾的目的和构建进行了出色的讨论。

你要在计划书的适当地方对它们进行讨论。芮根 - 史密斯和伊丽莎白·瑞德尔在研究的概念框架中专门对此进行阐述。再次强调,关键是相关性。这个部分讨论的经验和观点与你研究的联系必须清晰。

你所做的任何预研究也都需要在计划书中进行讨论,说明它们和你的研究的关系。这可以放在以下任何地方:在概念框架的结尾处;放在概念框架的后面,作为一个独立的部分;或者,在有些案例中,因为只有详细了解问题之后才能够理解预研究,这种情况下则可以放在研究问题之后呈现。除非预研究的主要目的是检验你在研究中准备运用的方法,否则你的研究应该集中讨论在预研究中**学到了**什么,而不是你所做的细节。

4. 研究问题

在我的研究设计模式中,对研究问题的陈述对研究计划书是至关重要的。虽然在导言中你通常会简短地陈述你的主要研究问题,但我还是建议在概念框架后面详细地讨论并说明你的研究问题。这是因为只有在预研究、理论和经验背景得到说明之后,才能够明白为什么要集中讨论这些具体问题。你可以用一小节来说明你的研究问题,就像芮根 - 史密斯所做的一样,你也可以把它们放到概念框架的结尾处,就像瑞德尔所做的,或者方法部分的开始处。

在研究问题这一部分,除了陈述你的问题之外,你还应该澄清两个主要问题:

(1)你的问题是如何与预研究及理论、个人经验和探索性研究及你的目的联系在一起的。

(2)这些问题怎样形成一个连贯一致的整体,而不只是对你的题目进行提问的随机集合。一般来说,少量的清晰、集中的问题通常要比大量的、试图"全面覆盖（cover the waterfront）"的问题好得多。如果你有三个以上的主要问题,需要考虑有些问题是否最好作为更大问题的子问题,或者你的研究想要做的事情是否多过头了。

5. 研究方法 [1]

你的计划书不需要一般性地论证你的质性研究方法,除非你认为有些读者对此还有些担心。[2] 你确实需要说明并论证你为何选择了特定的方法,应该澄清为什么这是一个合理的选择。如果你事先不能具体说明方法中的某些部分(例如,你要访谈多少人),你应该说明之所以这样选择的根据。

介绍你的研究情境或社会背景有助于澄清和论证你选择的问题和方法。可以把这样的介绍放在方法部分的开始,或作为一个独立部分放在研究问题之前或之后。课题申请书还需要说明:你已经获得了哪些资源以及你现在申请资助做什么用,你的资历和经验,以及你的计划和预算。其中有些可以放在方法部分说明,但你也可能还需要增加一些部分。[3]

方法这一节一般包括以下几个部分:

　　a. **研究设计的类型**。这是一个什么类型的研究？包括特定

---

[1] "方法论"的概念通常用在计划书的这个部分。虽然比较流行,但这种用法并不准确,也有些夸张,就像贝克尔（Becker,2007）所谓的漂亮写作。方法论是方法的理论或分析,并不是你在具体研究中实际所做的。美国心理学协会的《出版手册》（2010:29）对这个部分使用的术语是"方法（method）"。

[2] 对于可能轻视或不友好的受众,如何为你的质性研究进行辩护,有关这方面的建议请参考马克斯威尔（Maxwell,1993）。

[3] 洛克等人（Locke,2007:178-219;Robson,2011:387-397）讨论了课题申请书的具体要求。

的研究类型（如质性访谈研究），如果你要采取的哲学或方法论取向与其相关的话，也应包括在内（如现象学、参与行动研究等；参阅第 3 章中我对这些取向的讨论，在"研究范式"这一节中）。虽然质性研究中并不总是需要说明这一点，但有时候在介绍和论证整个方法取向时会有所帮助，例如说明你为什么选择做案例研究或对两个场景的对比研究。如果不需要详细说明，那么通常可以在导言中简述即可。如果你的研究问题和你正在做的研究联系非常紧密（如你要比较两个现场，而你的问题集中于它们的对比），那你也许最好在研究问题这部分进行集中说明。

b. 你打算建立的研究关系。正如前面所说的，这是你的设计的一个重要组成部分，但它在计划书中通常不是一个明显的组成部分。我的建议是要讨论这种关系，特别是当它是信息或思想的重要的或不明显的来源时，如果它给研究提出了潜在的资料收集困难、伦理问题或效度风险时，就更需要讨论。（参阅芮根 - 史密斯对她与研究参与者之间关系的简洁描述，在"场地选择"这一部分中，以及瑞德尔对她打算要建立的关系的讨论，在"方法"这一部分中的"研究关系"中。）

c. 选择现场和参与者。重要的是不仅要进行介绍，而且还要说明你为什么选择研究这些特定的现场或访谈这些选定的对象以及为什么是这么多人。

d. 资料收集。你将如何获得用来回答你的研究问题的资料。你的介绍应该包括访谈、观察方法或其他计划要用到的方法，你怎样实施这些方法，以及你**为什么**选择这些方法。无论是选择对象还是收集资料，最重要的是考虑实际可行，而且你的计划书对这些问题都要坦诚，不要为了实用的选择就忽视它们或编造虚假的理论证明。如果你的所有选择都是建立在实用的考虑之上(如研究一个与你有关系或者容易进入的机构),那么在某种程度上,你就需要解决这种情况所引起的潜在效度风险或伦理问题。

　　e. **资料分析**。你打算如何分析收集的资料。对如何分析资料一定要明确,这里用具体事例一般比抽象介绍更加有用。而且,你要清楚这些分析怎样能够回答研究问题。你也许需要列出一个问题和方法矩阵(例 5.1)来说明这些问题。

伦理问题可以放到方法部分进行讨论,但如果你的研究可能会引起重大的伦理问题,也许最好作为一个独立部分来讨论,就像芮根 - 史密斯所做的(见附录 A)。

6. 效度

　　效度问题一般在方法部分讨论,但我建议用一个独立的部分来讨论这个问题,原因有两个。首先是清晰:你可以在一个地方专门说明你打算如何运用不同的方法集中说明某一个效度风险(这种方法前面讨论过,叫作三角检验),或如何通过选择对象、收集资料及分析方法等来处理效度威胁问题。其次是方法策略问题:用单独一个部分来讨论效度突出了你对效度问题严肃认真的态度。重要的是让你的委员会知道你**意识到**了具体问题并考虑了如何处理,而不在于你有一个严密的解决问题的计划。

　　在说明效度问题的时候,一个关键的问题是要表明你允许检验冲突的解释和不一致的资料——你的研究不只是一个自我实现的预言。洛克等人(Locke et al.,2007:87-89)对科学的思维状态进行了令人信服的讨论,而且还讨论了提出其他解释并检验你的结论的重要性。我认为,这个问题对量化研究计划书和质性研究计划书同样重要。

7. 初步结论

如果研究已经开始,你可以在这部分对它进行讨论:到目前为止,在你的方法使用中或你对研究问题的尝试性回答中,有什么收获。这种讨论对论证你研究的可行性和澄清你的研究方法,特别是如何收集资料都非常有价值。这可以参阅芮根 - 史密斯的计划书。

8. 总结

这里你可以总结前面各个部分所说的内容,提醒读者这项研究的目的及其贡献,然后讨论研究与它所在领域其他方面的可能联系以及启示意义。这部分应该回答读者在阅读计划书时可能会提出的一些问题,如"这样又如何呢(so what)"? 这部分一般都相当简短,占一页,最多两页。芮根 - 史密斯的计划书为我们提供了一个特别简洁的、只有一段的总结(甚至都没有用 "总结" 这个标题),不过却完成这些任务。伊丽莎白·瑞德尔的计划书没有这样的总结,但它应该有一个总结。

9. 参考文献

这部分一般限于真正引用的参考资料。除非你确实受到其他人的指导,否则不应该放在相关文献中。

10. 附录

附录包括下面这些内容:

- 研究的时间表。
- 介绍信或许可协议。
- 调查问卷、访谈的提纲或其他工具。

- 可能访谈对象的名单。
- 观察计划。
- 分析方法或工具软件的介绍。
- 问题、方法、资料和分析方法矩阵(表 5.1)。
- 从预研究或已经完成的研究中列出观察记录样例或访谈

记录。

附录还可以包括对一些具体事情的详细解释(例如,特定的资料收集
或分析方法,或有关访谈对象或现场的背景信息),这些要是放在计划书的
正文部分会占用太多的篇幅。

我这里呈现的结构最初是用于 5000 字左右的计划书(两倍行距大
约 20 页),但各个大学和资助机构有不同的字数要求,有的要求短些,有的
要求长些。不过,即使你的计划书提交时要求的字数比这个要短,我仍然
建议你最初的草稿要写 20 页左右,因为这是检验你设计研究能力的好机
会。有一个学生只写了 10 页的计划书,也在委员会那里获得了通过,他后
来说:

> 我想如果我写了一个更加完整的计划书,那将会更好。虽然
> 我无法确定我的研究将采取什么样的形式,但我仍然应该花更多
> 的时间在设计上。那样的话,我会更有信心,知道我将往何处去
> (Perters,1992:201)。

当你对自己的研究设计有了信心并知道如何呈现时,就可以把草稿缩
减到要求的长度。另一方面,如果你需要写一个比这个更长的计划书,我
建议你先写这么长的草稿,以帮助你进行论证。

我想强调的是,你不能把研究设计简单机械地变成计划书。你的计
划书是把你的设计**传达给**他人的文本,它不同于研究设计本身,需要精

心思考怎样才能最好地实现这种沟通。要实现这种沟通,你需要考虑你的受众,你是在为他们而写作。各个大学、委员会、组织机构和基金会都有他们自己的观点和标准,所以你研究设计的语言和形式都需要符合这些评议人对计划书的要求或者期待。最好把我在这里呈现的结构作为你最初的大概形式,为了达到委员会的期望,仍然需要或多或少的调整。与你的委员会讨论,或者与资助机构评审官员讨论你的打算,这对完成计划书非常重要。

从这里介绍的一般计划书模式到你自己的具体详细的计划书,很重要的一步是要为你的计划书的**论证**准备一个纲要,用来说明和论证你的研究中的一系列要点。(参见练习 7.1)这可以让你具体思考计划书的**逻辑**,不需要考虑格式和语法结构。(想要了解更多这样的练习,参阅 Becker,2007:第 3 章。)就像概念图一样,有两种练习方式,你可以任选一种——先写下论证的逻辑,然后把它写成计划书,或者先写下草稿,再从中归纳出重点,然后将其修改为你的研究计划书。我提供了两个写作这种纲要的例子。例 7.1 是我列出的芮根 - 史密斯计划书的论证提纲。虽然非常简短,但说明了基本的思想。例 7.2 是谢里·斯蒂尔(Sherry Steeley)在撰写博士研究计划书时列出的一个提纲。

如果用我这种一般化的模式作为计划书结构,我提醒你不要把这里介绍的提纲作为你自己论证的**模板**(templates)。每个学生都应该用自己的方式恰当地为自己的研究进行论证,而且形成这种论证的过程中,你首先是要从**自己**对研究的思考来进行论证,而不是借用他人的模式。比如我在对芮根 - 史密斯的研究所作的评论中详细讨论的,她的研究以前很少有人做过,而你的论证(和计划书)几乎必然要涉及现存的理论和研究,就像伊丽莎白·瑞德尔所做的。

例 7.1 论文计划书的论证

下面是玛莎·芮根-史密斯计划书的论证提纲,她的计划书在附录 A 中已全文呈现。我是从她的计划书中提炼出这个提纲的,所以这并不是一个很好的例子,因为尝试提出你自己的提纲可能会更有创意,但我这里主要是展示一种概括论证的方法。这个提纲中的有些要点是计划书中隐含的,而不是文中直接出现的。在你的计划书中,哪些部分需要论述以及论述到什么程度,完全取决于你能够想到你的评审者会如何推断或想到什么。类似地,提纲本身只是用来系统论证研究的一个概要。即使在一个完整的计划书中,你也不可能阐明研究的所有问题,所以必须集中讨论那些你认为对你的受众最重要的问题。

对《医学院基础科学教师如何帮助学生学习的研究》("Study of How Basic Science Teachers Help Medical Students Learn")的论证

1. 我们需要更好地理解医学院基础科学教师如何帮助学生学习。

   a. 需要传授的知识急剧膨胀,但却无法增加时间来教学这些知识。

   b. 医学院学生在资格考试的基础科学这一部分的考试成绩已经下降。

   c. 这些情况导致学生的失望和嘲讽,也引起学校教师的担心。

2. 我们对医学院基础科学教师如何帮助学生学习一无所知。

   a. 在其他环境中对科学教师的研究并不必然适用于医学院。

   b. 多数对基础科学教学的研究是量化研究,并没有说明这些教学是如何帮助学生学习的。

   c. 没有人问过医学院学生他们的老师如何帮助他们学习。

   d. 我已经做的研究显示学生能够发现教师如何帮助他们学习。

e. 因此,用质性研究方法研究基础科学教学,由于关注的是学生的观点,所以能够作出重要的贡献。

3. 由于这些原因,我计划研究四位基础科学模范教师,希望知道:

    a. 他们怎样帮助学生学习。

    b. 这些方法如何起作用以及为什么。

    c. 是什么激发了这些教师。

    d. 学生的视角和教师的视角之间的关系是什么。

4. 选择恰当的现场和教师。

    a. 要研究的这所医学院具有代表性,而且我和学校、教师、学生的关系有利于我的研究。

    b. 选择的教师合适而且多样,增加其他教师意义不大。

5. 我计划要用的方法(参与观察和课堂录像,访谈学生和教师,查阅文献)能够为我提供回答研究问题的资料。

    a. 录像为课堂所发生的事情提供了丰富的资料,可以用来引发教师的反思。

    b. 访谈是开放性的,并在观察的基础上增加问题。

    c. 选择学生的原则是理论抽样,而不是统计抽样,这样可以更好地理解教师是如何帮助学生的。

6. 分析可以提供这些问题的答案。

    a. 我的分析将是持续不断地进行的,同时还会进行归纳,目的是寻找随时出现的主题、模式和问题。

    b. 我将运用编码和矩阵来对访谈进行对比,并对访谈进行小结从而保留资料的背景情况。

7. 通过以下方法保障研究结论的效度:

    a. 三角检验的方法。

    b. 检验其他解释和反面证据。

c. 和教师、学生及同事讨论研究发现。

d. 同已有理论比较研究结论。

e. 这些方法，连同早先介绍的方法，让我能够解决它们对我的结论的主要效度威胁：在选择教师和学生中存在的偏见，以及这两者自我报告的偏见。

8. 研究提出了严肃的伦理问题。

a. 教师和学生应该匿名。

b. 我采取了措施来降低我自己的权威可能产生的影响。

9. 初步结果证明了研究的价值和实用性。

例7.2　论文计划书论证提纲

语言、文化和专业认同：双语职业阶梯训练项目中的文化产品

（Language, Culture, and Professional Identity: Cultural Productions in a Bilingual Career Ladder Training Program）

谢里·L. 斯蒂尔（Sherry L. Steeley），2004 年 3 月 21 日

论证备忘录

分别概述研究目的、概念框架、研究问题和方法论，还有一部分是关于效度的。

1. 研究目的

该研究关注在职业阶梯训练项目中双语辅助教育者的专业认同——界定为观念、信念、目的和价值——该项目设计用来阐述在多样化都市地区其他语言言说者对合格英语教师的需要。

在理论层面上：

- 已有的关于职业阶梯项目的研究主要是关于项目完成的情况,提供了有关该项目对进入教学职业的个体的影响的知识,本研究要拓宽这方面的研究。
- 研究该项目的效果是否构成克服限制语言和文化少数群体广泛参与教学职业的社会再生产的有效手段。
- 理解成为教师的辅助教育者(paraeducators)如何运用他们的语言和文化知识储备,个人经验、专业视角及教师训练过程中的经历,形成他们最终的专业认同——研究中探究的关于文化多样和语言多样的教师概念,他们都是受到传统课程教育的教师。

在实践层面上:

- 丰富教育专业中一个被忽视了的群体的观念。
- 为教育政策制定者和学校提供有用的见解,为教育规划和学生提供帮助。

在个人层面上:

- 更加深入地理解项目中被忽视的群体的个人经历,该项目设计用来帮助他们走进仍然由白人主导的专业(Sleeter,2001)。
- 探究机构的实践和结构对那些教师个人生活的影响,这些教师反过来将会对学生的生活产生影响(例如Salinas,2002;Sleeter,2002;Zirkel,2002)。
- 进一步增强我的责任,要理解社会正义和公平取向项目功能以及它们对个人生活的影响功能。

2. 概念框架

本研究的理论支撑,包括现有的对文化和语言多样的学生、教师和学校的研究中论及的支撑。

文化和语言多样的学生和教师：

- 教育者和管理者继续努力让教学环境适合语言和文化多样学习者的需要(例如, Berman et al., & Burkart, 2000; Peña, 1997; Salinas, 2002; Zirkel, 2002)。

- 已有的教师研究显示,超过一半的教师觉得对于应对语言和文化多样性,他们还没有做好准备(Darling-Hammond & Youngs, 2002)。

- 对文化和语言多样的教师(不到15%的教学人员)的研究显示了从文化和语言多样性背景对学生的社会正义责任(Hood & Parker, 1994; Quiocho & Rios, 2000; Sleeter, 2002)。

- 研究显示,虽然大多数教师身份认同所基于的角色模型来自他们自己在主流白人社会、中产阶级学校中的教育经历,但文化和语言多样教师的身份认同还是根植于他们的专业文化观,他们作为文化和语言多样学习者的经历,以及他们的教师训练和早先的实习经历(Quiocho & Rios, 2000; Su, 1997)。

- 研究显示,有些文化和语言多样教师觉得在学校运用他们的文化和语言技巧受到限制;还有一些教师不这样认为,他们决定去帮助自己的学生克服教育障碍,走向成功(Hood & Parker, 1994; Lima, 2000; McCollum, 1999; Moore, 2003; Nguyen-Lam, 2002; Shannon, 1995; Suarez, 2002; Tellez, 1999)。

- 职业阶梯项目出现在20世纪早期,当时研究者承认对那些有志于从事教学职业的文化和语言多样个人有很大的障碍(Genzuk et al., 1994; Guyton et al., 1996; Salinas, 2002; Yasin & Albert, 1999)。

- 这些项目是设计用来帮助那些在学校工作的文化和语言多样辅助教育者克服学术、经济和社会文化困难,正是这些妨碍了他们追求或完成高等教育和教师资格项目(Genzuk & Baca, 1998; Genzuk et al., 1994; Gonzalez, 1997; Salinas, 2002; Yasin & Albert, 1999)。

- 到目前为止,对这些项目的研究集中于测量淘汰率(attrition rate)和成功进入全职教学的岗位(Shen, 1998; Villegas & Clewell, 1998)以及有助于这种转变的测量方法(Genzuk & Baca, 1998; Gonzalez, 1997; Steeley, 2003)。

- 最近一项研究评论(Sleeter, 2002)指出了审视职业阶梯毕业生对教育职业角色的重要性。

- 理解他们对教学、文化、语言的观念是理解这种角色的第一步。

社会再生产和文化产品:

- 社会再生产理论聚焦于个体如何被社会塑造,社会通过微妙的实践为主流阶级保留了特权位置,它们形成了制度文化、政策,给来自下层群体的个人造成了障碍(Borman et al., 2000; Bourdieu & Passeron, 1977/1970; Erikson, 1996; Levinson & Holland, 1996)。

- 这种理论构成了已有研究中描述的很多文化和语言多样教师的经历(Levinson & Holland, 1996)。

- 文化生产涉及个人或群体对由主流文化确立的结构性障

碍的反应;与医院相反,很多研究都聚焦于这些群体的负面反应,还有一些研究关注到在构建新的意义或抵制中的积极反应,这形成了一种积极的后果,让它们能与主流文化共存,同时保留了个体化或群体的价值观(Cummins, 2000; Eriksen, 1992; Erikson, 1996; Levinson & Holland, 1996)。

- Aurolyn Luykx(1999)在玻利维亚一个"民族主义取向"的师范学校对艾玛拉职前教师的研究表明这些个体的代表程度,不过研究没有探讨他们最终的课堂身份认同。

- 案例研究或民族志研究,基本上描述了一定范围的其他文化生产,为我们理解美国学校中的文化和语言多样教师和预备教师的经历提供了一个较好的模式(Ernst-Slavit, 1997; Escamarilla, 1994; Lima, 2000; McCollum, 1999; Moore, 2003; Nguyen-Lam, 2002; Shannon, 1995; Suarez, 2002; Tellez, 1999)。

身份认同理论:

- 从后现代世界中我们发现,个体不再是很容易就贴上文化群体标签的成员了,相反,他们具有众多符号和物质资源,根据历史脉络——广义上,是他们生活于其中的社会经济和文化条件——构建一种身份认同(Eisenhart, 2001)。

- 身份的构建是持续的,反映了个体与其周围环境不断调和的动态过程(Eisenhart, 2001)。

- 教师身份认同与对文化和语言资源的利用会对学生的学术经历产生影响(Bartolomé, 2000; Benjamin, 1997; Cassidy,

2002；Clark & Flores，2001；Escamarilla，1994；Galindo，1996；Lima，2000）。

- 因为文化和语言的多样性，教师利用多样的观念和体验去建构专业认同，这样的理论为我们提供了一种操作取向，来探究职业阶梯项目中文化和语言多样教师的专业认同。

我的理论：

- 职业阶梯项目将会对专业认同的发展产生影响，因为与辅助教育者从教育中形成一种对信息的反思立场一样，个体总是从他们的经历中获得教育洞察力。
- 教育和生活体验能够维持一种强烈的影响，虽然有可能会被职业阶梯项目中的经历所调节。
- 可以赋权给个体进行倡议，从学生方面改变角色立场。
- 当前的政策背景是强调标准化考试，这方面的信息对教师信念会产生影响。
- 理解职业阶梯项目对形成信念和实践会产生什么样的影响，这可以促进我们理解经历过职业阶梯项目训练的双语和双文化教师的专业认同。

3. 研究问题

（1）职业阶梯项目的参与者如何表现他们的专业认同特征，包括他们对教学 ELLs 的信念和他们在学校及在学生生活中的作用？

（2）参与职业阶梯项目如何改变他们对自己成为教育者的理解？

4. 方法论

资料收集:

- 对四位职业阶梯参与者进行了深入访谈,其中两位本科生正在做实习教师,另外两位仍在注册学习中。
- 对由参与者推荐的与参与者身份认同相关的情境做观察笔记(课堂、社区)。
- 来自教师教育的课程作业的实物和由参与者提供的描述他们身份认同的专业背景。

资料分析:用下面的方式对资料进行分析。

- 将访谈录音誊写为访谈文本,进行编码和分类,不断地进行分析,作为进一步提问、主题出现的基础,并作为最后组织贯穿分类和个人回应模式的资源。
- 实物将根据主题成为访谈中进一步讨论的基础,为比较信念、实践、反思和身份认同提供一种资源。
- 田野笔记将进一步作为讨论、编码、分类、反思及成员核检的基础。
- 将根据下面情况对访谈文本进行编码:

从概念框架中出现的理论分类:文化生产、障碍、克服障碍的辅助资源。

对信念产生影响的信息来源:教育经历、教学的文化观、教师训练、职业阶梯项目。

在参与者访谈中出现的作为主题的内容分类:学校领导、标准化考试。

直接信念:参与者用来理解他们体验和定位的信念或观念的陈述。

- 为了证实研究发现和主题,我将对我的研究发现和访谈文本持续不断地采取广泛的成员核检。

- 为了进一步将访谈资料与其他资料进行比较,我将在整个研究过程中持续不断地收集相关的实物资料并列出清单。
- 为了加深对资料的理解,我将对田野观察进行广泛的讨论。

5. 效度

- 为了处理"感应性",我会强调我支持他们去当学习者和教师,而且我非常想更多地了解他们的观点和经历。
- 为了处理偏见的问题,当我进行访谈、观察和实物收集的时候,我将践行反思性的思维方式,将其纳入到我的意识中。

验证技术:

- 对访谈文本、实物和田野笔记进行成员核检。
- 通过运用已经掌握的访谈技术积极寻找不一致的证据,在成员核检中强调不一致的证据。
- 从同事和委员会成员那里寻求已有的技术支持,同时进行反思,并对访谈文本、实物和田野笔记进行分析。

推广性:

- 本研究的目的并不是要进行推广,不过有些主题在类似的情境中可能会有共鸣。
- 研究发现的目的是为语言和文化教育和教师教育领域的政策制定者、实践者提供丰富的描述和洞察,而不是为了发现一般化的现象。

(参考文献过长,省略。)

练习 7.1 提出计划书的论证

本练习的目的是让你学会提炼论证计划书的提纲,而不是写作详细的内容或结构。你要把自己研究中的主要内容及要点呈现出来,条理清晰、逻辑严密,为自己的研究进行辩护。你的论证不必以完整的形式呈现出来,因为这是计划书的任务,但提纲应该反映计划书的本质内容,而且应该形成一个整体。

如果你还处在写作计划书的开始阶段,你的提纲中可以多一些猜想和假设。本练习的目的是让你逐渐形成你的论证,而不是让你去做其他事情。因此,无论有没有证据或材料支持你的观点都不重要,在形成了论证提纲之后,你就可以评价你的推理逻辑和证据的漏洞在什么地方,以及需要做什么来填补这些漏洞。这是一个"不用事先准备的聚会(come-as-you-are party)",尽可能地用你目前的知识建构最好的论证。

你应该对列出来的所有问题分别进行说明,但不必严格按照顺序——有时候对研究关系的说明取决于你对方法或场景的认知,有时候却相反。不要指望在此阶段写出完美的文章,提出受到批判的观点(bulleted points)也许更容易,对这种练习也许更有用。

1. **研究目的**。这项研究要达到或者试图要实现什么样的知识的、实践的以及个人的目的? 研究要说明什么问题? 为什么必须要说明这个(些)问题?

2. **概念框架**。研究中最重要的(个人的和研究的)理论、思想和知识是什么? 它们是怎么形成研究的? 你对该研究的概念框架是什么? 你的概念框架是如何利用和吸收这些理论、思想和知识的? 研究中要说明的哪些东西是我们所**不**知道的?

3. **研究问题**。你想通过研究了解什么? 对这些问题的回答将如何阐明你的研究目的? 这些问题是怎样同你的概念框架联系起来的?

4. **研究关系**。你打算与你的研究场景中的参与者,或那些控制你进入现场或获取资料的人建立什么样的研究关系? 为什么? 你将如何处理这种关系,你同他们已有的关系对你的处理方式会产生什么样的影响?

　　5. 选择场景和参与者。你将选择什么样的研究场景,以及 / 或者在你的研究中你将选择哪些个人? （如果你还没有决定这些问题,那就说明你希望怎样做,以及你打算使用什么样的标准。)哪些理论和实践因素影响了这些选择? 这些选择是怎样和你的研究问题联系起来的?

　　6. 资料收集。你打算如何收集资料,以及收集什么样的资料? **你为什么选择这些方法,而不是其他的方法? 这些方法如何能够让你回答你的研究问题?**

　　7. 资料分析。你将应用什么样的策略和方法分析收集的资料? 你为什么要选择这些策略和方法? 指出你要如何利用分析来回答你的研究问题,而不是仅仅对分析策略和方法进行模板式的介绍。

　　8. 效度。你把什么看作你结论效度最大的潜在威胁? 你将如何处理这些威胁? 你认为有哪些推广性方面的局限?

　　在撰写计划书时要记住哈利·沃尔科特(Harry Wolcott, 1990: 47)的一个隐喻,这非常有用: "对于写作的人,我至今看到的最好的建议是在装配一辆新手推车的说明书中发现的:**在拧紧零件之前,你要确保所有的零件都在正确的位置上。**" 就像一辆手推车,你的计划书不但要有所有需要的部分,而且它们还必须要发挥作用——能够整合到一起,才能够顺利地发挥作用,把你的研究设计以及你对设计的辩护传达给他人。这需要注意计划书各个部分之间的连接,以及作为一个书面文档,你的意向受众能够理解到什么程度。这些就是我前面所说的一致性(coherence)的两个方面。一致性的计划书需要一致性的设计,但也需要其自身的一致性,从头到尾都清晰流畅,不要前后脱节、晦涩、过渡不清或不着边际。正如我所强调的,并没有一个唯一的正确方法。我只想为你提供这些工具,希望你能够形成**一种方法**,为你和你的研究服务。

附录 A
一份医学院教学研究的计划书

　　质性研究设计以及表达这些设计的方式多种多样，并非一份计划书就能够代表。如果篇幅允许，我会收录两三份计划书放在这里，从而强调无论是在质性研究还是计划书写作中，都没有唯一正确的方法。但我只能收录一份，所以我选了玛莎·芮根 - 史密斯的论文计划书，这是一项对医学院模范教师的研究。她的计划书不仅清晰、明了地说明并论证了提出来的研究，而且还提出了很多质性研究计划书必须要说明的关键问题。我在评论中尽量发现并澄清这些问题与我的设计模式之间的关系，并提出一些处理这些问题的其他方法。这里的计划书基本是按照芮根 - 史密斯提交的原文呈现的，只增添了少许内容（由括号标识）以及变换了一些字体和修改了一些标点符号。附录和参考文献已被删除，只在目录中列出它们的内容。

　　提供这样一份计划书样例最大的危险是：你可能会把它作为一个模板，借用它的结构和语言，只是用自己的研究进行"填空"。这当然就很糟糕了。你的计划书一定要适合你所要提交的研究，而且在某一研究中运用很好的论证方式放在另一个不同的研究中很可能会彻底失败。你要围绕你**自己**的研究设计，而不是他人的设计来构思你的计划书。

基础医学院教师如何帮助学生学习

学生的视角

学位论文研究设计 [1]

玛莎·芮根 - 史密斯

1991.3.6

哈佛教育学院

摘　要

　　医学院学习包括两年的基础科学学习和两年的临床训练。最初两年要学习解剖学、生物化学、生理学、病理学、微生物学和药理学。最近 80 年来,虽然生物医学知识膨胀,但并没有相应增加授课时间,所以基础科学的教学负担沉重。此外,在过去 20 年里大多数学校削减了实验课和演示课,增加了课堂授课时间,并以此作为主要教学方式,使教学节奏日益加快。医学生必备的基础科学考试成绩开始下降,由此,医学院的教师们认为:学生对基础科学的学习没有达到他们的期望。

　　作为一名有着 18 年教龄的医学院员工,我想通过改进教学来提高医学生基础科学的学习。目前尚未有人用质性研究方法进行此方面的研究。是什么因素促使学生学习,以及它如何发挥作用,尚不得而知。为了解医学院教师如何帮助学生学习基础科学,我计划采用质性研究方法,对四位优秀的基础科学教师进行研究,希望能够回答以下研究问题:这些教师如何帮助学生学习? 这些教师为帮助学生学习做了些什么? 这些方法是如何以及为什么能帮助学生学习? 是什么激发了教师这样做? 学生感

---

[1] 国内通常称为"学位论文开题报告"。——译者注

知到教师所做的就是教师想要帮助他们学习的吗？学生对帮助他们学习的理解和教师的理解有什么不同？

　　四个被研究的教师都在美国东北部一个典型的私立医学院里教授一门不同的基础学科。这所学校的传统是，头两年的基础科学教学主要采用讲授法。每位教师都获得了由学生推选的"最佳教师奖"，而每位教师都是用讲授法进行教学。

　　资料的主要来源是对教师教学的参与式观察和对教师与学生的访谈。另外，为方便记录，还对课堂教学进行录音和录像。录像除了用来进行分析外，还可以在学生和教师观看时提供对话的机会。所有的访谈都进行了录音、文本登录和编码。每一次的课堂观察和访谈都写有分析备忘录并进行了编码，建立了矩阵来寻找主题和检查概念的发展。通过合作的方式获得学生和教师对我的分析和结论的反馈。在对每一位教师的教学单独进行分析之后，还对四位教师进行了比较分析。提出的理论将与现有的理论进行比较，这些理论主要建立在其他教育情境或个人经验基础之上。目的是寻找有助于学生学习的教学方法和行为，理解这些方法是如何帮助学生学习的以及为什么能够起到这种作用。这种在情境中运用的实践知识可以在教学发展研讨会上教给教师，帮助他们提高教学水平。教师一旦学会如何更好地帮助学生学习，就能够提高学生的学习成效。

> 　　摘要只是一个简明的概括，不仅是研究设计的组成部分，而且是计划书的各部分论点之间的链接处。摘要的标准和要求各不相同，本篇的相对较长。然而，摘要的主要目的应该是传达计划书的基本论点，不要考虑它的长短。　　**评论**

目录

导　言

自 1910 年弗莱克斯纳报告（Flexner Report）发布以后，四年制医学院的课程变成了教授两年医学基础科学和随后两年的临床训练。基础科学包括解剖学、微生物学、生物化学、药理学、病理学和生理学，临床学科包括外科学、内科学、儿科学、精神病学、产科学／妇科学。由于过去的 80 年里生物医学科学的知识急剧增长,基础科学的课程变得"充塞过满"(Eichna,1980)。通常是同时教授三到四门学科,而且主要还是采用讲授的形式。结果,在整个医学院前两年的学习中,学生每周要在课堂上花 25 ~ 33 个小时。这种情况结合学生对教学的无效感(Eichna,1980;Jonas,1978;Konner,1987;Awbrey,1985),导致学生对科学梦想的破灭(Eichna,1980)以及对教育过程的嘲讽(Petersdorf,1987)。另外,在过去的六年里,全国医学考试委员会考试中的基础科学部分,全国不及格率在上升,而学生的本科平均分或入学考试分数却没有明显的下降。

　　为了改善医学院基础科学的教学,我希望研究基础科学课的教师在帮助学生学习中实际做了什么。我计划采用质性研究方法,选取四位优秀的基础科学课教师,从学生的视角来回答这样的问题:"这些教师是如何帮助医学院学生学习的?"目的是发现有助于学生学习的教学方法和行为方式,这些方法和方式可以在教师发展研讨会上,通过为教师设计一些能够提高他们自己的教学从而更好地帮助学生学习的方式教给教师。

> 　　在这简短的导言中,玛莎简要地陈述了激发研究的实践问题和问题的历史背景(第一段),并简单地陈述了研究的目的和性质(第二段),为下面的论述做好了准备。摘要已经提供了有关问题及研究的一些信息,详细情况将留在后面进一步阐述。不同的研究需要不同的说明,从而正确地为读者理解研究和研究问题指明方向。
>
> 评论

概念框架

　　为了提高医学院学生学习基础科学的热情和改进他们的学习效果,好几位专家呼吁对基础科学的教学进行严格的检查(Bishop,1984;Neame,1984;Beaty,1990)。少数学校,比如麦克马斯特(McMaster)和哈佛

（Harvard），能够用小组辅导替代讲授，他们通过让学生独立解决个案病例，参与到以问题为基础的学习中去（Nuefeld & Barrows，1974；Schmidt，1983）。但是，由于资金和师资的限制，大多数医学院只能继续采用讲授法作为基础科学教学的主要方式。因此，研究讲授法如何有效地帮助学生学习是很有价值的。

评论　　这一段论证了研究基础科学教学讲授法的合理性。它在这里非常恰当，但也可以放在导言部分。

有关医学院基础科学教学的现有文献

对中等学校或者本科学校科学教学的研究未必适用于医学院的情况。在医学院采用讲授法进行科学教学与其他任何一个教育场景中的科学教学都是不一样的。医学院快速的节奏和大量的内容需要学生学习，而这些学生的科学背景差异很大，这就使科学课的教学和学生的学习变得非常独特。在非医学学校的教育场景中，应用讲授法进行有效教学已经有人做了充分的介绍和研究（Katona，1940；McKeachie，1969；Hyman，1974；Eble，1976），但是被推荐的教学方法是否适合医学院的教学，以及其他方法是否对医学院的教学有帮助，这些都不得而知。质性研究通过询问方式了解学生什么对他们的学习起作用，所以这里采用这种研究方法。

关于医学教育和健康专业教育中应用讲授法的文献不多。一些有关如何进行有效教学的说明性的文献（Miller，1962；Bughman，1973）都是源于个人的学习和教学经历（Cook，1989），所以理论基础都不明确。其他一些医学院的教育者写的文献，其理论基础源于教育学背景而不是医学院。司温克和怀特曼（Schwenk & Whitman，1987）描述了与目前教育理论相关的有效讲授法技巧，并把这些教学方法和有效的医患关系中蕴含的交流理论和谈判理论联系起来。

对医学院教学采用量化研究,往往利用学生对教学方法的评价,所以研究取决于研究者先前的理解以及他们对那些有助于学生学习的因素的假设。由于医学院学生学习基础科学的研究中没有质性研究,这种理解是以非医学院背景中所获得的学习或经验为基础的。少量的有关医学院基础科学教学的量化研究文献(Naftulin,1973;Ware,1975;Mendz,1984;Russell,1984)也限于有限的领域,而且对"医学院基础科学教师是如何帮助学生学习的"这样的研究问题也没有什么贡献。

纳夫图林(Naftulin,1973)研究了用"具有吸引力、超凡魅力的方式"进行的教学,他指出学生会高度评价这样的教学。但是,研究中却没有学生对学习的理解。维尔(Ware,1975)作出回应,他总结认为,"具有吸引力、超凡魅力的教师"有助于学生学习。他揭示出学生听那些具有高度吸引力的(以热情、幽默、友善、表达清晰、超凡魅力、个性为特征)的教师讲授内容浅显的课程,和听那些吸引力不强但内容深奥的课程能够获得同样的考试分数。但教师的这些特征是如何影响学生学习的却没有清楚地说明。曼德斯(Mendez,1984)就学生听讲授课的理由对医学院一年级和二年级的学生进行了调查,他发现学生愿意听那些他们认为目标清晰并且教学内容包含期末考试内容的讲授课。但是这些目标是怎样帮助学生学习以及哪些讲授方法有助于学生的学习并没有相关研究。鲁塞尔(Rusell,1984)研究了医学院学生对基础知识内容的记忆,对各种讲授的内容分别在课后立即检查以及15天后检查,他发现增加讲课内容会同时削弱学生对基础知识的记忆,但导致这种结果的原因却没有研究。

斯劳尼科(Slotnick,1975)和埃尔比(Irby,1976)运用量化研究方法揭示出,研究者所认为的对学生学习非常重要的教学标准确实对学生的学习非常重要。斯劳尼科(Slotnick,1975)揭示了师生关系的和谐、对学生课外工作的要求、课堂的节奏、整体的学习负担、对教学内容的理解能力、教学活动的水平(如内容的归纳、简洁的说明、有逻辑地组织内容)、学生组织材料的能力以及教师对学生知识水平的了解等,这些因素在有效教学中相互联系,而不是单独发挥作用。但这些因素是如何影响学生学习的,以及其中的原理却并没有研究。埃尔比(Irby,1976)揭示出,把学生对教师教学的评价即刻反馈给他们,教师就能够改进他们的教学。这些评价变量来自教育研究文献,所以由学生评价教学方法的这些指标是否包括了所有有助于学生学习的方法,在该研究中并没有反映出来。

没有人问过医学院的学生,教师是如何帮助他们学习的。现有的研究要求学生对特定的教学方法进行评价或者说明某种方法是否有效。这些研究依赖于研究者如何理解什么对学生的学习有帮助。在其他教育背景中有助于学生学习科学的方法在医学院不一定有效。医学院基础科学教师很可能偶然发现,或者形成了特别适合于医学院的教学方法,或许这些教学方法他们并不欣赏,但无意中却帮助了学生学习,所以需要用质性研究来形成医学院中有效的非临床教学理论。

评论

计划书的这个部分论证了我们对医学院基础科学教师如何帮助学生学习这个问题知道得很少。这一点对于证明对这一现象进行质性研究是重要的。但是,计划书中没有提到大多数其他计划书会提到的概念框架的核心是什么,已有理论是什么以及研究了什么,研究的现象是什么。玛莎简单地回顾了在医学院讲授课中有效教学的几种理论,但她主要的观点是这些研究既没有说明教学方法怎样发挥作用,也没有从学生的视角来研究。如果你研究的问题有大量的理论和研究文献存在,那么你的概念框架部分就需要集中说明这些文献,以及你自己的经验(玛莎在下一部分讨论这个问题)和预研究(她在下一部分和后面,还有初步发现部分讨论了这个问题)。

个人兴趣

我是一名医师,一名内科医师,并且是风湿病专家。大学期间,我主修化学,从 21 年前做医学生一直到这项研究之前,我从没有上过一堂科学课。我教了 18 年的临床医学课,教授如何诊断成人疾病。大约 6 年前我意识到,我也要教授批判性思维方法和沟通技巧,以便他人能够理解诊断背后的原因。我还意识到我对批判性思维和沟通技巧懂得很少,更不用说如何有效地教授这些技巧了。1987 年,我参加了(哈佛大学教育学院)硕士课程班来学习这些技巧,以及如何教授这些技巧。我感到这些技巧应该成为医生教育的一部分,随后我很快认识到不仅临床医学课程需要,而且整个医学院都需要教授这些技巧。

1988 年,在一门有关教学观念的课程中,我需要研究教师、课堂或学校。我选择了研究教师。临床医学教育系助理主任的职责是检查所有临床教学,如果我选择研究基础科学的教师而不是临床医学的教师,我将更容易地进入教师的课堂。另外,我选择了一名获得学生评选的"最佳教师奖"的教师作为研究对象。我认为:较之未获奖的教师,可以从获奖教师身上学到更多的教学方法,而且获得奖励的教师往往更愿意(比如,更有自信)让我听他的课。

我期望这个教师的教学富有技巧,但是,他作为一个教师所展现的技巧又令我感到惊讶。同样令人惊讶的是学生在描述这位教师如何帮助他们学习时清晰的表述方式。虽然我很感谢他在课堂上教我如何学习,但我需要学生说出他们欣赏教师的所有方面以及为什么对他们的学习有作用。出于对其他教师如何帮助医学院的学生学习基础科学的好奇,以及我对改进医学教育的愿望,1988 年我申请了博士学位的学习,计划继续研究基础科学的教师如何帮助学生学习,通过从学生的视角来揭示什么样的教学对学生学习有帮助,我想探究教师怎样才能够帮助学生学习及其原因。作为方法课程的一部分,我已对另外两位教师做了研究:最近写出来作为资格论文,标题为"教学中的相关性"。每一位老师都举例说明了我所认定的帮助学生学习的教学特点。然而,每个老师都有自己不同的教学特点。在这些教师研究中收集的信息,可用于教师发展研讨会,旨在指导教师如何更好地帮助学生学习。

> **评论**
>
> 在这一部分中,玛莎介绍了研究的起因,提出了她的个人目的及其和导言中介绍的实践、理论目的的关系。她还介绍了她作为这项研究的"研究工具"的个人背景。其中,她还为自己选择模范教师作为研究对象进行了论证,并论证了为什么用学生作为资料的主要来源。

研究计划

研究目的

我想知道教师是怎样帮助学生学习的。从教师实践中获得的、我认为可以帮助学生学习的教学方法,对于其他教师改进他们的教学会有帮助。量化研究者按照他们自己的方式而不是实践者的方式来定义实践问题,所以研究获得的知识往往对实践者没有作用(Bolster,1983)。量化研究往往并不能引起实践的变革,而质性研究却致力于理解行动对参与者的意义,它能够提供改进实践的意见,因此它对实践具有更大的影响(Fenstermacher,1986)。采用量化研究方法进行教育研究所获得的知识常常对实践者没有多大的作用,这些实践者更加认同实际的意见、经验和信念(Buchmann,1984)。为了改进实践,教育研究需要重视研究活动发生的情境及其对参与者的意义。质性研究方法满足了这些需求(Abrahamson,1984)。

由于(1)医学院的科学教育考虑背景,不同于其他情境中的教育;(2)可以形成归纳假设,因此医学院最初两年的独一无二的教学 / 学习情境有利于质性研究设计。究竟什么对基础科学的教学起作用尚不清楚。有助于医学院学生学习科学的方法也许不同于其他情境下的科学学习。所以需要学生来界定和说明到底是什么在起作用。理解具体方法是如何见效的就需要理解它所在的情境。研究运用讲授法教学的基础科学课堂中的师生时使用质性研究方法,是因为我希望从学生以及他们的教师身上了解基础科学教师如何帮助学生学习。

我的论文打算研究四位基础科学的教师。考虑到学生是公正的、可信的和对教学有用的评价者(Costin,1971;Rippey,1975;Palchik,1988;Irby,1977),我决定继续研究由学生评选出来的"最佳教师奖"获得者。我准备逐一分析每一位教师的教学,然后对四位教师进行比较分析。我把从基础科学教学研究中提出的理论同那些现有的从其他教育情境中提出的有效教学理论进行比较分析。

> 在这一部分中,玛莎讨论了主要的问题和研究目的,并运用这些来论证质性研究。在论证过程中,她借用了另外两个概念框架,它们与具体方法相关:相对来说,质性研究对实践具有更大的影响,以及学生对教学评价的效度。这也可以放在概念框架部分简单地讨论。
>
> 评论

研究问题

需要回答的研究问题有:这些基础科学教师是如何帮助学生学习的?为了帮助学生学习,这些教师做了什么? 这些方法是如何以及为什么会对学生的学习有帮助? 是什么促使教师这样做? 学生所感受到的教师对他们的帮助是否就是教师意欲要做的? 学生所理解的对他们学习的帮助和教师理解的有什么不同?

> **评论**
>
> 这一部分中,玛莎扩展了在导言中陈述的单个问题,确定了问题的范围以及她准备集中说明的子问题。在很多计划书中会对问题作进一步的说明或论证,但是由于玛莎在前面对这些问题的理论原则有所澄清,所以这里可以不必多说。为了使问题更加清晰,一般最好给问题编号,并指出主要问题的具体子问题。

研究现场

我选择了对东北部一所私立医学院的教师进行研究,因为我曾经在那里工作了 10 年(1987 年,我获得了临床教学的"最佳教师奖"),并且担任过四年的临床教育系助理主任。这是一所典型的学生少、规模较小的私立医学院。学院的传统课程是前两年学习基础科学,后两年进入临床学习。

学生中 50% ~ 65% 是男生,35% ~ 50% 是女生,他们分别来自全国 50 多个不同的公立和私立学校。就升学和毕业来说,没有人要求他们通过全国医学考试委员会的考试。但是,大多数学生还是会参加考试以获取执业许可证。学校录取学生的平均分数和入学考试的分数接近或稍微高于全国平均分。过去 5 年里,在全国医学考试委员会考试的基础科学部分,该校学生的不及格率已经达到或者接近全国不及格率,而且还随着全国不及格率的上升而上升。该校和美国其他医学院的微小不同之处就在于它位于乡村,有着亲密、友好的师生关系。

我和我选择进行研究的教师之间在工作上相互尊重。他们都是我在主任咨询委员会、课程委员会以及学生成绩评定委员会任职时的同事。在一个并不鼓励教育发展或教学成绩的环境中,我们视彼此为教育的改革者。从"最佳教师"中所选取的这四位教师,他们每人至少教授过 20 个小时不同基础科学学科课程(附录 B),基本上都采用讲授法。未选为研究对象的最佳基础科学教师,要么是因为他们所教课程和被研究教师所授课程相同,要么是因为他们采用非讲授法进行教学(附录 B)。

　　我已经完成了对三位教师的观察和访谈。有待研究的另一位教师也将包括在内,原因是他对自己所授科目充满了激情,这被认为是有效教学的一个因素(Eble, 1976)。先前参与我对医学院基础科学教学研究的学生们建议我研究这位教授。他教授的是病理学,因为学生认为他是热爱自己学科的最佳典范,而学生认为这对他们的学习非常重要。

> 　　在这一部分,玛莎实现了两个目的。首先,介绍了自己研究的背景(支持结论的推广性)和自己要做的研究的类型,并进一步论证了对教师的选择。其次,说明了自己和打算要研究的教师之间关系的一些情况。如果她对这种关系的说明更细致并多介绍一些和学生之间的关系,计划书会显得更加有力。

评论

资料收集方法

　　之所以选择用质性研究方法来做这项研究,一方面是由于我不知道是否可以找到更好的方法,另一方面是我想获得详细丰富、根植于情境的资料。课堂参与式观察、学生访谈和教师访谈就成为资料收集的主要来源。资料的其他来源还包括课程概要、大纲、测验、考试和考试结果、考卷样稿、幻灯片和其他的印刷品等。如果可行的话,也会把学生对课程和教师教学的评价作为资料。

　　对于所选的案例,我尽可能听每位老师在四个月中所有计划要讲授的课。听课不少于每位教师教学的三分之二,并对其中的 2 ~ 4 次课进行全程录音,随后将录音整理成文字稿。我对教师的教学以及和教师、学生的访谈都拍摄了录像,这将在下面讨论。每次听课只要没有录像我都会做现场笔记,随后撰写分析备忘录和反馈小结(contact summaries)(Miles & Huberman, 1984)。

> **评论**
>
> 　　这两段对选用的方法作了总体评论，并说明了她选择的观察方法。对学生的选择将在后面学生访谈一节中详细讨论。

录像

　　我最初对第三位教师使用了录像的方法，这为我了解课堂上所发生的事情提供了丰富的资料。录像使我看到了其他方式所看不到的事情。通过录像，我就可以重新回顾课堂活动，观察并分离事情的各个部分。有几份录像也用来帮助教师深入讨论自己的教学。通过向老师展示他自己的教学录像，我可以询问他在此教学情境中的个人特征。另外，还可以借助录像激发学生对话。让学生观看录像，可以引导他们解释教师在课堂上所做的对他们学习的帮助。由于无法对四位教师都进行录像研究，因而没法对所有的教师进行录像的比较分析。

> **评论**
>
> 　　注意在这项研究中，录像起到两个不同的作用：确保观察描述的效度，还作为和教师与学生的某些访谈的一个部分，以激发回忆和反思。如果研究的主要目的是比较这些教师，那么仅仅对四位教师中的两位录像会有严重的缺陷。但这里的目的是深入理解每一位教师，所以仅仅为了维持方法的表面一致性而对后面两位教师录像，是没有意义的。不过，对于不熟悉质性研究的读者，选择这种方式就需要在计划书中更加清晰地论证。

学生访谈

　　学生访谈是以开放式的问题开始的，如"你最出色的是什么？"或者"你关注的是什么？"随后的问题是交谈式的，目的是让受访者进一步讨论在他／她的回答中提到的内容。在最初的几次访谈中，仅有另外一个预先想好的问题:"教师通过做什么来帮助你学习?"随着观察更多的课堂,问题开始增多,因为只有回答了这些问题我才能够确认我的观察结论,以及理解课堂正在发生的事情,这样问题就增加了。最终从不断增加的资料中,提出了一系列的问题(附录 C)。除了最初的两组问题之外,我对其余的受访者询问了所有这些问题。

在 84 个学生的班级里,针对每一位教师,正式访谈了 10 ~ 20 个学生,每次访谈时间在 20 ~ 45 分钟。许多学生认为接受访谈的合适时间是期末考试结束之后,这样可以减少他们的顾虑,他们担心自己所说的话会影响他们的期末成绩。访谈地点是我的办公室,并且都做了录音,且后来都整理成文字。每次访谈之前我都说明我在研究教师课堂上做了什么来帮助学生学习,而且受访者都是匿名的。每次访谈后我都要写分析备忘录和反馈小结来讨论现场,学生的态度、举止,以及内容。

我选择访谈的都是能够表达学生意见和特点的学生,这些意见和特点对理解该项研究非常重要。在三个已有结论的研究和计划做的第四个研究中,我都是采用理论抽样(Strauss,1987),以新的理论指导对学生群体进行抽样。我没有打算用实证的方式抽取"典型"样本。当我知道并且理解了课堂上发生的事情,及其对参与者的意义,我就一边为新理论寻找正面资料,一边也寻找反面资料。我要考虑需要访谈多少次,直到我发现没有什么新东西为止。我有意识地访谈那些以坦率直言和批判性而出名的学生,从而可以听到反面的评论;也访谈以局外人(在班上不属于任何一个小集体的不合群者)而出名的学生,以便获得不同的意见,而不是只听"同一战线"中人的话。通过询问受访者班上谁对班级和教师有着不同的意见,我发现学生很愿意提供可比较的视角。另外,我还试着访谈那些不经常上课的学生,希望理解是什么促使他们决定来上课和不来上课。

评论

这一部分,玛莎不但提出和论证了访谈学生的方法,而且还提出并论证了如何实施这些访谈。另外,如果研究的目的是对学生的回答进行比较,那么对学生的访谈问题缺乏统一性就是一个不足,但这里却不是。访谈学生的数量应该有更加明确的论证,所以多数读者会感到这不是一个合适的数字。在她的效度讨论中还有对选择抽样的进一步论证,而且她的初步结论也支持这些选择。

教师访谈

在对四位教师的研究中,正式访谈有 3 ~ 6 次,所有的访谈都录了音并整理成文字。访谈安排在整个课程进行中,如果合适,课程结束后也安排。一般来说,访谈问题都是作为一个课堂观察者的我感到好奇的问题,或者对学生学习的结果感到好奇的问题。我追问由教师提出的问题,如果教师没有主动说明我感兴趣的问题,我会问一些我事先准备好的问题。

正式的教师访谈至少持续 30 ~ 55 分钟。对其中的两名教师,我至少在一次访谈中要使用课堂录像作为关于教师教学的"对话文本"。与没有录像带的访谈相比,这种访谈为教师的推因过程和教学策略提供了更加具体的信息。在每天的分析备忘录和反馈小结清单(contact sheet summaries)中我都要对收集的资料和课堂观察进行分析。

评论

当玛莎写作这份计划书的时候,她已经收集了很多的资料,所以她不知道应该用什么时态来写。她很多地方用现在时,这似乎是最好的选择。这可能会引起误导,但她在前面早就说明她已经完成了对四位教师中的三位教师的资料收集工作。对于论文计划书,我的建议是,对于收集了多少资料应该完全坦诚,除非有哪个权威要你别这样做。

分析方法

单个案分析 (Single-Case Analysis)

分析收集的资料是一个持续不断的过程。在资料收集过程中,只要访谈和教学转录成文字,就要对它们进行编码分析。编码是采用格拉斯 (Glaser, 1965) 的"扎根"方法进行归纳得出来的,或者是从参与者对教师教学的描述中获得的。另外,也可以用先前研究中提出的"开始清单 (start list)" (Miles & Huberman, 1984) 中借用编码 (codes) 来进行编码 (coding)。对于后期访谈中出现的编码,需要重读所有的访谈和课堂录像转录的文字。当确定了模式或者主题之后,就需要再次编码,进行维度划分 (dimensionalization) (Strauss & Corbin, 1990),从而提出给定主题的维度或特征。

可以利用资料来建立矩阵,然后通过矩阵来寻找模式、进行比较、预测趋势以及发现矛盾。为了回答矩阵中产生的问题,需要进一步提出问题和可能的解决途径。在整个研究过程中,每隔两或三个星期,都需要回顾所有收集到的资料和所有的分析备忘录,概括并提出仍然有待解答的问题。另外,我每周都拜见一位对质性研究和研究现场有丰富知识的教育界同行,和他一起总结研究现状,讨论新出现的主题、概念和解释。

在资料分析的最后阶段,为了写作简短的个人访谈小结,需要重读每一个访谈记录。这些小结让我看到贯穿在访谈中的线索,所以小结中保留了从访谈提取出来的引用语的语境,它们可以在撰写研究报告时作为援引的例证。通过文字处理软件 (Word)(Apple, 1988),我就可以从所有的访谈中剪切、粘贴这些引用语,为每一个从访谈分析中产生的编码建立一个新的独立文档。为每个编码编辑的引用语可以用来理解趋势、进行对比和判断相似性。这时可以通过建立矩阵来检查新的主题的效度。最后,回顾资料时针对同样的现象,把学生的观点和教师的观点配成组,以便对不同的观点进行比较和对比,同时也可以看看教师的实际意图是否被学生认为真正实现了。

　　资料的效度通过三角验证(Denzin,1970)的方法来实现,可以比较学生的观点、教师的观点和课堂事件的参与观察者的观点来验证。理论效度是通过定期向医学院同事介绍并讨论新的结论来实现的,因为他们非常熟悉研究现场、学生和教师。效度可以进一步通过和老师、学生讨论我的分析和结论而保障。

跨个案研究(Cross-Case Analysis)

　　当我对第四位教师如何帮他的学生学习形成一种理解之后,我就准备进行跨个案研究。第一步是构立一个概念框架(Miles & Huberman,1984),框架包括的主要主题是四位教师如何帮助学生学习。每个主题都进行维度划分(Strauss & Corbin,1990)或者分成各个因素并用图表展示出来,并说明各因素之间的关系。

　　跨个案的模式和主题需要利用图表和矩阵来寻找。当变量之间建立起联系、被分开或成为要素,就会出现新的解释或隐喻(Miles & Huberman,1984)。通过检验相反的解释并寻找反面证据,找到一系列有合理的证据(Scriven,1974)来建立一个在理论上、概念上都一致的理论。为了检验理论的效度,收集完资料后,需要被访谈者对提出的理论进行反馈。

评论

　　玛莎对自己分析方法的介绍详细而全面,但却有些抽象和"公式化",并不能让人很好地理解她将要应用的真正方法和编码策略,这里需要的是具体例子。不过这个不足在她讨论了初步发现后,得到一些弥补。她在下面提供了详细、具体的内容分析案例。她对证据、相反的解释和反馈的讨论还为下一节讨论效度铺平了道路。这一节中,她还不知不觉地运用了非个人化、被动语气的语言表达方式,这与前面内容中大量的第一人称、主动语气似乎不一致。

效度问题

1. 选择教师：在研究完第四位教师之后，我已经把来自四个不同学科的、都使用讲授方法的获奖教师都研究过了（附录 B）。我将只研究这四位教师，除非又找到了原先我没有发现的其他重要的教学特点。因为我研究的这所学校与美国其他的医学院没有什么不同，它们都是两年的基础科学加上两年的临床实践，所以我找不出还要研究其他医学院的教师的理由。很多学校的基础科学教师都是男性占大多数，所以我研究男教师不构成对研究效度的威胁。

> 这确实可以作为她的研究结果推广性的一个论据，而不是效度。　评论

2. 选择学生：我访谈了足够多的学生吗？对访谈对象的选择是否使我收集到的资料带有某种偏见？我有意识地去访谈那些对老师的教学持有不同意见和观点的学生。我访谈的学生有：（1）能够直接批评教学的；（2）在班级排名中处于不同位置的；（3）各种各样职业倾向的；（4）我了解的和我几乎不了解的；（5）学生推荐给我的那些对班级和教师有不同看法的；（6）参与到班级特定小群体或不参与其中的；（7）几乎每节课都上的和只上很少一部分课的学生。本质上，我不但试图寻找那些认为老师提供了学业帮助的学生，而且寻找那些认为没有获得帮助的学生。所以，我尽量把学生正面和负面的信息都包括进来。当我不断地从访谈对象那里听到重复的信息且再没有新信息的时候，我就停止访谈。

> 这一段说明了对她结论效度的一些可能的威胁。这里介绍的抽样方法是一种目的性抽样，选择什么时候停止访谈是建立在斯特劳斯（Strauss, 1987）所谓的"理论饱和（theoretical saturation）"的基础上的。　评论

3. 我怎么知道学生说的是真话而不是我想要听到的那些话(如在他们不需要帮助的时候,教师帮助他们学习)？为了让学生们对我讲真话同时又感到舒服,我让他们匿名而且在一个远离教室的地方进行访谈。我尽可能地推迟访谈日期,直到学生们得到他们的学习成绩之后。我还访谈那些计划要在别的医学院完成他们第三、四年学业的学生,这样就消除了我作为临床医学教育系主任而可能拥有的权力对他们的影响。在已经完成的三个访谈中,学生没有隐瞒他们对老师的批评,而且和我分享他们对教师教学工作的负面评价和感情。我利用在教室里作为一个学习者听课的机会去学习一些新的科目(如病毒分子生物学),以确定教师是否真的在学习上帮助了学生。如果这位老师帮助了我而且学生也认为他帮助了他们,同时他们也通过了考试,那我就相信学生们的话。我请学生举例子说明他们认为的所有可以帮助他们学习的教学特征,然后我利用听课的时间去验证学生的话。与学生合作(参与或者未参与我的研究的)讨论我的观察和结论,也有助于增加我对自己研究效度的信心。

评论

这段说明了她和学生的关系,这种关系既关系到研究伦理,也关系到研究的效度问题。而且她认为她作为主任与学生的关系并不构成对研究结论的效度风险。一些不认识玛莎以及不了解她在学生中威望的人可能认为她的论证并不能令人信服,但是我也想不出来她还能说些什么别的。对我最具说服力的一点,是那些被访谈的学生对他们的老师的批判。

---

4. 我怎么知道教师说他们所做的那些事情是真的？我通过课堂观察和访谈学生来证实教师们所有的说法。除非我找到了不一致的证据,否则我就接受教师的信念和他们对其行为的陈述是真实的。

在此,玛莎基本上是使用三角验证来解决教师访谈中的自我陈述偏见所带来的效度问题。她还可以利用她在讨论学生访谈中所用的论据:由于已经研究了三位教师,她**知道**她的观察和对学生的访谈可以证实教师的陈述。

整个这一部分都是设计用来解决特定的效度风险——她可能出什么错。在讨论这些威胁的时候,玛莎利用了前面研究方法部分讨论的知识,不过她重新组织了这些知识,这样就可以清晰地看到,通过这些方法收集到的资料如何帮她解决这些威胁。

评论

伦理问题

我的研究会伤害那些学生和老师吗?被访谈的教师冒了一定的风险,因为我的研究可能会发现,他们在教学上并没有像他们被奖励的那样优秀。虽然我并不监督基础科学部的课程,但我的行政同事们会监督的,而且我还是课程委员会的成员之一。为了把教师对风险的担心降低到最小,我向他们保证,除非得到他们的许可,除了那些和我讨论研究结果和结论的专门研究学校教育的同事(以及本论文的读者)之外,没有其他人会知道研究结果。我无法消除教师们对这种风险的担心。

参与此项研究的学生不会受到来自教师的伤害,因为他们的身份是保密的。但是,作为一个主任,我将来要给这些学生写毕业后的实习推荐信,所以学生害怕我会在访谈之后对他们形成不利于他们的意见。担心这种风险的学生容易拒绝参与我的研究。但当我邀请他们之后,还没有一个拒绝,所以我认为学生是否愿意参与研究不会造成重大的效度风险问题。

这个部分既可以放在效度部分的前面,也可以放在后面。这里有一点需要澄清的是,和多数其他教师相比,那些获奖的老师很少担心对他们

评论

教学的检查。玛莎还应该更加充分地讨论学生所担心的伦理问题。最终，她的论证取决于她的诚实。最终效度的存在，前面的正文中已经论述过了。

初步发现

到目前，我在资料中初步分析发现了很多帮助学生学习的教学特征：清晰、中肯、对学生知识水平的理解、不同学习风格的教学以及对于学科的热爱。目前研究的三位教师，每一位都是不同的教学特征的最好代表，尽管其他教师也具有这些教学上的特征。换句话说，这些被认为可以帮助医学院学生学习基础科学的教学特征在所有被研究的教师身上都有所体现，但是他们每个人都在一两个不同特征方面是"高手（master）"。

第一位教师为二年级学生教授心脏生理学、解剖学和临床疾病，这些课程都是医学课程中的基础科学课。学生们认为他的教学风格就"像一种谈话"，学生认为他了解学生们知道什么以及不知道什么。而且，这位教师还针对学生的不同学习风格运用七种不同的方式（如讲授、有明确目标的指定阅读、网络互动学习病例、学生参与演示、小组讨论、书面病例的问题解决、学生小组讨论当前的论文）呈现课程内容（如讲授冠状动脉疾病）。

第二位教师教授一年级微生物课程中的滤过性微生物学。学生和教师都认为他教学上最大的特点是清晰。学生认为他的教学清晰是因为他①限制必须学习的内容；②明确地说明学生需要学习和不需要学习的内容；③说话具体明确；④讲授概念从简单到复杂合理地展开；⑤用病人的故事、流行病学的问题和医学历史来解释概念；⑥问学生理解概念中的一些关键问题；⑦重复关键的概念和事实。为了检查自己的教学效果，这位教师每周进行一次测验，然后专门在课堂上抽出时间来解释多数人在测试中犯错误的问题。这些测验增进了学生的理解，因为增加了对学生学习上的反馈，了解了他们知道了什么以及还有什么不知道。他每周都监督学生学习,跟上学习的进度,而不是在期末考试时拼命。

第三位教师教授药理学,他的教学最好地体现了联系性的特点。每次课堂教学中,他利用自己或者学生主动作为病例来进行教学,使教学和实际相联系。此外,他每周都给学生提供书面案例,让他们独立去解决,让学生模仿医生的实践。联系性还体现在:他让学生去教学生如何解决病例问题。这种有保障的课堂讨论可以让学生(和老师)学习并讨论学生对于药理学原理的理解。在课堂上讨论案例时,这位老师使用了苏格拉底的方法,这使学生有机会单独反思他们自己和病人在一起的类似经历。联系性还体现在学生在课堂上也会进行私人式的讨论,把课堂上学到的和他们看到过的实例结合起来,并和同学分享他们的经验。

前面研究的这些教师都没有意识到他们在课堂上所做的一切帮助了学生的学习。在没有得到我的反馈之前,教师一般不能完全理解他是如何帮助学生学习的。从第四位教师开始,我希望知道教师对于学科的激情或热爱如何促进学生的学习。我听过这位教师讲课,很有魅力,他超凡脱俗的演讲风格能够吸引听众的注意力,我认为这使学生容易记住他讲的内容。他还通过激励他们自学来帮助他们学习。

我希望通过比较分析揭示每个教师在教学个人特征上具有重合的维度(如用来论证清晰以及联系性的那些趣闻轶事)。对最初三个案例研究的不断分析揭示出,学生们认为学生参与的教学对他们的学习非常有益,如让学生教学生,因为这种教学方式实现了清晰、联系,并建立了一种师生对话的形式,而且体现了学生的学习风格。

讨论初步发现有几个作用。首先,证明了玛莎应用的方法是可行的,而且为她的研究问题提供了有趣而且有效的答案。其次,初步发现充实了资料分析中非常抽象的讨论,澄清了她如何给资料编码以及如何在每个案例中统整主题,提出了跨个案分析需要关注的问题。

评论

　　总的来说，我希望用质性研究方法来研究医学院那些使用讲授方法教学的基础科学课的教师，以期发现他们是如何帮助学生学习的。由此产生的理论将和那些现有的用于其他教育情境的有效讲授教学理论进行比照。这个理论将被用来发展教师培训，教他们如何教学。改进医学院基础科学教学的最终目的是希望提高学生学习医学基础科学的热情并充分掌握知识。*

> 评论
>
> 　　最后一段对研究作了一个总结，通过简单回顾，用与计划书中论述相反的顺序总结了设计的四个要素：方法、研究问题、理论框架和研究目的。小结中清楚地揭示了这些要素之间的联系，并将研究计划和计划书刚开始的目的连接在一起。但这对于结论部分来说太简单了。大多数计划书需要详细总结，研究的启迪意义需要更具体的陈述。

*这份计划书的附录已省略。

附录 B
教师在线学习研究的计划书

　　这是第二个博士学位论文研究计划书,在组织结构上与第一个类似,但在内容上却大不相同。与芮根-史密斯的研究计划书不同,该计划书使用了常用的三章格式,但却基于五章的博士论文模式,关于这一点我在第7章中介绍过(还有一些注意事项)。如果你所在的部门或委员会要求这种格式,瑞德尔的这份研究计划书正好展示了如何将我的设计结构改变成为这种格式。不过,质性学位论文研究计划书以及学位论文常常不采用这种模式。我自己的博士论文(Maxwell,1986)就有10个章节(导论一章;文献回顾三个章节,涉及不同的相关问题;背景和方法一个章节;研究结果四个章节;结论一个章节)。对这个计划书,我保留了它本有的三个附录,因为它们能够帮助读者理解瑞德尔关于如何实施该研究的实际打算。

学位论文研究计划书

自愿参与和在线学习

探究 K-12 教师为什么参加非正式网上学习以及这种学习如何影响他们的专业发展

伊丽莎白·瑞德尔·胡佛（Elizabeth Riddle Hoover）

乔治梅森大学（George Mason University）

2002 年 9 月 3 日

内　容

第一章　导　论

　　教育者迫切需要更多实施和接受专业发展的方法。研究显示,"好的专业发展"应该围绕着教师的兴趣设计,与教师当前的知识联系起来,能够支持并培养教师的知性能力(Corcoran,1995;Little,1993)。换句话说,专业发展应该是以学习者为中心的。然而,为教师提供"好的专业发展"对地方教育当局是一个极大的挑战。教师的兴趣、知识和知性能力在教学之间以及学校之内都有很大的差异。提供合适的专业发展需要投入大量的时间和金钱。这种投资初创既享受不到优先权,又没有可能性。目前教育当局一般提供那些与教师不相关又不能吸引他们兴趣的专业发展机会。专业发展都是被压缩在一天的工作坊中,针对不相关的、一般性的话题，分散在全年中。因此，教师经常在地方大学寻求他们自己的专业发展，参加暑期工作坊，以及逐渐开始在网络上寻求专业发展。

自从互联网出现后，通过网页、论坛和个人随意分享等为教师提供资源的形式日益丰富。根据 Zhao 和 Rop（2001），发展这些资源背后的信念是它们为教师孤立的问题提供了一个解决途径，而且还可能让教师专业发展走个性化的道路。他们还发现，这些资源都具有三个目的：共享信息、促进专业发展或创造共同体。这些都还没有被认真研究过（Zhao & Rop，2001）。

研究主题与研究目的

我们有必要通过研究来发现教师自愿参加在线学习的原因。本研究能够为创造在线学习的机会作出贡献，能够提供满足教师需要的专业发展。学区通过和"虚拟世界"中的其他组织融合，为教师提供更多的学习机会。在线学习机会能够克服传统专业发展当下的困境。

对于我的博士论文，我将探究教师如何通过参与在线学习走进并促进他们的专业发展。我对独立于在线课程或其他学分的教师参与感兴趣。我要研究的是 K-12 教师为什么自愿参加，他们如何坚持参加，他们如何相信他们的参加会对他们的专业发展产生影响，以及他们的参加是否会形成专业发展文献中界定的"实践共同体"。

重要的是，K-12 学校和大学要理解自愿参加在线学习的原因。这样才能够帮助学区和大学，让在线学习更加有趣。另外，如果教师自愿在线学习的经历体现了好的专业发展的特点，那么这些环境则可以为学区提供另外一种进行专业发展的媒介。

第二章　概念框架

我的经验知识

　　我认为技术能够为教师的专业发展提供帮助,我的这种兴趣是从1999 年秋开始的,当时我选修了 EDIT 895:教育技术中的领导问题。Dede 博士要求我们寻找和探究一种把技术当作媒介的"知识网络"。我决定写一篇关于教师网(Teachers. net)的论文,包括它如何为专业发展提供学习环境。我特意查看了一群加入到平衡读写项目的教师(项目叫作4Blocks),看他们如何利用教师网分享信息、反思他们的经历、相互支持以及推进项目。我用 Peter Senge 等的《变革之舞》(*Dance of Change*,1999)和 John Bransford 等的《人们如何学习》(*How People Learn*,1999)来指导我的分析。教师网的评价主要集中在它能够鼓励、实施和支持教育创新。我的结论是,教师网为教育领导者提供了途径,让他们能够促进变革创新。不过,要将技术与技术背后的人区分开是不可能的。关于教师网 4Blocks 共同体的成功同样与媒介联系在一起,就如同与领导项目一样。

　　参与 4Blocks 共同体的教师,他们的参与完全是自愿的。教师没有来自学区的课程学分或教师发展绩点。教师在那儿不是学习技术。相反,这些教师用技术满足他们自身的学习需要。自愿学习激发了他们的技术运用。当我开始博士课程的时候,我被要求专门去教老师们如何使用与他们的学生有关的技术。现在我的兴趣已经扩展到教师如何利用技术满足他们自身的学习需求以及为什么。教师为什么选择参与在线学习?

　　我的所有在线学习的经历都根植于我在乔治梅森大学的研究生学习。强制在线参与可能会令人乏味。我经常听到学生抱怨参与 WebCT、TownHall 或 BlackBoard。虽然在线学习让我着迷,但我不能确定如果我没有参加研究生课程学习我是否还会参与。然而,很多教师都通过互联网来寻求特定领域和一般领域的知识。

新的专业发展形式的需要

随着经济、社会和政治的变革,20 世纪初的工业时代逐渐过渡到 21 世纪的信息时代,与一百年前大不相同,这极大地改变了美国。技术进步改变了我们经商的方式、与他人交往的方式,而且决定着我们的地方和国家的领导。尽管日常生活中已经发生了如此巨大的变化,但学校依然基本围绕工业时代的需求来组织。每天六个小时上学时间,每年九个月上学时间,且常常是学术教学灌输,这种结构非常明显。

如今,学生和他们学习需求的多样性需要一种不同于工业时代的教育。因此,教育者越来越需要主动创新和授权,对教学计划、课程和教学策略进行创新变革,以满足学生的学习需求。不过,这些变革通常做起来都很快,但却没有考虑到专业发展。不给教师提供必要的教育,却指望他们获得新的知识和技能,这是不可能的。这就像不给学生材料内容却让他们考试,然后还要他们为成绩负责。

人们已经意识到优质专业发展的需要。在 1995 年,美国教育部长 Richard W. Riley 指出,"近年来,学校和学生都发生了很大的变化,但教师依然是教学的中心。作为一个国家,如果我们希望所有的学生为 21 世纪作好准备,我们必须为教师提供持续不断的机会,从而让他们能够成为最有知识、最有能力以及最有激情的课堂领导者"(U.S. Department of Education, 1995)。全国教学与美国的未来委员会 1996 年报告《什么最重要: 为美国的未来教学》(*What Matters Most: Teaching for America's Future*)概括了必须要进行教育改革的建议。它强调需要"彻底改造教师预备和专业发展",呼吁建立稳定的高品质的专业发展资源。

尽管有了这些主张,大多数学区依然忽视教师的学习需求。就像工厂化的学校教育模式不适合 K-12 学生一样,传统的专业发展形式也不适合教师。K-12 教师的专业发展常常被压缩为下面三种形式之一:放学后的工作坊、学年中指定的几天或年会。这些是为所有的人设计的,与教师的兴趣和他们的日常需求常常缺乏联系。工作坊的出勤率和教师对评估表的态度往往代表了其效果。1999 年,全国教育统计中心实施的一项调查显示,80% 的教师相信当前的专业发展活动只是"适中"或"有点"帮助(NCES,1999)。

与传统的专业发展不同,全国专业发展委员会指出有效的专业发展具有以下特征:

- 注重深化教师的教学内容知识和教学技能。
- 包含教学实践、研究和反思的机会。
- 根植于教育者的工作并在学校工作中发生。
- 具有持续性。
- 建立在教师和校长之间的协作与合作为基础,以解决与教学相关的重要问题(NCSD,2001)。

《人们如何学习》列举了以下有效学习环境的特征:

- 以学习者为中心的环境(依据学习者的优势、兴趣和需要而建立)。
- 以知识为中心的环境(聚焦于教育内容知识)。
- 以评价为中心的环境(检验观念,通过学生检验,收集反馈)。
- 以共同体为中心的环境(实践共同体,与教师的合作)(Bransford et al.,1999)。

有效的专业发展不仅仅关注教师的学习需求,还关注促进学习的环境。最近的研究将这样的专业发展与学生的成就联系起来。在《教学如何发挥作用:将课堂带回到教师品质的讨论》(*How Teaching Matters: Bringing the Classroom Back into Discussions of Teacher Quality*,2000)一书中,Wenglinsky 将持续的专业发展与增加的学科内容知识以及运用有效的课堂策略,如通过亲自参加活动来教学高级思维能力联系起来。这些策略使用得越多,其结果是数学和科学的学术成绩就越好。

　　一份联邦资助的艾森豪威尔专业发展项目,是一个为期三年的研究,发现了高质量的专业发展与学术成就之间的联系。这份报告将教师合作、网络或委员会成员,实习、学徒以及教师研究小组这样的活动看作高质量的专业发展(U.S. Department of Education,2000)。这类的报告将专业发展看作教育最重要的因素之一。研究显示,"最成功的教师专业发展活动是那些随着时间而拓展延伸并促进教师学习共同体的发展"(Bransford et al,1999:192)。这种学习类型根植于教育理论。

社会学习

　　教育理论家约翰·杜威(John Dewey)和维果茨基(Lev Vygotsky)阐述了学习与共同体之间的关系。他们两个人都强调社会情境在获取知识方面的重要性(Roschelle,1992)。约翰·杜威,探究学习和活动教育之父,认为知识就是一个人通过它理解个体经验意义的方法。他认为这些学习经验既是生物的又是社会的,它们不可能在社会情境之外被理解(Dewey,1916)。

　　类似地,维果茨基创立了社会发展理论。他注意到人们与文化情境之间的联系,他们在文化情境的共同经验基础上行动与互动(Vygotsky,1978)。根据维果茨基,人类利用文化中形成的工具,如言语和书写,去作用于他们的社会环境。

情境学习

　　当前的文献讨论了情境学习背景中的知识与共同体。从杜威和维果茨基的著作中可以看出,情境学习理论强调真实学习情境和社会互动的重要性。这种观点认为,一种学习环境应该包括真实的生活问题并支持学习者和他们环境之间的合作与互动(Miao et al.,1999)。

实践共同体(CoP)从学习理论中浮现出来。在一个实践共同体中,成员是自我选择的,并在实践的基础上享有一个共同的目标。成员彼此合作,他们不仅完成他们的工作,而且还要定义他们的工作,对他们所做的事情进行界定,甚至改变他们对事情的做法。通过这种相互参与,成员也建立起他们在工作中的身份认同(Wenger,1998)。实践共同体有一个专业等级次序,从新手到专家。其中,成员都"处于(situated)"这个等级次序中,这表明了学习是如何发生的。知识是这个共同体的组织机构和参与的一部分。成员是独立的,从共同体中学习并为共同体学习是一种社会责任(Riel & Polin, in Press)。因此,学习是成员在实践共同体中的一个自然结果(Brown & Duguid,1996;Lave & Wenger,1991;Wenger,1998)。

教师专业发展中的共同体

实践共同体已经成为教师专业发展中的一个流行主题,这不应该感到惊讶。根据定义,实践共同体关注一个共同的需求或兴趣,这是传统专业发展形式中一个缺失的要素。在努力设计基于上述理论基础的有效专业发展过程中,语义(semantics)变得特别令人困惑。研究者们重新将专业发展用以下这些相似却又不同的术语表达:实践共同体(communities of practice, Schlager, et al., in press)、协作体(collaboratives, Rosenholtz, 1991, Nias, Southworth, & Yeomans, 1989, Zellermayer, 1997)、专业共同体(professional communities, Louis & Kruse, 1995)、话语共同体(discourse communities, Putnam & Borko, 2000)、教师网络(teacher networks, Lieberman, 2000),以及专业学习共同体(professional learning communities, Dufour & Eaker, 1998)。

无论使用什么具体术语，早期教育理论家和最近的研究都强调在共同体中学习的有效性。研究显示，"一个自我意识的专业共同体有一个明显的特征，那些学校的学生最成功。专业共同体意味着教师有一个清晰的、共同分享的目的，即所有学生的学习，他们为达到这一目的积极参与合作，集体承担起他们学生学习的责任"（Lieberman，2000：222）。

尽管在教师专业发展中，共同体学习的影响是积极的，但缺乏合作或反思的时间，教师群体之间不同的兴趣，以及资源的缺乏依然是在学校和学区中推行这样的共同体时重要的障碍。教育者理解好的专业发展的重要性，但令他们感到沮丧的是，他们无法提供、实施以及接收到这种影响。

新的电子工具能够支持专业发展

自从 20 世纪上半叶维果茨基的著作出版后，技术已经极大地扩展了我们在物质世界和虚拟世界中使用工具的数量。为了将我们的专业和社会环境扩展到虚拟世界，我们必须要有进行互动分享经验的工具。没有合适的工具，我们不可能进入虚拟世界并利用它的潜能。新的电子工具可以帮助我们克服传统的困难，甚至成为最好的教师专业发展的模式。它们在对受众传递信息、知识和更好的实践过程中能够提供持续的内容并优化沟通（Trenton，2001）。尤其是，研究显示在线论坛提供了①时间上不受限制的自由；②反思的时间；③研究以及备份观点的机会；④支持有效的全球沟通（Anderson & Kanuka，1997）。

基于网络的会议能够提供实时的沟通（同步的），论坛与个人的随意分享能够提供反思对话（异步沟通），这样的工具通过优化选择学习的时间、学习的地点、学习的时机以及学习的设计从而帮助专业发展（NCSD，2001）。异步工具让用户一天 24 小时、一周 7 天都可以参与学习。电子邮件和论坛让教师之间的沟通和合作可以根据自己的工作、家庭或地区而做出不同的安排。学习地点仅仅受到计算机联网的限制。有了技术工具,学习的机会超越了个人地理区域的限制而扩大到全世界。与这些指数级增加的机会同样重要的是教师在选择最适合他们的学习风格形式上的能力(Rose,1999)。如果教师喜欢实时互动,他们可以选择同步协作媒介。然而,如果教师喜欢以更加反思的方式来进行合作,他们可以选择使用异步媒介。

在线学习共同体

在线实践共同体常常来自两种不同的需求:一种是学习某些类型的课程,一种是要在知识分享的思想基础上建立专业共同体(Trenton,2001)。他们与面对面的实践共同体在参与的集中度、成员的代表性以及进入资源、信息和专家的渠道上都大不相同(Hung & Chen,2001)。在线共同体拥有更多的成员,从而可以增加他们参与的集中度。可以将参与看作三个主要的形式:沟通性地学习,这种形式中,学习者积极地表达他们的观点并对他人作出积极的回应;安静地学习,这种形式的学习者会阅读相关内容,但很少发表他们自己的想法;最后一种,非参与性学习,这种形式的学习者在一段时间脱离了共同体(Hammond,2000)。

技术媒介的出现改变了知识的构建,但并不必然就会促进学习或创造实践共同体。希望出现这样的结果和利用合适的媒介实现这一目的,正是这一理解影响了学习(Blanton et al.,1998;Schlager et al., in press)。Roschelle将实践共同体描述为"通过协调利用技术(广义上包括语言)对共同的问题寻找相互可接受的解决途径(而出现的)"(Roschelle,1992:40)。在线实践共同体的参与者应该将他们自己看作朝向一个共同的目标努力的群体。同步的和异步的媒介的使用让他们能够完成适合他们参与水平的任务。他们的成长不是依靠特定的课程或学习路径,而是依赖于"经验分享、最佳时间的认同,以及处理工作场所中的日常问题上的相互支持"(Trenton,2001:5)。虽然显性知识非常有价值,如概念定义或数据图表等很容易散发的独立单元,但隐性知识也同样重要,"知道如何"的信念、理想或对于研究题目的情感(Trenton,2001)。

有很多项目专注于支持在这里介绍的在线学习共同体,列举如下。

PBS 教师在线网(PBS TeacherLine)

与国际教育技术协会(ISTE)和全国数学教师理事会(NCTM)合作,PBS 已经发展形成了一个在线专业发展平台,专门为数学教师和技术整合服务。教师在线网为教师提供了自主安排节奏的学习机会、帮助模式,这很像微型课程,以及一个支持同步媒介和教师可以利用的基于网络资源的社区中心。

课堂连线(Classroom Connect)

课堂连线为 K-12 教师提供专业发展和在线资源,促进互联网在教育中的运用。课堂连线是 Harcour 公司内的一个商业部门。该网站提供资源数据库、随意分享、论坛以及围绕特定兴趣而组织的实时会议。除了基于网络学习的机会,课堂连线还提供在线培训、会议和实时通信。

教师网(Teachers. net)

教师网为 K-12 教师提供了基于网络的资源和同步/异步沟通的媒介。在 1996 年 3 月,托尼·博特(Tony Bott)博士,当时还是加州大学洛杉矶分校的博士资格候选人,建立了教师网,一个为教师提供在线学习的共同体。博特创建教师网的目的是要在网络上的一个教学共同体中免费为教师提供信息、资源及上网工具(B. Reap, a personal interview, October, 13, 1999)。

关于教师网的一个调查显示,其每天有超过 100000 次的点击率,每个月有超过 400000 次的访客量,有超过 30000 个邮件列表订户。鲍勃·里普（Bob Reap）于 1998 年加入博特博士的教师网，他说他虽然没有数据证明，但是教师网可能是教师在互联网上访问最多的网站之一。根据里普的说法，教师网给教师一种强烈的共同体的感觉，反过来，教师也为该网站提供了大量的信息和资源。该网站的成功远超博特曾经的想象（B. Reap，个人访谈，October，13，1999）。

挖掘网（Tapped In）

挖掘网（Tapped In）是由国家科学基金会（National Science Foundation）、斯坦福国家研究所（SRI International）、升阳电脑公司（Sun Microsystems）以及沃尔特·S. 约翰逊基金会（Walter S. Johnson Foundation）共同发起成立的，它是一个独立的、基于网络的、多用户的虚拟环境（MUVE），一个为教师提供专业发展的地方。通过同步和异步通信，教育者们通过挖掘网共同探讨来自世界各地的话题。

挖掘网的目的"是学会发展出一种自我维持的在线教育专业共同体以支持和促进其成员一生的专业成长"（Schlager et al.，1998：15）。到 2001 年 11 月，成员已经超过 14100 人，分别由教师专业发展学校、教育组织机构以及教师个人构成。其作用是让众多共同体成为一个共同体。挖掘网是一个有着更大野心的在线教师专业发展共同体，因为它积极地寻求展示其作为一个真正实践共同体的特征。

在发展在线共同体的过程中，Schlager（2002）反对那种"建立好之后他们就会来"的态度。Nichani 也反对这种态度，告诫说它忽视了人类互动的基本原则（Nichani，2001）。还有很多观点反对在线学习共同体的这种可能。Cohen 和 Prusak（2001：163）列举了以下观点：

- 在线环境不能代替社交会面的重要细节。这包括那些非语言沟通的手势、表情、面相、语气等。

- 虚拟联系的短暂性不能培养亲密的人际关系,这些都是需要时间的。
- 意外发现是有限的。网上偶然的交谈比面对面交谈受到更多的限制。面对面对话常常产生新的观念和思想。
- 纯粹通过虚拟联系建立信任关系是困难的。

虽然这些关于在线学习共同体无法为学习者提供什么方面的评价是有效的,但是更重要的是要关注如何能够为迫切需要的问题提供解决途径。传统的专业发展形式没有效果。新的专业发展形式表明是成功的,但在传统的环境中实施却很不容易。在线学习的出现为专业发展提供了一种可行的或可能成功的模式。为了理解如何为 K-12 教师设计一种在线学习共同体,并发展成为一种对教师有用的环境,我们必须要知道是什么激发教师去参加一个学习共同体以及它如何影响他们的专业发展。

研究问题

我的研究问题包括:

- 教师为什么自愿参加在线学习?
- 教师以什么样的方式自愿参加在线学习?
- 他们参与的原因如何影响他们的参与程度?
- 他们认为他们的参与对他们作为教师的发展会产生什么样的影响?
- 自愿在线学习会形成文献中所定义的"实践共同体"吗?

这些问题主要是理解教师为什么自愿参与非正式的在线学习,以及这样的参与如何塑造、反应、形成了文献中所定义的好的专业发展实践。

第三章 方 法

场地选择

为了研究 K-12 教师参与在线学习的自愿性和持续性,我的研究场所必须是一个确定为教师自愿参与度很好的环境。我相信,教师网是一个较为合适的选择,因为这里的参与与结构性的课程或工作坊没有关系,它们没有承诺给予学分或证书。教师网中的群体表明的是一种草根的努力。教师的自愿兴趣,而不是团体发起,推动了这个共同体。教师网这种自愿发起是我选择将其作为研究场所的一个关键方面。

教师的组织和设计

博特博士,教师网的创建者,他设计教师网的目的是让教师能够通过互联网和电子邮件获得所有的网络资源。网站当前就一般的兴趣、特殊的兴趣、终生支持、技术和语言等领域为 K-12 教育者提供了超过45 个不同的论坛。每个论坛有一个邮件清单服务(listserv),叫邮件群(mailring),以及一个发布邮件清单中最近发帖的聊天板。其他传上去的资源包括课程计划、在线项目及课程关联资源。除了这些异步的传播模式,教师网还为教师提供了四个会议室让他们进行同步讨论。教师们可以在这些会议室里举行正式和非正式的会议。虽然论坛通常在晚上安排正式的会议,但是教育者 24 小时都可以非正式地会见。

拥有更多会员的论坛比规模相对较小的论坛能交换更多的信息,既可以同步交换又可以异步交换。大论坛的人往往比小论坛的人同时会见更多的人。有些论坛利用教师网随意分享他们个人的经验,还有一些人则利用教师网的工具倡导并推进特定的学习倡议。成员规模、参与、关注点及对教师网工具的使用在每个论坛都不一样。因此,论坛为教师创造了不同的学习环境。

群体和参与者的选择

我将从来自教师网的四个群体中选择研究参与者：特殊教育教师、四区阅读组（4-Blocks Literacy group）、全国教学专业标准委员会组和中学组。选择这些组是因为他们代表了不同的兴趣，而且还有活跃的聊天板、很大的邮件群以及存档的和计划好的正式同步会议。虽然还有其他类似特征的小组，但我只能集中关注这四个，因为在限定的几个小组中征集参与者在时间上会更加有效。另外，我可能还要在小组内部寻找他们各自独特的趋势。四个小组中有三个是特殊兴趣小组。我决定更多地关注这些类型的小组，而不是一般性的小组，因为一般性的小组，如低年级组、小学组、数学组或语言艺术组，似乎没有多少成员。不过，通过增加一个一般性的小组——中学组，我就有了更多的机会对趋势进行比较，以及对我的研究发现进行推广。

我的访谈样本将从我的调查样本中抽取。我打算访谈12位参与者，每个论坛3位。这些访谈将进一步对调查中的问题进行探究，而且还会提出其他一些问题。

研究关系

虽然我将进入作为"研究者"的关系中，但我还是强调我作为一名小学教师的角色。我要介绍自己是一名全职教师，在职博士生。在我征集参与者及每次访谈开始的时候我都会这样来介绍。我希望这有助于建立更好的同事与同事之间的关系，而不是研究者与被研究者之间的关系，以免令他们紧张。

另外，我用来访谈的虚拟环境让我能够促进超越文本的沟通。像文件共享和网络窗口这样的工具让我能够将自己的更多信息与他们分享，并给予研究参与者更多表达自己的选择。例如，我可以在我的空间里发布其他有关我自己的信息。知道与你谈话的人长什么样子有助于建立个人间的关系。

资料收集

我通过调查和网上同步访谈收集资料。资料收集的第一步是为我的调查征集研究参与者。研究项目的介绍会贴到每个小组的讨论板上、每一组邮件列表里及同步会议上(见附录 A)。分别在每种模式中都进行宣传非常重要,因为这样可以让那些只使用一种或两种工具的成员都有机会参与。感兴趣的参与者将被邀请给研究者发邮件或直接点击宣传中的链接地址(URL)接受调查。我会给志愿者发送邮件,感谢他们的参与。

调查中附有知情同意书。在调查开始时,参与者会被要求阅读同意书,并点击方框,以表明他们已经阅读过且愿意作为参与者(见附录 B)。

调查会说明我所有的研究问题(见附录 C)。这是用量化资料来厘清质性资料的最好机会。调查是量化的,因为我想要获得一个"快速印象":一个较大的群体如何理解他们的参与与他们自身专业发展的关系。这些量化资料让我知道,我的访谈资料是否代表了更大的群体。这种基于网络的调查将根据 Don Dillman 在《邮件和网络调查:量身定制的设计方法》(*Mail and Internet Surveys: The Tailored Design Method*, 2000)中提出的原则进行设计。

通过这些原则,我希望能够避免浏览窗口的限制。该调查还将帮助我寻找受访者。

调查将以自动回答的方式(Response-O-Matic,一种基于网络的工具)展开,并委托乔治梅森大学的服务器进行管理。这 40 个问题的调查需要 15 分钟回答。我的调查的最后一个问题是问参与者,他们是否愿意进行一个随后的在线访谈。当参与者点击提交,就会出现一个"谢谢您"的页面,并出现调查的完整内容,这样方便参与者回顾他们所输入的内容。调查的内容将直接通过电子邮件发给我。随后就会有一封邮件发送给参与者,谢谢他们花费时间参与。我将考虑给访谈提供某种激励。可能是提供一个礼物证明,一份将来可以领取图书和教师日常用品的教师网在线介绍手册。

如果参与者表示愿意接受访谈,将会安排好访谈。通过电子邮件,参与者将会收到访谈如何实施的进一步解释。访谈将在挖掘网进行。挖掘网内已经建立了一个私人办公空间。参与者进入挖掘网后可以直接进入研究者的办公空间。访谈将持续大概一个小时。访谈之前要交换电话号码,便于我们在出现技术问题时保持联系。我会接听所有的付费电话。

参与者登录到挖掘网进入到我的办公空间之后,将会接收到一步步的指导说明。每次访谈我将安排 1 个小时又 15 分钟。我想为参与者提供一些时间,让他们探究并熟悉这个虚拟的环境。在参与者提问或探究之后,我将依据一个访谈提纲开始访谈(见附录 D)。访谈将由挖掘网的自动转录工具记录。当用户退出挖掘网时,他将会收到一封记录他在挖掘网中的行动和对话的电子邮件。这将自动为我和参与者提供一个访谈记录的文本(transcription)。

下面这个表格展示了我要研究的问题。

研究和访谈 / 调查问题矩阵

教师为什么自愿参加在线学习?	教师以什么方式参加在线学习?	他们参加在线学习的原因对他们参与的层次和类型有什么影响?	他们觉得参加在线学习对他们作为教师的发展有什么样的影响?	自愿参加在线学习会形成文献中所界定的"实践共同体"吗?
是什么影响了你的参加?	描述你是如何参加的?	你认为你会持续参加多久?	你的参加对你的教学有何影响?	你在论坛中与其他参与者分享什么样的知识?
你的参加有哪些益处?	你多久参加一次?	你参加的频率有变化吗?如果有的话,如何变化?为什么?	你的参加与你们学校或学区内的合作有什么不同?	你与其他参与者是否具有共同的实践?你们对什么是最好的实践是否具有相同的信念?

续表

教师为什么自愿参加在线学习?	教师以什么方式参加在线学习?	他们参加在线学习的原因对他们参与的层次和类型有什么影响?	他们觉得参加在线学习对他们作为教师的发展有什么样影响?	自愿参加在线学习会形成文献中所界定的"实践共同体"吗?
你是如何参与到挖掘网中的?	你如何使用这些不同的工具(邮件群、讨论板、会议厅)?	你参与教师网与其他专业发展机会有不同吗?如何不同?	你的参与如何影响你自己的专业发展?你能够介绍一个例子吗?	你知道其他人的能力、优势、不足和贡献吗?
你参与教师网与其他[四区/特殊教育教师/全国委员会]专业发展的机会不同吗?如何不同?	这些工具如何影响你的参与?			你们小组中的成员有相同的工具、方法及技术吗?如表格、工作援助等。
你参与的目的是什么?你认为你们论坛中的其他人都有着相同的目的吗?				你们群的成员有着共同的、相关的语言(如特定的术语、行话、快捷表达,如字母缩写等)吗?
你希望通过你的在线参与实现什么?				成员相互依赖彼此的教育/教学专业吗?

续表

教师为什么自愿参加在线学习?	教师以什么方式参加在线学习?	他们参加在线学习的原因对他们参与的层次和类型有什么影响?	他们觉得参加学习对他们作为教师的发展有什么样影响?	自愿参加在线学习会形成文献中所界定的"实践共同体"吗?
你的参与如何维持?为什么要维持你的参与?你认为你将会持续多久?				你们小组成员之间的变革会很快传播扩散(例如,将最好的实践迅速地传授给他人)吗?

资料分析

　　质性研究资料将以备忘录的方式进行分析,并进行分类,然后纳入到情境中。每次访谈之后都要写备忘录,以便于对资料进行分析思考,同时也是帮助记住那些不一定包含在访谈记录中的细节。使用预先决定的、开放的与主位的编码对资料进行"分割(fracture)",从而确定关于参与原因的主题。另外,可以用叙事分析来帮助理解以下问题:某个问题或某人怎么啦;特定的人如何维持他们的参与;他们的参与如何影响他们的专业发展,找到具体的例子。虽然我之前没有用过NVivo软件,但我正在考虑使用该资料分析软件对资料进行排序、生成编码分类,以及对资料进行横向关联并生成备忘录。

　　在线调查获得的量化数据可录入并使用SPSS软件进行分析。与访谈法相比,采用大样本调查数据可短时间内获得更多有用信息。我们可以使用描述统计来概述抽样样本的特征,之后,根据变量类型是定类数据还是定序数据,决定使用何种统计方法。对定类数据可使用卡方检验,检验两个变量的统计独立性。当我使用这种检验的时候，P 值应设定在 0.05 水平。

效　度

为了避免可能的威胁，并检验我结论的效度，我将使用马克斯威尔（Maxwell，1996）提出的这些方法策略：三角检验、反馈、"丰富的资料"和半统计。

三角检验要求在收集资料的时候运用多种方法。通过运用访谈、调查和撰写备忘录，我要弥补单一方法中可能固有的缺陷。在整个研究中，当从我的资料中形成理论或者普遍性结论的时候，我将征求委员会导师的反馈意见。这能够帮助我发现并确定可能会威胁研究结论的偏见或歪曲的逻辑。

本研究的质性方面本来就可以提供丰富的资料。访谈记录可以捕捉很多细节，在访谈之后很长时间都可以发现和参考访谈资料所捕捉的细节。撰写备忘录增加了其他的"丰富资料"，因为在真正的资料分析之前，已经记录下了那些反应和最初的理论和结论。

最后，质性调查能够发挥半统计的作用，它能够很好地丰富质性研究资料。虽然我希望统计与质性资料相互支持，但是不一致却有助于揭示研究可能存在的缺陷。使用这些方法策略的根本目的都是保护资料以及最终的结论没有效度威胁。

研究时间进度

活动	任务分析	时间安排
1. 招募研究参与者	①加入教师网邮件群 ②在讨论板上张贴要求 ③参加正式的和非正式的同步会议	2002 年 9 月— 2002 年 11 月

续表

活动	任务分析	时间安排
2. 给意愿参与者发送跟踪电子邮件	①给参与者发调查的链接网址 ②感谢参与者花时间参与	2002 年 9 月— 2002 年 11 月
3. 实施在线访谈	①安排访谈时间 ②实施访谈	2002 年 9 月— 2002 年 12 月
4. 分析调查结果	①将数据录入 SPSS ②运用 Nvivo 对质性资料形成编码分类 ③提取资料	2002 年 11 月 /12 月
5. 回顾并分析备忘录和访谈文本	①回顾访谈文本 ②运用 Nvivo 对质性资料形成编码分类 ③从访谈文本中提取资料	2002 年 9 月— 2003 年 1 月
6. 撰写第四章和第五章	①撰写草稿和交给委员会的版本	2002 年 12 月— 2003 年 2 月
7. 准备答辩		2002 年 2 月 /3 月
8. 答辩论文		2003 年 3 月
9. 毕业		2003 年 5 月 17 日

（参考文献过长,省略。）

附　录

附录 A—项目介绍 / 宣传

　　教育者迫切需要更好的分配和接受专业发展的方法。如果你加入了教师网,你可能已经知道这些。通过参与到一项研究中,它能够帮助解决这一问题。该研究是要发现像你一样的教师为什么自愿参加非正式的在线学习,这种学习如何影响你的专业发展。

作为教师和在职博士生,我知道你的时间非常紧。不过,只要 15 分钟你就可以回答一份基于网络的调查,而你也将成为研究的一员。本研究的最终目的是要帮助学区设计在线学习,这对 K-12 教师的专业发展很有意义。如果你愿意成为参与者,请给我电子邮件或点击下面的链接直接进入调查。非常感谢!

附录 B—知情同意书

亲爱的老师:

写这封信的目的是请您参与一个研究项目,项目是研究教师如何通过网络环境进入并促进他们的专业发展。我特别感兴趣的是教师参与的网络学分课程或任何学分学习。本研究将探究 K-12 教师为什么自愿参加非正式的在线学习以及这些学习如何影响他们的专业发展。本研究的最终目的是帮助学区开发或投资在线学习环境,这对教师获得成功非常重要。

本研究建立在调查数据和对 12 ~ 15 位曾经参加过教师网的各种群的教师长时间访谈的基础之上。参与调查的教师可以在调查问卷上表明他们是否愿意接受访谈。并非所有表明愿意接受访谈的参与者都会被访谈。调查将通过网络工具——自动回答系统展开,并由乔治梅森大学的服务器运营。访谈是在网络环境中实施的。虽然有人认为没有哪个计算机传送可以保证绝对安全,但是通过一定的努力它会保证你的信息安全。

我是唯一可以看到这些内容的人。访谈的任何时间,如果你想要退出该研究项目,我们将马上销毁相关的调查和访谈资料。你的参与是自愿的。参与该研究没有可预见的危险,不过你可以在任何时候因任何原因而退出该研究。不参与或退出不会受到任何惩罚。研究资料的收集时间是2002 年的 9 月和 10 月。参与和参与记录都是保密的。为了确保收集到的资料回到参与者手中,资料将被保存在一个安全的地方。另外,在我的博士论文中也不会出现您的姓名和身份信息。

我是弗吉尼亚州费尔法克斯乔治梅森大学(George Mason University in Fairfax, VA)的一名博士研究生。本研究是我博士论文的一部分。我目前在教育学院 Debra Sprague(dspragu1@gmu. edu)博士指导下做研究。如果你对该项目有什么疑问,请与我联系,电话(703)931-2391,邮箱 eriddle@acps.k12.va.us。你还可以联系乔治梅森大学的项目资助办公室,电话(703)993-2295。该项目已经根据乔治梅森大学管理项目研究参与者程序进行了审查。

勾选以下方框表示你愿意参与该研究。如果方便的话,请在三天之内将签字后的信返还给我。非常感谢!

祝好!

伊丽莎白·瑞德尔

□我已经阅读了上面的内容。我理解该研究的性质,我愿意参加该研究。

附录 C　调查问卷

(内容太长,省略)

附录 D　访谈提纲

访谈提纲

告诉我你是如何接触到教师网(特定的群)的?
什么影响了你的参与?
描述一下你是如何参与的?
你的参与给你带来什么好处?

续表

你参与教师网的学习与其他非强迫的专业发展机会是否不同？
你参与教师网与其他强令参与的专业发展机会不同吗？如何不同？
你如何使用不同的工具(邮件群、讨论板、会议室)？
这些工具如何影响你的参与？
你参与的频率是什么样的？
你为什么坚持参与？你认为你会继续多久？
你的参与对你的教学产生了什么样的影响？
你的参与和你在学校或学区中的合作有什么不同？
你和其他的参与者对最好的实践享有类似的看法吗？
成员如何依赖彼此的教育/教学专业？你能想到一个例子吗？
从哪方面看这个小组看起来像一个共同体？

参考文献

Abbott, A. (2001). *Chaos of disciplines.* Chicago, IL: University of Chicago Press.

Abbott, A. (2004). *Methods of discovery: Heuristics for the social sciences.* New York, NY: W. W. Norton.

Abu-Lughod, L. (1986). *Veiled sentiments: Honor and poetry in a Bedouin society.* Berkeley: University of California Press.

Agar, M. (1991). The right brain strikes back. In N. G. Fielding & R. M. Lee (Eds.), *Using computers in qualitative research* (pp. 181-194). Newbury Park, CA: Sage.

American Psychological Association. (2010). *Publication manual of the American Psychological Association* (6th ed.). Washington, DC: Author.

Anderson, G. L., & Scott, J. (in press). Toward an intersectional understanding of causality and social context. *Qualitative Inquiry 18*(8).

Atkinson, P. (1992). The ethnography of a medical setting: Reading, writing, and rhetoric. *Qualitative Health Research, 2,* 451-474.

Bazeley, P. (2007). *Qualitative data analysis with NVivo.* Thousand Oaks, CA: Sage.

Becker, H. S. (1970). *Sociological work: Method and substance.* Chicago: Aldine.

Becker, H. S. (1991). Generalizing from case studies. In E. Eisner & A. Peshkin (Eds.), *Qualitative inquiry in education: The continuing debate* (pp. 233-242). New York, NY: Teachers College Press.

Becker, H. S. (2007). *Writing for social scientists: How to start and finish your thesis, book, or article* (2nd ed.). Chicago, IL: University of Chicago Press.

Becker, H. S., & Geer, B. (1957). Participant observation and interviewing: A comparison. *Human Organization, 16,* 28-32.

Becker, H. S., Geer, B., Hughes, E. C., & Strauss, A. L. (1961). *Boys in white: Student culture in medical school.* Chicago, IL: University of Chicago Press.

Berg, D. N., & Smith, K. K. (1988). *The self in social inquiry: Researching methods.*

Newbury Park, CA: Sage.

Berger, B. (1981). *The survival of a counterculture: Ideological work and everyday life among rural communards.* Berkeley: University of California Press.

Bernstein, R. J. (1992). *The new constellation: The ethical-political horizons of modernity-postmodernity.* Cambridge, MA: MIT Press.

Bhattacharjea, S. (1994). *Reconciling "public" and "private": Women in the educational bureaucracy in "Sinjabistan" Province, Pakistan.* Unpublished doctoral dissertation, Harvard Graduate School of Education.

Bhattacharya, H. (2008). Interpretive research. In L. Given (Ed.), *The SAGE encyclopedia of qualitative research methods* (pp. 464-467). Thousand Oaks, CA: Sage.

Bloor, M. J. (1983). Notes on member validation. In R. M. Emerson (Ed.), *Contemporary field research: A collection of readings* (pp. 156-172). Prospect Heights, IL: Waveland Press.

Blumer, H. (1969). The methodological position of symbolic interactionism. In H. Blumer, *Symbolic interactionism: Perspective and method* (pp. 1-60). Berkeley: University of California Press.

Bogdan, R. C., & Biklen, S. K. (2003). *Qualitative research for education: An introduction to theory and methods* (4th ed.). Boston, MA: Allyn & Bacon.

Bolster, A. S. (1983). Toward a more effective model of research on teaching. *Harvard Educational Review, 53,* 294-308.

Bosk, C. (1979). *Forgive and remember: Managing medical failure.* Chicago, IL: University of Chicago Press.

Bredo, E., & Feinberg, W. (1982). *Knowledge and values in social and educational research.* Philadelphia, PA: Temple University Press.

Bricolage. n.d. In *Wikipedia.* Retrieved from http://en.wikipedia.org/wiki/Bricolage.

Briggs, C. (1986). *Learning how to ask.* Cambridge, England: Cambridge University Press.

Briggs, J. (1970). *Never in anger: Portrait of an Eskimo family.* Cambridge, MA: Harvard University Press.

Brinberg, D., & McGrath, J. E. (1985). *Validity and the research process.* Beverly Hills, CA: Sage.

Britan, G. M. (1978). Experimental and contextual models of program evaluation.

Evaluation and Program Planning, 1, 229-234.

Brown, L. M. (Ed.). (1988). *A guide to reading narratives of conflict and choice for self and moral voice.* Cambridge, MA: Harvard University, Center for the Study of Gender, Education, and Human Development.

Brydon-Miller, M., Kral, M., Maguire, P., Noffke, S., & Sabhlok, A. (2011). Jazz and the banyan tree: Roots and riffs on participatory action research. In N. K. Denzin & Y. S. Lincoln (Eds.), *The SAGE handbook of qualitative research* (4th ed., pp. 387-400). Thousand Oaks, CA: Sage.

Bryman, A. (1988). *Quantity and quality in social research.* London, England: Unwin Hyman.

Burman, E. (2001). Minding the gap: Positivism, psychology, and the politics of qualitative methods. In D. L. Tolman & M. Brydon-Miller (Eds.), *From subjects to subjectivities: A handbook of interpretive and participatory methods* (pp. 259-275). New York, NY: New York University Press.

Campbell, D. T. (1984). Foreword. In R. Yin, *Case study research: Design and methods* (pp. 7-8). Beverly Hills, CA: Sage.

Campbell, D. T. (1988). *Methodology and epistemology for social science: Selected papers.* Chicago, IL: University of Chicago Press.

Campbell, D. T., & Stanley, J. (1963). Experimental and quasi-experimental designs for research on teaching. In N. L. Gage (Ed.), *Handbook of research on teaching* (pp. 171-246). Chicago, IL: Rand McNally.

Cannella, G. S., & Lincoln, Y. S. (2011). Ethics, research regulations, and critical social science. In N. K. Denzin & Y. S. Lincoln (Eds.), *The SAGE handbook of qualitative research* (4th ed., pp. 81-90). Thousand Oaks, CA: Sage.

Christians, C. G. (2011). Ethics and politics in qualitative research. In N. K. Denzin & Y. S. Lincoln (Eds.), *The SAGE handbook of qualitative research* (4th ed., pp. 61-80). Thousand Oaks, CA: Sage.

Coffey, A., & Atkinson, P. (1996). *Making sense of qualitative data.* Thousand Oaks, CA: Sage. Cohen, J. (1994). The Earth is round (p<.05). *American Psychologist 49*(12), 997-1003.

Cook, T. D., & Campbell, D. T. (1979). *Quasi-experimentation: Design and analysis issues for field settings.* Boston, MA: Houghton Mifflin.

Corbin, J., & Strauss, A. (2007). *Basics of qualitative research: Techniques and procedures for developing grounded theory.* Thousand Oaks, CA: Sage.

Creswell, J. W. (1994). *Research design: Quantitative and qualitative approaches.* Thousand Oaks, CA: Sage.

Creswell, J. W. (2002). *Educational research: Planning, conducting, and evaluating quantitative and qualitative research.* Upper Saddle River, NJ: Merrill Prentice Hall.

Creswell, J. W. (2006). *Qualitative inquiry and research design: Choosing among five traditions* (2nd ed.). Thousand Oaks, CA: Sage.

Croskery, B. (1995). *Swamp leadership: The wisdom of the craft.* Unpublished doctoral dissertation, Harvard Graduate School of Education.

Cumming, G. (2011). *Understanding the new statistics: Effect sizes, confidence intervals, and meta-analysis.* London, England: Routledge.

Denzin, N. K. (1970). *The research act.* Chicago, IL: Aldine.

Denzin, N. K., & Lincoln, Y. S. (2000). Introduction: The discipline and practice of qualitative research. In N. K. Denzin & Y. S. Lincoln (Eds.), *handbook of qualitative research* (2nd ed., pp. 1-28). Thousand Oaks, CA: Sage.

Denzin, N. K., & Lincoln, Y. S. (2005a). Introduction: The discipline and practice of qualitative research. In N. K. Denzin & Y. S. Lincoln (Eds.), *SAGE handbook of qualitative research* (3rd ed., pp. 1-42). Thousand Oaks, CA: Sage.

Denzin, N. K., & Lincoln, Y. S. (2005b). *SAGE handbook of qualitative research* (3rd ed.). Thousand Oaks, CA: Sage.

Denzin, N. K., & Lincoln, Y. S. (2011). *SAGE handbook of qualitative research* (4th ed.). Thousand Oaks, CA: Sage.

Dere, E., Easton, A., Nadel, L., & Huston, J. P. (Eds.). (2008). *Handbook of episodic memory.* Amsterdam: Elsevier.

Design. (1984). In F. C. Mish (Ed.), *Webster's Ninth New Collegiate Dictionary* (p. 343). Springfield, MA: Merriam-Webster.

Dexter, L. A. (1970). *Elite and specialized interviewing.* Evanston, IL: Northwestern University Press. Dey, I. (1993). *Qualitative data analysis: A user-friendly guide for social scientists.* London, England: Routledge.

Diamond, J. (2011). *Collapse: How societies choose to fail or succeed.* New York, NY: Penguin.

Donmoyer, R. (in press). Can qualitative researchers answer policymakers' what-works question? *Qualitative Inquiry 18*(8).

Dressman, M. (2008). *Using social theory in educational research: A practical guide.* London, England: Routledge.

Elbow, P. (1973). Appendix essay. The doubting game and the believing game: An analysis of the intellectual process. In *Writing without teachers* (pp. 147-191). London, England: Oxford University Press.

Elbow, P. (2006). The believing game and how to make conflicting opinions more fruitful. In C. Weber (Ed.), *Nurturing the peacemakers in our students: A guide to teaching peace, empathy, and understanding.* Portsmouth, NH: Heinemann.

Emerson, R. M., Fretz, R. I., & Shaw, L. L. (1995). *Writing ethnographic fieldnotes.* Chicago, IL: University of Chicago Press.

Erickson, F. (1986). Qualitative methods. In M. C. Wittrock (Ed.), *Handbook of research on teaching* pp. 119-161. New York, NY: Macmillan.

Erickson, F. (1992). Ethnographic microanalysis of interaction. In M. D. LeCompte, W. L. Millroy, & J. Preissle (Eds.), *The handbook of qualitative research in education* (pp. 201- 225). San Diego, CA: Academic Press.

Festinger, L., Riecker, H. W., & Schachter, S. (1956). *When prophecy fails.* Minneapolis: University of Minnesota Press.

Fetterman, D. M. (2008). Emic/etic distinction. In L. Given (Ed.), *The SAGE encyclopedia of qualitative research methods* (p. 249). Thousand Oaks, CA: Sage.

Fielding, N., & Fielding, J. (1986). *Linking data.* Beverly Hills, CA: Sage.

Fine, M., Weis, L., Weseen, S., & Wong, L. (2000). For whom? Qualitative research, representations, and social responsibilities. In N. K. Denzin & Y. S. Lincoln (Eds.), *Handbook of qualitative research* (2nd ed., pp. 107-131). Thousand Oaks, CA: Sage.

Finley, S. (2008). Community-based research. In L. Given (Ed.), *The SAGE encyclopedia of qualitative research methods* (pp. 97-100). Thousand Oaks, CA: Sage.

Flick, U. (2000). Episodic interviewing. In M. W Bauer & G. Gaskell (Eds.), *Qualitative researching with text, image and sound* (pp. 75-92). London, England: Sage.

Flick, U. (2007). *Managing quality in qualitative research.* London, England: Sage.

Freidson, E. (1975). *Doctoring together: A study of professional social control.* Chicago, IL: University of Chicago Press.

Galilei, G. (2008). Extracts from *Discorsi e demonstrazioni matematiche* (M. A.

Finocchairo, Trans.). In M. A. Finocchairo (Ed.), *The essential Galileo* (pp. 301-302. Indianapolis, IN: Hackett. (Original work published 1628).

Galileo's Leaning Tower of Pisa experiment. n.d. In *Wikipedia*. Retrieved from http://en.wikipedia.org/wiki/Galileo%27s_Leaning_Tower_of_Pisa_experiment.

Gee, J. P. (2005). *An introduction to discourse analysis: Theory and method*. New York, NY: Routledge.

Gee, J. P., Michaels, S., & O'Connor, M. C. (1992). Discourse analysis. In M. D. LeCompte, W. L. Millroy, & J. Preissle (Eds.), *The handbook of qualitative research in education* (pp. 227-291). San Diego, CA: Academic Press.

Geertz, C. (1973). *The interpretation of cultures*. New York, NY: Basic Books.

Geertz, C. (1974). From the native's point of view: On the nature of anthropological understanding. *Bulletin of the American Academy of Arts and Sciences, 28*(1), 27-45.

Gilligan, C., Spencer, R., Weinberg, M. C., & Bertsch, T. (2003). On the listening guide: A voicecentered relational method. In P. M. Camic, J. E. Rhodes, & L. Yardley (Eds.), *Qualitative research in psychology: Expanding perspectives in methodology and design* (pp. 157-172). Washington, DC: American Psychological Association.

Given, L. (Ed.). (2008). *The SAGE encyclopedia of qualitative research methods*. Thousand Oaks, CA: Sage.

Glaser, B., & Strauss, A. (1967). *The discovery of grounded theory*. Chicago, IL: Aldine.

Glesne, C. (2011). *Becoming qualitative researchers: An introduction* (4th ed.). Boston, MA: Pearson.

Glesne, C., & Peshkin, A. (1992). *Becoming qualitative researchers: An introduction*. White Plains, NY: Longman.

Goldenberg, C. (1992). The limits of expectations: A case for case knowledge of teacher expectancy effects. *American Educational Research Journal, 29,* 517-544.

Grady, K. A., & Wallston, B. S. (1988). *Research in health care settings*. Newbury Park, CA: Sage.

Greene, J. (2007). *Mixed methods in social inquiry*. San Francisco, CA: Jossey-Bass.

Groenewald, T. (2008). Memos and memoing. In L. Given (Ed.), *The SAGE encyclopedia of qualitative research methods* (pp. 505-506). Thousand Oaks, CA:

Sage.

Guba, E. G., & Lincoln, Y. S. (1989). *Fourth generation evaluation.* Newbury Park, CA: Sage.

Guilbault, B. (1989). *The families of dependent handicapped adults: A working paper.* Unpublished manuscript.

Hacking, I. (1999). *The social construction of what?* Cambridge, MA: Harvard University Press.

Hallaj, D. (2006). *Caught between culture and conflict: Palestinian refugee women's perceptions of illiteracy and education.* Unpublished doctoral dissertation, George Mason University.

Hammersley, M. (1992). *What's wrong with ethnography?* London, England: Routledge.

Hammersley, M. (2008). Bricolage and bricoleur. In L. Given (Ed.), *The SAGE encyclopedia of qualitative research methods* (pp. 65-66). Thousand Oaks, CA: Sage.

Hammersley, M., & Atkinson, P. (1995). *Ethnography: Principles in practice* (2nd ed.). London, England: Routledge.

Hammersley, M., & Atkinson, P. (2007). *Ethnography: Principles in practice* (3rd ed.). London, England: Routledge.

Hannerz, U. (1992). *Cultural complexity: Studies in the social organization of meaning.* New York, NY: Columbia University Press.

Harlow, L. L., Mulaik, S. A., & Steiger, J. H. (Eds.). (1997). *What if there were no significance tests?* Mahwah, NJ: Lawrence Erlbaum.

Heider, E. R. (1972). Probability, sampling, and ethnographic method: The case of Dani colour names. *Man, 7,* 448-466.

Heinrich, B. (1979). *Bumblebee economics.* Cambridge, MA: Harvard University Press.

Heinrich, B. (1984). *In a patch of fireweed.* Cambridge, MA: Harvard University Press.

Hoover, E.R. (2002). *Voluntary participation and online learning: A research study investigating why K-12 teachers participate in informal online learning and how it influences their professional development.* Dissertation proposal. Fairfax, VA: George Mason University.

Howard, V. A, & Barton, J. H. (1988). *Thinking on paper.* New York, NY: William

Morrow.

Howe, K. R. (2011). Mixed methods, mixed causes? *Qualitative Inquiry, 17,* 166-171.

Huberman, A. M. (1993). *The Lives of Teachers* (J. Neufeld, Trans.). New York, NY: Teachers College Press. (Original work published 1989).

Huck, S. (2009). *Statistical misconceptions.* New York: NY: Taylor & Francis.

Huck, S. W., & Sandler, H. M. (1979). *Rival hypotheses: "Minute mysteries" for the critical thinker.* London, England: Harper & Row.

Irwin, S. (2008). Data analysis and interpretation: Emergent issues in linking qualitative and quantitative evidence. In P. Leavy & S. Hesse-Biber (Eds.), *Handbook of emergent methods,* pp. 415-435. New York, NY: Guilford Press.

Jackson, B. (1987). *Fieldwork.* Urbana: University of Illinois Press.

Janesick, V. J. (1994). The dance of qualitative research design: Metaphor, methodolatry, and meaning. In N. K. Denzin & Y. S. Lincoln (Eds.), *Handbook of qualitative research* (pp. 209-219). Thousand Oaks, CA: Sage.

Jansen, G., & Peshkin, A. (1992). Subjectivity in qualitative research. In M. D. LeCompte, W. L. Millroy, & J. Preissle (Eds.), *The handbook of qualitative research in education* (pp. 681- 725). San Diego, CA: Academic Press.

Jordan, S. (2008). Participatory action research (PAR). In L. Given (Ed.), *The SAGE encyclopedia of qualitative research methods* (pp. 601-604). Thousand Oaks, CA: Sage.

Josselson, R., Lieblich, A., & McAdams, D. P. (2007). *The meaning of others: Narrative studies of relationships.* Washington, DC: American Psychological Association.

Kaffenberger, C. (1999). *The experience of adolescent cancer survivors and their siblings: The effect on their lives and their relationships.* Unpublished doctoral dissertation, George Mason University.

Kaplan, A. (1964). *The conduct of inquiry.* San Francisco, CA: Chandler.

Kidder, L. H. (1981). Qualitative research and quasi-experimental frameworks. In M. B. Brewer & B.E. Collins (Eds.), *Scientific inquiry and the social sciences.* San Francisco, CA: Jossey-Bass. Kincheloe, J. L., & Berry, K. S. (2004). *Rigour and complexity in educational research: Conceptualizing the bricolage.* Maidenhead, England: Open University Press.

Kincheloe, J. L., McLaren, P., & Steinberg, S. L. (2011). Critical pedagogy, and qualitative research: Moving to the bricolage, In N. K. Denzin & Y. S. Lincoln (Eds.), *The SAGE handbook of qualitative research* (4th ed., pp. 163-177). Thousand Oaks, CA: Sage.

Kirk, J., & Miller, M. (1986). *Reliability and validity in qualitative research.* Beverly Hills, CA: Sage.

Koro-Ljungberg, M. (2004). Impossibilities of reconciliation: Validity in mixed theory projects. *Qualitative Inquiry 10,* 601-621.

Kuhn, T. (1970). *The structure of scientific revolutions* (2nd ed.). Chicago, IL: University of Chicago Press.

Kvale, S. (Ed.). (1989). *Issues of validity in qualitative research.* Lund, Sweden: Studentlitteratur. Kvarning, L. Å. (1993, October). Raising the *Vasa. Scientific American,* 84-91.

Lather, P. (1993). Fertile obsession: Validity after poststructuralism. *Sociological Quarterly, 34,*673-693.

Lave, C. A., & March, J. G. (1975). *An introduction to models in the social sciences.* New York, NY: Harper & Row.

Lawrence-Lightfoot, S., & Hoffman Davis, J. (1997). *The art and science of portraiture.* San Francisco: Jossey-Bass.

LeCompte, M. D., & Preissle, J. (1993). *Ethnography and qualitative design in educational research* (2nd ed.). San Diego, CA: Academic Press.

LeGuin, U. K. (2000). Introduction. *The left hand of darkness.* In New York, NY: Ace Books.

LeGuin, U. K. (2003). *Changing planes.* Boston, MA: Houghton Mifflin Harcourt.

Levi-Strauss, C. (1968). *The savage mind.* Chicago, IL: University of Chicago Press.

Light, R. J., & Pillemer, D. B. (1984). *Summing up.* Cambridge, MA: Harvard University Press.

Light, R. J., Singer, J., & Willett, J. (1990). *By design: Conducting research on higher education.* Cambridge, MA: Harvard University Press.

Lincoln, Y. S. (1990). Toward a categorical imperative for qualitative research. In E. Eisner & A. Peshkin (Eds.), *Qualitative inquiry in education: The continuing debate.* New York: Teachers College Press.

Lincoln, Y. S., & Guba, E. G. (1985). *Naturalistic inquiry.* Beverly Hills, CA: Sage.

Lincoln, Y. S., Lynham, S. A., & Guba, E. G. (2011). Paradigmatic controversies, contradictions, and emerging confluences, revisited. In N. K. Denzin & Y. S. Lincoln (Eds.), *SAGE handbook of qualitative research* (4th ed. pp. 97-128). Thousand Oaks, CA: Sage.

Linde, C. (1993). *Life stories: The creation of coherence.* New York, NY: Oxford University Press.

L. L. Bean (1998). *October classics catalog.* Freeport, ME: Author.

Locke, L., Silverman, S. J., & Spirduso, W. W. (2009). *Reading and understanding research.* Thousand Oaks, CA: Sage.

Locke, L., Spirduso, W. W., & Silverman, S. J. (1993). *Proposals that work* (3rd ed.). Newbury Park, CA: Sage.

Locke, L., Spirduso, W. W., & Silverman, S. J. (2000). *Proposals that work* (4th ed.). Thousand Oaks, CA: Sage.

Locke, L., Spirduso, W. W., & Silverman, S. J. (2007). *Proposals that work* (5th ed.). Thousand Oaks, CA: Sage.

Malinowski, B. (1954). *Magic, science and religion and other essays.* Garden City, NY: Doubleday.

Manning, H. (Ed.). (1960). *Mountaineering: The freedom of the hills.* Seattle, WA: The Mountaineers.

Margolis, J. S. (1990). *Psychology of gender and academic discourse: A comparison between female and male students' experiences talking in a college classroom.* Unpublished doctoral dissertation, Harvard Graduate School of Education.

Marshall, C., & Rossman, G. (1999). *Designing qualitative research* (3rd ed.). Thousand Oaks, CA: Sage.

Maxwell, J. A. (1971). *The development of Plains kinship systems.* Unpublished master's thesis, University of Chicago.

Maxwell, J. A. (1978). The evolution of Plains Indian kin terminologies: A non-reflectionist account. *Plains Anthropologist, 23,* 13-29.

Maxwell, J. A. (1986). *The conceptualization of kinship in an Inuit community.* Unpublished doctoral dissertation, University of Chicago.

Maxwell, J. A. (1992). Understanding and validity in qualitative research. *Harvard Educational Review, 62,* 279-300.

Maxwell, J. A. (1993). Gaining acceptance for qualitative methods from clients, policy-makers, and participants. In D. Fetterman (Ed.), *Speaking the language of power.*

London: Falmer Press.

Maxwell, J. A. (1995). Diversity and methodology in a changing world. *Pedagogía*, 30, 32-40.

Maxwell, J. A. (1996). *Qualitative research design: An interactive approach.* Thousand Oaks, CA: Sage.

Maxwell, J. A. (2002). Realism and the role of the researcher in qualitative psychology. In M. Kiegelmann (Ed.), *The role of the researcher in qualitative psychology* (pp. 11-30). Tuebingen, Germany: Verlag Ingeborg Huber.

Maxwell, J. A. (2004a). Causal explanation, qualitative research, and scientific inquiry in education. *Educational Researcher, 33*(2), 3-11.

Maxwell, J. A. (2004b). Re-emergent scientism, postmodernism, and dialogue across differences. *Qualitative Inquiry, 10,* 35-41.

Maxwell, J. A. (2004c). Using qualitative methods for causal explanation. *Field Methods, 16*(3), 243-264.

Maxwell, J. A. (2006). Literature reviews of, and for, educational research: A commentary on Boote and Beile's "Scholars before researchers." *Educational Researcher 35*(9), 28-31.

Maxwell, J. A. (2008). The value of a realist understanding of causality for qualitative research. In N. K. Denzin (Ed.), *Qualitative research and the politics of evidence* (pp. 163-181). Walnut Creek, CA: Left Coast Press.

Maxwell, J. A. (2010). Using numbers in qualitative research. *Qualitative Inquiry, 16*(6), 475-482.

Maxwell, J. A. (2011a). Paradigms or toolkits? Philosophical and methodological positions as heuristics for mixed method research. *Mid-Western Educational Researcher 24*(2), 27-30.

Maxwell, J. A. (2011b). *A realist approach for qualitative research.* Thousand Oaks, CA: Sage.

Maxwell, J. A. (in press). The importance of qualitative research for causal explanation in education. *Qualitative Inquiry 18*(8).

Maxwell, J. A., & Loomis, D. (2002). Mixed methods design: An alternative approach. In A. Tashakkori & C. Teddlie (Eds.), *Handbook of mixed methods in social and behavioral research* (pp. 241-271). Thousand Oaks, CA: Sage.

Maxwell, J. A., & Miller, B. A. (2008). *Categorizing and connecting as components of qualitative data analysis.* In S. Hesse-Biber and P. Leavy (Eds.), *Handbook of emergent methods*, pp. 461-477. New York, NY: Guilford Press.

Maxwell, J. A., & Mittapalli, K. (2008a). Theory. In L. Given (Ed.), *The SAGE encyclopedia of qualitative research methods* (pp. 878-879). Thousand Oaks, CA: Sage.

Maxwell, J. A., & Mittapalli, K. (2008b). Thick description. In L. Given (Ed.), *The SAGE encyclopedia of qualitative research methods* (p. 880). Thousand Oaks, CA: Sage.

McGinn, M. K. (2008). Researcher-participant relationships. In L. Given (Ed.), *The SAGE encyclopedia of qualitative research methods* (pp. 767-771). Thousand Oaks, CA: Sage.

McMillan, J. H., & Schumacher, S. (2001). *Research in education: A conceptual introduction.* New York, NY: Longman.

Menzel, H. (1978). Meaning: Who needs it? In M. Brenner, P. Marsh, & M. Brenner (Eds.), *The social contexts of method* (pp. 140-171). New York, NY: St. Martin's Press.

Merriam, S. (1988). *Case study research in education: A qualitative approach.* San Francisco, CA: Jossey-Bass.

Metzger, M. (1993, June). Playing school or telling the truth? *Harvard Graduate School of Education Alumni Bulletin, 37*(3), 14-16.

Miles, M. B., & Huberman, A. M. (1984). *Qualitative data analysis: A sourcebook of new methods.* Beverly Hills, CA: Sage.

Miles, M. B., & Huberman, A. M. (1994). *Qualitative data analysis: An expanded sourcebook* (2nd ed.). Thousand Oaks, CA: Sage.

Mills, C. W. (1959). On intellectual craftsmanship. In C. W. Mills, *The sociological imagination* pp. 195-212. London, England: Oxford University Press.

Mishler, E. G. (1986). *Research interviewing: Context and narrative.* Cambridge, MA: Harvard University Press.

Mishler, E. G. (1990). Validation in inquiry-guided research: The role of exemplars in narrative studies. *Harvard Educational Review, 60*, 415-442.

Mohr, L. (1982). *Explaining organizational behavior.* San Francisco, CA: Jossey-Bass.

Morgan, D. L. (2008a). Sample size. In L. Given (Ed.), *The SAGE encyclopedia of qualitative research methods* (p. 798). Thousand Oaks, CA: Sage.

Morgan, D. L. (2008b). Sampling. In L. Given (Ed.), *The SAGE encyclopedia of qualitative research methods* (p. 799-800). Thousand Oaks, CA: Sage.

Norris, S. P. (1983). The inconsistencies at the foundation of construct validation theory. In E. R. House (Ed.), *Philosophy of evaluation* (pp. 53-74). San Francisco, CA: Jossey-Bass.

Novak, J. D., & Gowin, D. B. (1984). *Learning how to learn.* Cambridge, England: Cambridge University Press.

Olsson, M. R. (2008). Postmodernism. In L. Given (Ed.), *The SAGE encyclopedia of qualitative research methods* (pp. 655-659). Thousand Oaks, CA: Sage.

Organic architectural. n.d. In *Wikipedia.* Retrieved from http://en.wikipedia.org/wiki/ Organic_ architecture.

Palys, T. (2008). Purposive sampling. In L. Given (Ed.), *The SAGE encyclopedia of qualitative research methods* (pp. 697-698). Thousand Oaks, CA: Sage.

Patton, M. Q. (1990). *Qualitative evaluation and research methods* (2nd ed.). Newbury Park, CA: Sage.

Patton, M. Q. (2001). *Qualitative research and evaluation methods* (3rd ed.). Thousand Oaks,CA: Sage.

Pawson, R., & Tilley, N. (1997). *Realistic evaluation.* London, England: Sage.

Pelto, P., & Pelto, G. (1975). Intra-cultural diversity: Some theoretical issues. *American Ethnologist, 2,* 1-18.

Peshkin, A. (1991). *The color of strangers, the color of friends: The play of ethnicity in school and community.* Chicago, IL: University of Chicago Press.

Peters, R. L. (1992). *Getting what you came for: The smart student's guide to earning a master's or a Ph.D.* New York, NY: Noonday Press.

Pfaffenberger, B. (1988). *Microcomputer applications in qualitative research.* Thousand Oaks, CA: Sage.

Phillips, D. C. (1987). *Philosophy, science, and social inquiry.* Oxford, England: Pergamon Press.

Phillips, D. C., & Burbules, N. (2000). *Postpositivism and educational research.* Lanham, MD: Rowman & Littlefield.

Pitman, M. A., & Maxwell, J. A. (1992). Qualitative approaches to evaluation. In M.D. LeCompte, W. L. Millroy, & J. Preissle (Eds.), *The handbook of qualitative research in education* (pp. 729-770). San Diego, CA: Academic Press.

Platt, J. R. (1964). Strong inference. *Science, 146,* 347-353.

Poggie, J. J., Jr. (1972). Toward control in key informant data. *Human Organization, 31,* 23-30.

Polit, D. F., & Beck, T. B (2010). Generalization in quantitative and qualitative research: Myths and strategies. *International Journal of Nursing Studies 47,* 1451-1458.

Potemkin village. (1984). In F. C. Mish (Ed.), *Webster's Ninth New Collegiate Dictionary* (p. 343). Springfield, MA: Merriam-Webster.

Przeworski, A., & Salomon, F. (1988). *On the art of writing proposals: Some candid suggestions for applicants to Social Science Research Council competitions.* New York, NY: Social Science Research Council.

Pushor, D. (2008). Collaborative research. In L. Given (Ed.), *The SAGE encyclopedia of qualitative research methods* (pp. 91-94). Thousand Oaks, CA: Sage.

Putnam, H. (1987). *The many faces of realism.* LaSalle, IL: Open Court.

Putnam, H. (1990). *Realism with a human face.* Cambridge, MA: Harvard University Press.

Rabinow, P. (1977). *Reflections on fieldwork in Morocco.* Berkeley: University of California Press.

Rabinow, P., & Sullivan, W. M. (1979). *Interpretive social science: A reader.* Berkeley: University of California Press.

Ragin, C. C. (1987). *The comparative method: Moving beyond qualitative and quantitative strategies.* Berkeley: University of California Press.

Ravitch, S., & Riggan, M. (2011). *Reason and rigor: How conceptual frameworks guide research.* Thousand Oaks, CA: Sage.

Reason, P. (1988). Introduction. In P. Reason (Ed.), *Human inquiry in action: Developments in new paradigm research.* Newbury Park, CA: Sage.

Reason, P. (1994). Three approaches to participative inquiry. In N. K. Denzin & Y. S. Lincoln (Eds.), *Handbook of qualitative research* (pp. 324-339). Thousand Oaks, CA: Sage.

Regan-Smith, M. G. (1991). *How basic science teachers help medical students learn.* Unpublished doctoral dissertation, Harvard Graduate School of Education.

Richardson, L. (1997). *Fields of play: Constructing an academic life.* New Brunswick, N. J.: Rutgers University Press.

Riessman, C. K. (1993). *Narrative analysis.* Newbury Park, CA: Sage.

Robson, C. (2011). *Real world research* (3rd ed.). Oxford, England: Blackwell.

Rosenau, P. M. (1992). *Post-modernism and the social sciences.* Princeton, NJ: Princeton University Press.

Rudestam, K. E., & Newton, R. R. (2007). *Surviving your dissertation* (3rd ed.). Thousand Oaks, CA: Sage.

Ryle, G. (1949). *The concept of mind.* London, England: Hutchinson.

Sandelowski, M. (2008). Member check. In L. Given (Ed.), *The SAGE encyclopedia of qualitative research methods* (pp. 501-502). Thousand Oaks, CA: Sage.

Sankoff, G. (1971). Quantitative aspects of sharing and variability in a cognitive model. *Ethnology, 10,* 389-408.

Sayer, A. (1992). *Method in social science: A realist approach* (2nd ed.). London, England: Routledge.

Schram, T. H. (2003). *Conceptualizing qualitative inquiry.* Upper Saddle River, NJ: Merrill Prentice Hall.

Schwandt, T. A. (1997). *Qualitative inquiry: A dictionary of terms.* Thousand Oaks, CA: Sage.

Scriven, M. (1967). The methodology of evaluation. In R. E. Stake (Ed.), *Perspectives of curriculum evaluation* (pp. 39-83). Chicago, IL: Rand McNally.

Scriven, M. (1991). Beyond formative and summative evaluation. In M. W. McLaughlin & D. C. Phillips (Eds.), *Evaluation and education at quarter century* (pp. 19-64). Chicago, IL: National Society for the Study of Education.

Seale, C. (1999). *The quality of qualitative research.* London, England: Sage.

Seidman, I. E. (1998). *Interviewing as qualitative research* (2nd ed.). New York, NY: Teachers College Press.

Shadish, W. R., Cook, T. D., & Campbell, D. T. (2002). *Experimental and quasi-experimental designs for generalized causal inference.* Boston, MA: Houghton Mifflin.

Shavelson, R. J., & Towne, L. (Eds.). (2002). *Scientific research in education.* Washington, DC: National Academy Press.

Shubin, N. (2008). *Your inner fish: A journey into the 3.5-billion-year history of the human body.* New York, NY: Random House.

Shweder, R. A. (Ed.). (1980). *Fallible judgment in behavioral research.* San Francisco,

CA: Jossey-Bass.

Smith, L. (1979). An evolving logic of participant observation, educational ethnography, and other case studies. *Review of Research in Education, 6,* 316-377.

Smith, M. L., & Shepard, L. A. (1988). Kindergarten readiness and retention: A qualitative study of teachers' beliefs and practices. *American Educational Research Journal, 25,* 307-333.

Somekh, B. (2008). Action research. In L. Given (Ed.), *The SAGE encyclopedia of qualitative research methods* (pp. 4-7). Thousand Oaks, CA: Sage.

Spradley, J. (1979). *The ethnographic interview.* New York, NY: Holt, Rinehart & Winston.

Stake, R. (1995). *The art of case study research.* Thousand Oaks, CA: Sage.

Starnes, B. (1990). *"Save one of those high-up jobs for me": Shared decision making in a day care center.* Unpublished doctoral dissertation, Harvard Graduate School of Education.

Strauss, A. (1987). *Qualitative analysis for social scientists.* Cambridge, England: Cambridge University Press.

Strauss, A. (1995). Notes on the nature and development of general theories. *Qualitative Inquiry, 1,* 7-18.

Strauss, A., & Corbin, J. (1990). *Basics of qualitative research: Grounded theory procedures and techniques.* Newbury Park, CA: Sage.

Tashakkori, A., & Teddlie, C. (Eds.). (2003). *Handbook of mixed methods in social and behavioral research.* Sage.

Tashakkori, A., & Teddlie, C. (Eds.). (2010). *Handbook of mixed methods in social and behavioral research* (2nd ed.). Thousand Oaks, CA: Sage.

Tolman, D. L., & Brydon-Miller, M. (2001). *From subjects to subjectivities: A handbook of interpretive and participatory methods.* New York, NY: New York University Press.

Tukey, J. (1962). The future of data analysis. *Annals of Mathematical Statistics, 33,* 1-67.

Tulving, E. (2002). Episodic memory: From mind to brain. *Annual Review of Psychology 53,* 1-25.

Weiss, R. S. (1994). *Learning from strangers: The art and method of qualitative interviewing.* New York, NY: Free Press.

Werner, O., & Schoepfle, G. M. (1987). *Systematic fieldwork.* Newbury Park, CA: Sage.

Wievorka, M. (1992). Case studies: History or sociology? In C. C. Ragin & H. S. Becker (Eds.), *What is a case?* (pp. 159-172). Cambridge, England: Cambridge University Press.

Wimsatt, W. (2007). *Re-engineering philosophy for limited beings: Piecewise approximations to reality.* Cambridge, MA: Harvard University Press.

Wolcott, H. F. (1990). *Writing up qualitative research.* Newbury Park, CA: Sage.

Yin, R. K. (1994). *Case study research: Design and methods* (2nd ed.). Thousand Oaks, CA: Sage.

图书在版编目（CIP）数据

互动取向的质性研究设计：原理、示例和练习：原
书第3版/（美）约瑟夫·A.马克斯威尔
（Joseph A. Maxwell）著，朱光明译. -- 重庆：重庆
大学出版社，2020.10
　（万卷方法）
　书名原文：Qualitative Research Design：An
Interactive Approach　3ed
　ISBN 978-7-5689-2059-9

Ⅰ.①互…　Ⅱ.①约…②朱…　Ⅲ.①社会科学—研
究方法　Ⅳ.①C3

中国版本图书馆CIP数据核字（2020）第036470号

互动取向的质性研究设计
——原理、示例和练习
（原书第3版）

[美]约瑟夫·A.马克斯威尔（Joseph A. Maxwell）　著
朱光明　译
策划编辑：林佳木
责任编辑：李桂英　版式设计：林佳木
责任校对：张红梅　责任印制：张　策

*

重庆大学出版社出版发行
出版人：饶帮华
社址：重庆市沙坪坝区大学城西路21号
邮编：401331
电话：（023）88617190　88617185（中小学）
传真：（023）88617186　88617166
网址：http://www.cqup.com.cn
邮箱：fxk@cqup.com.cn（营销中心）
全国新华书店经销
重庆市国丰印务有限责任公司印刷

*

开本：940mm×1360mm　1/32　印张：8.875　字数：260千
2020年10月第1版　2020年10月第1次印刷
ISBN 978-7-5689-2059-9　定价：45.00元